MARSEILLE
MA VILLE

PORTRAIT NON AUTORISÉ

Marseille, ma ville
se prolonge sur le site www.arenes.fr

Direction éditoriale : Florent Massot
Coordination éditoriale : Maude Sapin
Maquette : Daniel Collet (In Folio)
Révision : Nicole Mison

Achevé d'imprimer en France par CPI Bussière
à Saint-Amand-Montrond (Cher) en mars 2013.

ISBN : 978-2-35204-227-3
N° d'impression : 2002080
Dépôt légal : mars 2013

Éditions des Arènes
27, rue Jacob, 75006 Paris
Tél. : 01 42 17 47 80
arenes@arenes.fr

XAVIER MONNIER

MARSEILLE MA VILLE

PORTRAIT NON AUTORISÉ

LES ARÈNES

À Prisca, « ma furie ».
À ma famille, à mes amis.
À ma ville, la plus belle du monde.

Le rêve de tout malfaiteur international
est de devenir patron de bar à Marseille.

Albert LONDRES

Prologue

« Fais tout de même attention, minot »

– Avec tes conneries, tu vas finir dans le port !

Les verres s'entrechoquent sur fond de franche rigolade. Je viens de raconter à mes amis marseillais la teneur de mon dernier papier sur la ville, détaillant les tribulations qui l'ont précédé. Comme souvent, ils sanctionnent mon récit d'une prophétie à la Cassandre à laquelle aucune des personnes attablées ne croit. Marseille aime à se faire peur autant qu'à faire peur.

Quand je leur ai annoncé mon intention d'écrire un livre sur la plus vieille ville de France, policiers, élus ou truands marseillais ont eu des mots à peine différents.

– T'as prévu un gilet pare-balles ?

Ils manifesteraient presque la même prévenance que ma mère, tellement inquiète sitôt que je fouille dans les poubelles de la ville.

– Arrête Xavier, tu me fais peur avec tes articles !

Elle s'effraie en général à chacune de mes lignes. Quand son « petit » a dévoilé les centaines de milliers d'euros versés par le potentat gabonais Omar Bongo à Bernard Kouchner, devenu entre-temps ministre des Affaires étrangères, elle est restée scotchée. Que son cadet se soit aventuré dans les coulisses de la Françafrique l'a sonnée. Mais jamais sa voix n'avait été si chevrotante que lorsque j'ai commencé à nager dans les eaux troubles du Vieux-Port.

OM, règlements de comptes, grand banditisme, clientélisme, corruption politique… La légende noire de Marseille a rythmé le quotidien de mon enfance. Elle est devenue mon pain quotidien en même temps que mon gagne-pain. Journaliste, gratte-papier, fouille-merde, avec une prédilection marquée pour la tambouille marseillaise. Tel un chiot qui se jette dans les vagues avant de revenir s'ébrouer sur le rivage, éclaboussant de sable et d'eau les habitués de la plage. À la fois agacés, intrigués et amusés par l'énergie du cabot, ces derniers cherchent son maître du regard. Celui qui tient la laisse. Fausse piste. Sur mon collier, aucun grand média. Ni entrave politique ni lourde filiation. Seulement un site Internet, Bakchich.info, une origine assumée, Marseille, et la volonté de m'amuser tout en écrivant en gros caractères ce qui d'ordinaire se murmure. Mettre les pieds dans le plat, que ce soit en dévoilant les véritables raisons du départ de Pape Diouf de la présidence de l'OM ou la vaste enquête visant les frères Guérini, en décrivant le repas partagé par le maire Jean-Claude Gaudin avec un ponte du grand banditisme ou encore en révélant la procédure judiciaire lancée contre la femme de Renaud Muselier, dauphin du maire échoué sur le sable… Mais surtout, assumer mes écrits en cherchant toujours à rencontrer les personnages dont je parle, qui eux aussi chérissent Marseille à leur façon.

– Tu devrais te mettre à la natation, ça fait un bien fou !

Ce n'était pas une menace mais bien un conseil que proférait ce jour-là Alexandre Guérini, un homme qualifié de truand par beaucoup de ceux qui ne l'ont jamais vu. Je l'ai pratiqué assez longtemps pour ne jamais m'offusquer de son langage fleuri, pas plus que de cette invite à améliorer ma brasse. Depuis, j'ai repris les longueurs.

– Alors Xavier, il sort quand ce livre ? Avant que je ne sois mis en prison, j'espère !

La remarque vient de Jean-Noël Guérini, sénateur socialiste et président du conseil général des Bouches-du-Rhône, devenu le pestiféré de la vie politique marseillaise. Comme d'autres, il se montre impatient de lire l'ouvrage de celui qui l'a, comme il dit, « assassiné pendant deux ans ». Le temps qu'il lui a fallu avant d'accepter de me recevoir – et peut-être aussi de comprendre ma démarche. J'ai révélé que des marchés publics émanant de son institution avaient été raflés par des sociétés liées au grand banditisme. Je me suis obstiné à démontrer le clientélisme dont il a copieusement abusé, comme tant d'autres élus marseillais. Il a fini par admettre que mon but n'avait jamais été de « l'abattre » – ni lui ni d'ailleurs les autres politiques passés au tamis de mes articles. Seulement de témoigner du système dans lequel ils ont plongé ma ville, aujourd'hui au bord de l'asphyxie.

– Fais tout de même attention, minot, m'a gentiment conseillé Jean-Luc Barresi.

Je venais d'évoquer devant lui un clan du grand banditisme corse. La simple mention du nom de cet agent de joueurs de foot suffit à nourrir fantasmes et gros titres. La police le soupçonne d'avoir, avec son frère Bernard, la haute main sur le milieu marseillais mais aussi d'exercer un quasi-contrôle sur l'OM tout en traînant un lourd passé dans les guerres qui ont ensanglanté le milieu marseillais. La rumeur lui prête même l'ambition de devenir le parrain de Marseille en reprenant le contrôle des quartiers Nord, déchirés par des règlements de comptes sur fond de trafic de drogue. À l'évocation de tous ces on-dit, Jean-Luc alterne entre agacement et franche rigolade.

– Écris ce que tu veux sur moi, au moins, toi, tu viens me voir.

Une forme de respect et de confiance, quand bien même je ne l'ai jamais épargné.

– Mais je ne comprends pas comment vous faites pour lui parler encore ! Vous dites qu'à cause de lui vous avez passé six mois aux Baumettes !

Ma femme n'en revient toujours pas que l'homme assis en face d'elle ait l'air de tenir à moi sincèrement malgré ce que j'ai publié à son propos.

– Au moins, ses articles étaient sincères, lui rétorque notre hôte, mêlé au dossier du Cercle Concorde. Ce sont ceux qui s'approchaient le plus de la réalité, même s'ils n'étaient pas à mon avantage. Et il n'avait pas d'idée préconçue sur moi. Il avait même plutôt raison quand il se foutait de ma gueule dans ses enquêtes.

Prisca en est restée bouche bée. Une performance.

– Xavier est presque touchant dans sa façon de faire du journalisme en se foutant des pressions et des intérêts auxquels il touche, en se raccrochant au fait que quand une info est bonne, il faut la sortir. Même s'il est inconscient...

Une amie m'a rapporté ces propos de Vincent Labrune, l'ancien homme lige de feu Robert Louis-Dreyfus, propriétaire de l'OM jusqu'à sa mort en 2009 *. J'avais pas mal

* En 2009, Vincent Labrune est président du conseil de surveillance et ne devient président du club qu'en 2011.

esquinté RLD, dont il était proche. Un jour, nous devisions tranquillement à Paris sur les relations entre l'OM, le milieu et la politique. Labrune s'est lâché.

– Putain, mais c'est un bouquin que tu me décris ! Pourquoi tu ne le ferais pas ?

J'ai souri. Le livre a mis du temps à mûrir. Le temps pour moi, minot né du bon côté de la Canebière, de redécouvrir ma ville. Neuf ans d'exil à la capitale. Puis six années d'enquêtes, à décrypter les rouages d'un système qui étouffe Marseille, de l'OM au grand banditisme en passant par la politique et le trafic de drogue. Jouant au grain de sable, j'ai cherché à gripper le mécanisme, tentant de comprendre les causes de cette décrépitude pendant que les médias parisiens ou les dirigeants politiques s'obstinent à n'en rabâcher que les conséquences : morts violentes, clientélisme, corruption...

– Mais pourquoi tu t'obstines ? C'est pas ta guerre ! essaie parfois de me convaincre la femme d'un ami d'enfance, pièce rapportée du groupe.

Son mari, mes amis, eux, ont compris. Marseille, on l'aime, on la quitte, on ne l'abandonne pas. Ma ville meurt de ces silences qu'elle dissimule derrière sa grande gueule. Le plus beau coup du diable a été de faire croire qu'il n'existait pas. Le plus grand crime du système est de laisser penser qu'il est Marseille.

1.
Le bizut du Cercle Concorde

Je suis né à Marseille en octobre 1981. La France venait de passer à gauche cinq mois plus tôt et je dois à l'anti-mitterrandisme de mes parents de n'avoir pas été prénommé François. À Marseille, Gaston Defferre, le « Vieux Lion », n'avait pas encore achevé son interminable règne à la mairie, entamé en 1953. Deux semaines après ma venue au monde, ma ville se retrouve sonnée. Le 21 octobre, un magistrat est assassiné en pleine journée sur le boulevard Michelet. Trois balles de 9 mm. Deux tueurs à moto. Le crime est signé, c'est une exécution. Juge d'instruction, Pierre Michel s'était spécialisé dans la lutte contre la pègre. C'était un ami de Giovanni Falcone, le célèbre juge italien qui paiera de sa vie, en 1992, son combat contre Cosa Nostra. Marseille traverse une période noire, sulfureuse, excitante, qui ravive le fantasme d'un Chicago provençal.

L'homme qui me fait face vingt-cinq ans plus tard est magistrat, tout comme Pierre Michel, sauf que lui a survécu. Le milieu marseillais, il l'a longuement pratiqué, étudié et combattu. Derrière ses lunettes rondes et son petit rire chuintant se dresse l'ancienne bête noire des truands des années 1980 et 1990. Michel Debacq s'assoit toujours le dos au mur. Le rituel du plat de pâtes à l'ail que nous partageons s'est instauré dès nos premières entrevues, en 2006, dans un restaurant du quartier parisien de l'Opéra. Intimidé, je l'écoute me conter ma ville.

– J'étais à Marseille durant ces années-là, auditeur de justice auprès d'Étienne Ceccaldi, un juge d'instruction ami de Pierre Michel. Après son assassinat, il a pris les choses en main et m'a dicté le communiqué du Syndicat de la magistrature avant de briefer les journalistes. Le lendemain, toute la presse titrait : « La pègre tue un juge. » Nous savions que les voyous allaient faire courir des bruits, que certains allaient tenter de salir Michel.

D'abord soupçonné, Gaëtan (dit Tany) Zampa, l'un des principaux parrains de la ville, prend la fuite. Arrêté en 1983 pour divers délits financiers, il ne sera pas condamné pour cet assassinat mais son règne sur le milieu sera court. L'année suivante, il se suicide à la prison des Baumettes. Bénéficiant de son incarcération, son grand rival, Francis le Belge, a pris l'ascendant sur lui.

– Celui-là, je l'ai fait arrêter à Bruxelles, m'apprend Michel Debacq. Le titre des journaux m'a vraiment fait rire : « Le Belge arrêté en Belgique. » La prison fait du mal aux parrains, à leur emprise, à leur business...

C'était en 1993, dans le cadre de la guerre des boîtes de nuit de la région. Les truands d'Aix et de Marseille s'en disputent violemment le contrôle. Le Belge sera abattu en 2000. Depuis, le tandem police-justice a du mal à identifier qui lui a succédé en tant que leader du milieu marseillais.

– Qui reste-t-il de ces grandes luttes entre truands ? La presse a évoqué Roland Cassone à propos des pressions exercées sur l'OM...

– Cassone, c'est une figure, un monument ! Le dernier représentant d'un monde qui n'existe plus. Il a survécu à tout. À la chute des frères Guérini dans les années 1960. Aux guerres du milieu marseillais entre Zampa et Francis le Belge dans les années 1970 et 1980. À la reprise en main par les Corses dans les années 1990. C'est un survivant. Un homme secret, qui parle peu. On ne l'a jamais coincé et on ne le coincera probablement jamais...

Le vieux routard de la magistrature déroule un pan d'histoire de ma ville. Enfant, adolescent, minot, j'ai pourtant évolué en lisière de ces événements. Mes premiers souvenirs remontent à l'école primaire de l'allée des Pins, qui se dresse à cinquante mètres à peine de la résidence de mes parents. Un bruit de sirène au loin, qui se rapproche avant de disparaître. La prison des Baumettes se trouve à l'entrée de la calanque de Morgiou, à un jet de pierre. Ces sirènes, qu'elles signalent une évasion ou un transfert de prisonnier, faisaient partie du décor. Un jour, en sortant de chez le pédiatre, j'ai vu un homme qui courait en dissimulant son pistolet dans son pantalon. Cela ne m'avait pas traumatisé.

Ma mère se souvient de ce jour de 1967 où elle a entendu des tirs du côté du quartier Saint-Julien. Un petit vieux venait d'être abattu dans une station-service au moment de faire le plein de sa Mercedes. Deux hommes casqués sont sortis d'une berline rouge avant de tirer onze balles de 11.43 sur le parrain de la ville, Antoine Guérini. Avec son frère Mémé, il contrôlait la pègre marseillaise – bars, filles, machines à sous... – tout en bénéficiant de solides appuis politiques à la mairie sous Gaston Defferre. Antoine et Mémé avaient également leur rond de serviette à la table de la French Connection, à l'époque où Marseille était le point de passage obligé des trafiquants d'héroïne et la principale porte de sortie de la blanche destinée au marché américain. La réputation des chimistes employés dans les laboratoires clandestins de la ville y est pour beaucoup. Hollywood en tirera deux films, dont le premier vaudra un Oscar à Gene Hackman. Une consécration pour Marseille et une fascination qui perdure. C'était la période des grands parrains.

Cet environnement me semble si familier qu'il en est devenu banal. Marseille n'apparaît sulfureuse qu'aux « estrangers ». Mais au quotidien, le soufre perd de son odeur. Je vois bien la tonalité des unes que la presse nationale consacre à ma ville. J'enregistre les questions récurrentes que me posent mes camarades d'études, puis mes jeunes confrères journalistes, quand ils apprennent mon origine. Le grand banditisme, la mafia, une ville sale et corrompue aux mains des voyous, alors qu'à mes yeux elle est la plus belle ville du monde. Jusque-là, écrire sur Marseille ne m'avait pas traversé l'esprit.

En écoutant Michel Debacq, je réalise que je ne connais pas ma propre ville. Je l'ai parcourue en flânant, sans m'arrêter. Mille fois, j'ai emprunté le boulevard Michelet sans une seule pensée pour l'assassinat du juge Michel. Ce genre de dossiers relève des mythes marseillais, d'une légende noire aussi fascinante qu'inaccessible – si ce n'est dans les discussions de bistrot ou sous la plume de quelques reporters. Face à moi, l'homme qui commande une bouteille de Fraschetti a contribué à l'écrire avant d'aller exercer à Rome en pleine opération *Mani Pulite*, puis de prendre les commandes du parquet antiterroriste du tribunal de grande instance de Paris. Malgré son impressionnant parcours, Debacq me parle en confiance du passé, tandis que je m'interroge sur le présent.

Nous sommes en 2006. Tous deux faisons fausse route. Lui, à propos de Roland Cassone. Moi, en imaginant que jamais je n'approcherai le milieu marseillais.

C'est Nicolas Beau qui m'a présenté l'ancien juge. À l'époque journaliste au *Canard enchaîné*, il avait été mon professeur au Centre de formation des journalistes (CFJ), à Paris. Son allure et son physique lui ont valu, dès les premiers cours, le surnom de « Jacques Higelin », voire de « Droopy ». Sa façon de désacraliser l'enquête et de partager ses contacts avec nous m'avait étonné. Ce n'est pas vraiment la norme dans le milieu des journalistes. Le discours qu'il professait était simple : dénicher l'info, la vérifier et la publier, sans considération pour ceux – syndicats, grands patrons, médias... – qu'elle dérangera. De cette rencontre décisive naîtra, en mai 2006, Bakchich.info. Affichant pour devise « Enquêtes, informations et mauvais esprit », ce site Internet satirique est créé sans même un euro de fonds propres, avec seulement deux autres journalistes multitâches à mes côtés, Léa Labaye et Guillaume Barou, 25 ans à peine sonnés. Nicolas en grand patron de la rédaction, quelques plumes de sa génération pour nous aider discrètement et voilà le vaisseau lancé.

– Ça t'intéresserait de bosser sur une affaire de truands marseillais ? me demande un jour Nicolas, qui ne suit pas spécialement les affaires marseillaises mais dispose d'un certain flair.

Tu parles si ça m'intéresserait ! Une belle occasion d'étudier les soubresauts qui agitent ma ville.

Mes premiers pas dans les dossiers de grand banditisme débutent donc au lendemain d'une fusillade, comme dans les livres de Jean-Claude Izzo, l'amant désespéré de Marseille qui a rendu immortel le policier Fabio Montale.

Le 4 avril 2006, au nord de la ville, un règlement de comptes renvoie la cité à ses vieux démons. Les anciens avaient connu la tuerie du Tanagra ou celle du Téléphone. Cette fois-ci, c'est aux Marronniers, un bar du quartier du Canet, qu'une fusillade s'est déclenchée. Vers 21 heures, à la mi-temps du match Lyon-Milan en Ligue des champions, une dizaine d'hommes encagoulés descendent de trois véhicules et arrosent copieusement leurs cibles avant de décamper, laissant derrière eux des douilles chaudes, un fusil à pompe et des traces de sang provenant de l'un des assaillants. Trois cadavres gisent là. Farid Berrahma, figure montante de la pègre des cités, a été abattu avec deux de ses lieutenants. Farid a un sale surnom : « Le Rôtisseur. » On le soupçonne d'incinérer ses victimes dans leur voiture après les avoir descendues.

– Je suis arrivé assez rapidement sur place, se rappelle l'un des patrons de la police judiciaire. J'ai appelé le central pour leur dire de ne plus chercher Farid Berrahma, qui se trouvait à mes pieds.

Les flics soupçonnent un règlement de comptes entre le gang de Berrahma et des rivaux corses pour le contrôle du trafic de drogue et des machines à sous. Dix jours plus tôt, Roch Colombani, petit truand doté de solides amitiés dans le grand banditisme insulaire, avait été transpercé de soixante-dix balles. On le disait proche de la Brise de mer et de la bande des bergers braqueurs de Venzolasca, deux groupes redoutés. Le 4 avril, jour de l'assassinat de Berrahma, marquait la date de son anniversaire. Vengeance pour le contrôle du territoire marseillais ? La presse embraie : parrains (corses) contre caïds (arabes).

– Des conneries ! me résume un avocat pénaliste marseillais. La seule couleur qui importe dans le milieu, c'est l'argent.

Un tuyau anonyme parvient aux enquêteurs. L'un des agresseurs serait Ange-Toussaint Federici, le leader de l'équipe de Venzolasca, implantée dans la région aixoise. La police fait le tour des hôpitaux, cherche un blessé et finit par trouver une trace. Un homme au fort accent corse a été admis dans une clinique du sud de la ville au cours de la nuit du 4 avril pour une « chute à moto » suivie d'une « morsure de chien ». La clinique se trouve à Clairval, sur les collines du Redon, à cinq minutes de l'appartement qu'occupent mes parents, infirmiers, qui y travaillent à l'occasion.

Le lendemain, le patient a levé le camp sans prendre le temps d'enlever sa sonde urinaire. Quelques jours plus tard, l'analyse ADN révélera que le blessé des Marronniers et le disparu de Clairval sont une seule et même personne : Ange-Toussaint Federici, dit « Santu ». Lequel entame une cavale atypique. Bien qu'« activement recherché » il rend visite à son conseiller en insertion le 21 août 2006. Le mois suivant, il répond à une convocation de son juge d'application des peines. Ce n'est que le 12 janvier 2007 qu'il sera arrêté à Paris, au sortir d'un restaurant de la Madeleine.

Federici passe au « tapissage ». Les policiers immortalisent leur prise par un cliché en noir et blanc digne d'une série B. Un numéro trône au-dessus de chacun des participants, photographiés côte à côte. Ange-Toussaint et son lieutenant Jacques Butafoghi, arrêté avec lui, ne sont pas franchement souriants. À droite sur la photo, un homme leur rend une tête. Il a été arrêté peu de temps après eux. En quelques coups de fil, grâce à son entregent et à un tour de passe-passe, Federici a été admis à l'hôpital de Clairval sous un faux nom avant de s'évanouir dans la nature. Paul Lantieri, restaurateur établi à Aix-en-Provence, est mis en examen pour complicité d'association de malfaiteurs. L'aide qu'il a apportée à Federici tombe sous le coup de la loi. Ses soucis ne font que commencer.

L'enseigne de son établissement, La Rotonde, fait face à la fontaine qui marque l'entrée de la cité, dont elle est le symbole. Elle emprunte d'ailleurs le nom du monument. Musique *lounge*, emplacement soigné, cuisine correcte. Pendant les trois années d'études que j'ai passées à Aix-en-Provence, ce local était à l'abandon. Désormais, c'est le lieu où il est bon de se montrer. Grands flics venus de Marseille (du patron de la PJ au préfet de police), élus de la mairie, hommes d'affaires, truands de toutes les générations sont attablés là, au vu et au su de tous, au milieu des touristes et des flâneurs. Il arrive à mes parents d'y dîner après une sortie au théâtre.

Paul Lantieri, un géant de 1,97 m, a quitté la Corse pour le continent après quelques déboires. En avril 2000, cinq charges de nitrate de fuel de 5 kg chacune ont dévasté sa boîte de nuit ajaccienne, L'Amnésia. Jamais élucidé, l'attentat n'a en rien altéré son esprit d'entreprise. En juin de la même année, il scelle le rachat du fonds de commerce de ce qui deviendra La Rotonde. Malgré les soupçons, la procédure lancée pour extorsion lors du rachat a été classée en 2004.

Avec la tuerie des Marronniers, les enquêteurs le découvrent complice de l'évasion de Federici. Des recherches téléphoniques l'ont trahi. Lors d'un dîner mondain parisien, Lantieri a favorisé l'entrée de Federici – habitué de son restaurant aixois – à la clinique de Clairval en contactant un médecin corse. L'assistance au fugitif n'était pas désintéressée. Ange-Toussaint Federici est son associé dans le cadre de son dernier projet en date : un cercle de jeu qui doit prochainement ouvrir ses portes dans la capitale. Il est basé rue Cadet, non loin de mon domicile parisien.

Comme tous les cercles de jeu, le Cercle Concorde est une association à but non lucratif dont l'objet social est particulièrement savoureux : « Promouvoir l'idéal républicain à travers la communication, les études, les recherches et les échanges de caractère économique et social et, en développant les relations humaines, [...] œuvrer pour la réalisation des États-Unis d'Europe dans le cadre des lois de la République française. » Les casinos étant interdits à Paris, le ministère de l'Intérieur délivre à quelques associations, sur la base d'une loi de 1936, le droit de pratiquer des jeux de hasard comme le poker, la boule, etc. Dûment déclarés, les bénéfices de ces tripots doivent en principe être reversés à des associations caritatives.

L'entreprise est une indéniable réussite. La soirée d'inauguration, le 30 novembre 2006, est même saluée par *Le Figaro*. Politiques, *people*, voyous, tous se pressent à l'invitation de « Monsieur Paul ». L'argent rentre. Les bons mois, les recettes s'élèvent à 600 000 euros. Quel est le tour de magie permettant à une association sans but lucratif de générer de tels bénéfices ? Ne pas déclarer, ou plutôt sous-évaluer, les sommes misées, prélever sur les parties de poker davantage que ce qui est officiellement déclaré au ministère de l'Intérieur ou au fisc... et exfiltrer la différence. Une fraude fiscale doublée d'un possible blanchiment à grande échelle se déroule au Concorde, sur fond de grand banditisme.

Bakchich.info a à peine dix-huit mois d'existence quand notre rédaction boucle cette enquête.

« Les soucis d'un parrain corse. » Dans le dossier que nous publions le 2 novembre 2007, nous retraçons l'histoire du

Cercle Concorde en partant de la tuerie des Marronniers. En posant, au passage, quelques questions grinçantes. Pourquoi Paul Lantieri, patron d'un restaurant aixois et d'un cercle de jeu, a-t-il aidé un membre du grand banditisme à prendre la fuite ? Par quel miracle ce même Paul Lantieri, incarcéré et mis en examen dans la procédure des Marronniers, a-t-il été libéré quelques jours à peine après son arrestation ? Comment cet homme dont les relations avec le milieu sont de notoriété publique a-t-il obtenu du ministère de l'Intérieur l'autorisation d'ouvrir un cercle de jeu à Paris ? Pourquoi la justice et la police ferment-elles les yeux alors que le Cercle Concorde, selon nos informations, pratique le blanchiment et la fraude fiscale à grande échelle en faveur du grand banditisme ?

Pour Bakchich, c'est un plongeon sans filet. Une seule procédure nous est connue : l'enquête sur la tuerie des Marronniers. Le reste de nos infos provient de sources de confiance. Elles nous ont été délivrées par des contacts marseillais que Nicolas Beau m'a présentés. Des journalistes que leur rédaction a dissuadés d'écrire sur le sujet, des policiers agacés, des magistrats désireux de voir tomber le Concorde et qui n'ont trouvé que nous pour creuser avec obstination. Il nous faut gratter : appeler les mis en cause et leurs avocats, les faire réagir. « C'est bon, je fais la bonne foi... » Mon expression amuse Nicolas. En cas de procès en diffamation, le journaliste est présumé de mauvaise foi. C'est à lui de prouver sa bonne foi devant le tribunal en démontrant le sérieux de son enquête. Appeler les personnes qu'il met en cause pour solliciter leur version des faits participe à l'établir. Mais personne pour retourner mes appels.

Le dossier se goupille après une nuit blanche et quelques franches engueulades noyées dans le vin d'une pizzeria sicilienne. Guillaume Barou monte les pages. Nicolas Beau les amende. Je les relis une dernière fois. Le sujet est explosif. Le ministre de l'Intérieur qui a donné son agrément à l'ouverture du Cercle Concorde malgré la proximité de ses patrons avec le grand banditisme s'appelle Nicolas Sarkozy. Il est entre-temps devenu président de la République. Un pigiste de la rédaction a reçu le conseil de ne pas se balader à moto. Un journaliste qui a travaillé sur le dossier Concorde a subi une étrange agression lors de son passage à Paris.

– Vous avez conscience de ce qu'on risque ? sonde Nicolas Beau.

– Bah, de toute façon il n'y a pas grand-chose à plastiquer ici...

Entre les cartons de pizza et les cendriers dégueulants, Bakchich fait tapis. Nous ignorons encore qu'une instruction a été ouverte sur les faits que nous décrivons. Cette nuit-là, l'adrénaline m'empêche de dormir.

Quatre jours plus tard, les premières perquisitions ont lieu en Suisse, à l'instigation d'un juge marseillais. Elles visent un associé helvète de Paul Lantieri. Soupçonné de servir de blanchisseur au milieu corso-marseillais, le Concorde est ciblé par une instruction judiciaire ouverte à Marseille. Le 27 novembre 2007, la police effectue une descente dans les locaux du cercle parisien. L'établissement est fermé sur décision du ministère de l'Intérieur, qui suspend enfin son agrément. Ouf ! Mais nous n'avons guère le temps de respirer. Les événements s'accélèrent. Le 28 novembre, je descends tout juste du train, à la gare Saint-Charles, quand mon portable sonne. « Viens me voir, ils sont allés chercher Roland », me glisse un ami journaliste. Roland Cassone a été arrêté ! Marseille en a le souffle coupé. L'homme que le juge Debacq, un an plus tôt, croyait intouchable est tombé. La statue du commandeur est déboulonnée.

La carrière de Roland Cassone a débuté sous l'égide des frères Antoine et Mémé Guérini, figures de la pègre marseillaise d'après-guerre. Un ancien magistrat m'assure qu'il aurait personnellement tiré l'oreille du journaliste Eugène Saccomano, auteur d'un merveilleux ouvrage, *Bandits à Marseille*, dont a été tiré *Borsalino*, avec Alain Delon et Jean-Paul Belmondo. L'opus avait déplu aux patrons de Cassone. Et l'avertissement a été entendu. Sacco' n'a plus jamais écrit sur le milieu. Au cours des décennies suivantes, Roland parviendra à passer entre les balles. Il est l'un des rares survivants des grandes guerres du milieu, et notamment de la sanglante rivalité qui a opposé Francis le Belge à Gaëtan Zampa.

Proche de Jacques Imbert, dit Jacky le Mat, Cassone, après une longue hésitation, bascule avec lui dans le camp du Belge à la fin des années 1970. Deux tentatives d'assassinat les auront convaincus. En 1977, Le Mat a été criblé de balles par les hommes de Zampa, qui l'ont laissé pour mort. L'année suivante, c'est au tour de Cassone d'être pris pour cible par le même clan, sur la route de Simiane-Collongue, une bourgade de l'arrière-pays marseillais. Son frère Serge succombe. Mais Roland, comme Le Mat avant lui, survit à ses blessures. Les deux miraculés feront payer au clan Zampa ce double raté. Tany, sentant qu'il a perdu le combat, se pendra à la prison des Baumettes en 1984.

« À partir du milieu des années 1990 », écrit Elsa Hervy dans son mémoire de recherche à l'Institut de criminologie,

« [Cassone] est considéré comme la figure montante du milieu marseillais. Il s'inscrirait alors dans une pyramide criminelle dont le sommet est Francis le Belge. Cassone est au niveau des autres barons [...]. En dessous de Cassone, on trouve les trois frères B., à Marseille. » Au tournant du millénaire, une fois le Belge et ses lieutenants éliminés, Le Mat et Cassone font figure de derniers des Mohicans. Le casier judiciaire du second est quasiment immaculé. Seulement dix-huit mois de prison pour port d'armes, une vétille ! En souvenir du bon vieux temps, son neveu a conservé une photo où, enfant, il joue sur les genoux du Mat.

Dans la Twingo, mon père, venu me chercher à la gare, a compris. Passage rapide à l'appartement, une bise à Maman, je dépose mon sac. Je rentrerai tard et me coucherai bien après eux. Le temps d'aller recueillir les détails de l'arrestation. L'excitation d'avoir en main les documents confidentiels de l'opération policière me tient en éveil malgré l'heure tardive. J'ai devant moi les photos de la villa de Cassone prises par les policiers, batisse construite à l'endroit même où son frère a été assassiné, les procès-verbaux de sa surveillance, de son arrestation, des perquisitions à son domicile, avec mention des armes saisies... Les policiers ont planqué pendant dix heures avant d'alpaguer cet homme de 63 ans tandis qu'il taillait ses rosiers, tranquillement lesté d'un gilet pare-balles et d'un Glock chargé. Dans les poches de son pantalon, deux autres chargeurs.

Tard dans la nuit, j'écris encore. À Paris, la rédaction de Bakchich découvrira mon papier en ligne le lendemain matin. Elle ignore encore l'importance de la prise. Un parrain que l'on croyait intouchable est tombé. Un pan de la légende noire de Marseille s'écrit là, sous mes doigts.

Celle que Debacq m'a contée et que je n'imaginais pas toucher moi-même un jour.

Ce n'est qu'un début. Noël arrive et je vais être gâté. Un nouveau figurant apparaît dans le dossier, précédé d'une odeur de soufre. Paul Barril, l'ex-gendarme de l'Élysée, ancien commandant par intérim du GIGN, réside désormais à Marseille, à la prison des Baumettes. Il a été placé en détention par les magistrats qui instruisent la procédure sur le Cercle Concorde. Ceux-ci le soupçonnent d'avoir voulu exécuter un contrat contre certains des bandits qui contrôlent l'établissement de jeu.

– Tu me téléphones quand t'as fini ? bâille mon père en me déposant à l'aube devant le palais de justice.

À 6 heures du matin, un 24 décembre, Marseille est encore déserte. Seuls quelques policiers sont en faction devant l'annexe du palais, rue Joseph-Autran. Un invité de marque est attendu. C'est lui qui m'a tiré du lit aux aurores, la veille de Noël. Jean-François Giorgetti, un ami journaliste à France 3-Marseille, m'attend là avec son cameraman. Il m'a proposé de guetter avec lui l'arrivée de la star. Nous végéterons trois heures durant dans le froid avant qu'une voiture banalisée ne déboule dans la ruelle. Les pneus crissent, le véhicule s'engouffre dans le parking, le portail coulisse à toute allure. Le cadreur a tout juste le temps de mettre en boîte quelques images. J'aperçois une silhouette allongée sur la banquette arrière, dissimulée sous une veste. Paul Barril arrive tout droit de la prison des Baumettes pour être présenté au juge qui va le mettre en examen pour association de malfaiteurs. J'ai poireauté pour rien, si ce n'est que j'en profite pour prendre rendez-vous avec l'avocat du prévenu, dont le rôle dans la vie du Concorde demeure encore flou.

L'établissement parisien est contrôlé par le milieu corse qui gravite entre Aix-en-Provence et Marseille. Paris, la capitale, où je suis « exilé ». Aix-la-Bourgeoise, où j'ai étudié. Marseille, ma ville, où je me sens respirer. La triangulation du dossier me renvoie un étrange écho. Le Concorde est ma première enquête sur le banditisme marseillais. Peut-être est-ce aussi la dernière. Je ne veux pas en rater une miette.

Jean-François et moi prenons place au Bar du palais, un café situé derrière le tribunal. Je ne comprends le choix de ce café par mon aîné qu'au moment où je réalise que les « chauffards » de Barril nous y ont précédés.

– Vous auriez pu le promener un peu, qu'on fasse de belles images ! leur lance Jean-François Giorgetti en les taquinant.

– À l'ancienne, tu veux dire ? On ne pouvait pas, on a eu des consignes.

– Et l'autre Paul, vous allez l'avoir ?

– Vaudrait mieux pour lui que ce soit nous qui lui mettions la main dessus les premiers !

Paul Lantieri, le directeur du Cercle Concorde, est en cavale. Des pontes du milieu le tiennent pour responsable de leur chute et lui reprochent d'avoir pris la fuite. En un mois seulement, l'enquête sur le Cercle a fait tomber beaucoup de monde. Barril n'est qu'en lisière du dossier. C'est avant tout une prise médiatique qui a fait descendre à Marseille mes confrères parisiens.

Deux semaines plus tard, en janvier 2008, je m'installe dans un café calme et cosy qui fait face à l'entrée de l'annexe du palais de justice. Au Citizen, la vue est idéale pour observer les allées et venues des magistrats comme des prévenus. C'est le rendez-vous des accusés, des juges, des gratte-papier, des avocats... L'un d'eux apostrophe Jean-François :

– T'as vu ce qu'a sorti Bakchich ? C'est des malades !

Réprimant un sourire, je prends la remarque comme un compliment. Ça n'en est pas forcément un.

– La tradition ici, c'est qu'on peut parler des écoutes ou des affaires mais pas les étaler en saga, m'explique Jean-François. Et surtout pas publier les documents comme tu l'as fait dans Bakchich ! En plus, t'es nouveau. Ils ne savent pas d'où ça vient.

Dans la petite communauté judiciaire, notre site d'information intrigue. Mon nom aussi. Je sors de nulle part, effet de surprise garanti. Au téléphone, ma voix ne laisse présager ni de mon jeune âge, ni de mes origines marseillaises. Comme à la marelle, je saute d'une case à l'autre du damier judiciaire. L'enquête me paraît simple. Un coup de fil, une rencontre, un recoupement avec les PV. Le parrainage de Jean-François rassure mes interlocuteurs. Ma tignasse frisée, un peu aussi sans doute.

– Franchement, entre Le Belge et Cassone, qui donnait des ordres à l'autre, selon vous ? me glisse un avocat proche du second.

Silence dans le vaste bureau, dont les fenêtres laissent entrevoir le palais.

– Et à propos de l'OM, c'était vraiment pour lui demander de calmer les supporters qui insultaient sa femme lors des matchs que Robert Louis-Dreyfus est allé voir Cassone ?

– Évidemment !

Le sourire moustachu qui accompagne sa réponse en laisse percevoir toute l'ironie.

– Et Cassone est encore présent à l'OM ?

À nouveau, un sourire en guise de réponse.

Pour les avocats venus de loin, je fais le taxi, voire le guide touristique. Me Bonnant est un ancien bâtonnier du barreau de Genève. Avec sa crinière blanche, aguerri par des décennies d'expérience, il est rompu à toutes les procédures. Le secret bancaire, pour lui, n'a pas de secret. Venu visiter aux Baumettes le banquier François Rouge, l'ami suisse de Paul Lantieri qui a fait les frais des premières perquisitions, l'avocat, accompagné d'un confrère parisien, cherche à rejoindre les studios de France 3-Marseille avant de regagner son hôtel sur le port.

– En Twingo, ça vous ira ?

Nous traversons les beaux quartiers, du sud vers le centre-ville. Un rapide exposé sur la beauté des calanques. Puis un tour sur l'avenue Michelet, celle des prostituées, qui mène au Stade vélodrome, avant d'arriver en vue de la tour France 3.

Le direct ne dure que quelques minutes.

– Ça ne vous dérange pas de nous ramener vers le port, à l'hôtel Radisson ?

– Non, du tout.

Je me ferai même un devoir de rallonger le trajet en empruntant les petites rues du centre-ville. Quand je fais le taxi, ce n'est pas le compteur qui tourne. Ce sont les questions qui défilent.

– Ça ne vous semble pas bizarre que le ministère de l'Intérieur ait donné son agrément à la création du Cercle Concorde ?

– C'est vrai que c'est un peu étrange. C'est sensible aussi, puisque le ministre concerné est devenu président de la République. J'avais rencontré M. Sarkozy quand il était encore stagiaire dans l'étude d'un confrère. Ce n'était pas le plus doué mais il était bosseur. Et déjà un peu agité…

À la ligne droite, préférer un parcours en escalier. Rue de Rome, bifurcation vers Edmond-Rostand, encore un coup de volant pour gravir la rue Sylvabelle.

– Votre client connaît des politiques ?

– Oh, je crois qu'à une époque il a fait des affaires avec Patrick Devedjian…

L'hôtel se rapproche. Encore un petit détour par la rue Sainte, histoire de lui faire admirer l'abbaye Saint-Victor, qui date du IVe siècle.

– C'est fou que vous arriviez à vous orienter dans ces petites rues, s'amuse Me Bonnant.

Le jeu s'achève quai des Belges, devant l'hôtel.

– À bientôt !

– J'espère…

Quelques dizaines de jours, des centaines de pages de documents et une bonne douzaine d'entretiens plus tard, je suis en mesure de peaufiner la saga du Cercle Concorde, que Bakchich décline en quatre longs articles. Sur la table, trois jeux.

Tout d'abord, un improbable duo. Paul Lantieri, l'homme de la nuit, visage patibulaire, un peu dépressif, hypocondriaque et noceur, qui ne sort jamais sans Sweety, un chien minuscule. C'est de ce personnage charmant que s'est entiché François Rouge. Patron de la Banque des patrimoines privés, ce banquier suisse a fait fortune en reprenant pour une bouchée de pain la Karfinco, établissement bancaire proche de la sulfureuse loge P2 italienne. Son savoir-faire a même séduit le régime angolais, au point que celui-ci lui a confié la gestion d'une bonne partie de ses fonds pétroliers.

Lantieri et Rouge se sont chargés d'apporter les fonds nécessaires à l'ouverture de l'établissement de jeu, dont la sécurité a été confiée au clan Federici – l'homme de la tuerie des Marronniers. Pour l'obtention de l'agrément d'ouverture et la gestion des jeux, on a fait appel à l'expérimenté Edmond Raffali, un vieux routier des réseaux Pasqua, ancien patron du Cercle Concorde lors de sa première vie, dans les années 1980.

Chacun s'acquitte de sa mission avec brio et le Cercle se met à tourner à plein régime. Un temps, les associés se frottent les mains devant cette poule aux œufs d'or, avant de se déchirer pour le butin. Raffali reproche à Lantieri de léser ses associés dans le partage des gains. Il trouve une oreille compréhensive auprès de la bande de Venzolasca. Ange-Toussaint Federici, le patriarche, est incarcéré depuis le 12 janvier 2007 dans le dossier de la tuerie des Marronniers. Mais son frère Jean-François, son fils Augustin et son lieutenant Jacques Butafoghi ont pris la relève.

Une réunion de conciliation se tient à l'hôtel Park Hyatt Paris-Vendôme. Raffali, Lantieri et Rouge tentent de parvenir à un accord, sous l'auguste protection de Roland Cassone. Sans succès. Le 30 mai 2007, Lantieri se voit refuser l'entrée du Cercle. Et le duo Rouge-Lantieri d'en appeler à l'ex-gendarme du GIGN, Paul Barril, pour tenter de reprendre la main en effrayant le camp Raffali-Federici. Le super-gendarme se gardera bien d'agir, tout en laissant miroiter son aide. Spécialisé dans les prestations sécuritaires auprès des présidents africains, l'ancien de la cellule antiterroriste de l'Élysée lorgne en fait les contacts angolais du banquier suisse. C'est alors que paraît, le 2 novembre 2007, le premier grand dossier de Bakchich, suivi par les perquisitions et par la fuite de Lantieri. En janvier 2008, la saga du Cercle Concorde en quatre actes provoque un carton d'audience et suscite beaucoup de réactions.

« Faites attention à vous. » Je ne reconnais pas le numéro qui m'adresse le texto. Attablé avec une jolie fille, je bois un verre en flambant à la marseillaise, chemise ouverte, au fond de la Marine. Ce bar du quai de Rive-Neuve est une institution, prisée aussi bien par les petits voyous et les gros bras que par la jeunesse dorée.

Une fois les verres vidés et la demoiselle partie, je rappelle. « Faites gaffe aux perquisitions ! » J'ai reconnu sa voix. C'est l'un de mes contacts judiciaires, dont je crois même avoir un jour un peu forcé la main. Cette source n'arrivait pas à utiliser ma clé USB. Alors je me suis installé derrière son bureau, gentiment, pour copier toutes les pièces de l'instruction sur le dossier Concorde. *« Le juge est énervé »*, m'assure mon interlocuteur. Je relativise. C'est une banale histoire de recel de viol secret de l'instruction – une notion que j'ai découverte avec cette enquête. Un journaliste n'a pas le droit de recueillir de pièces émanant d'une procédure judiciaire en cours. Mais en France, le secret de l'instruction est bien souvent un secret de Polichinelle, ce qui incite les journalistes à la récidive. Un dossier pénal, ce sont généralement des milliers de documents cotés, ce qui se traduit par des dizaines d'heures passées devant un ordinateur pour en extraire quelques pépites.

Comme cette poignée de célébrités qui apparaissent au détour du dossier, à l'instar de Bernard Kouchner ou François Pupponi, invités à l'inauguration du Cercle. C'est toujours un bon moyen d'intéresser le grand public à l'enquête et de booster Bakchich. Par ailleurs, les comptes rendus d'écoutes judiciaires se révèlent fort instructifs. Langage ordurier, mots doux, bassesses, moments de déprime... Je dégotte quelques perles parmi les milliers de conversations entre voyous retranscrites par les policiers.

Charles Villeneuve, ancien ponte de TF1, a mangé chez Paul Lantieri, et lui a proposé de l'aider à lancer médiatiquement le Cercle Concorde. Quand je découvre cette écoute, Villeneuve est devenu président du Paris Saint-Germain. Lantieri, lui, est toujours en cavale

– Bien sûr que je le connaissais ! Je lui apportais la schnouff et je repartais avec le cash ! plaisante Villeneuve au téléphone.

Au moins, sa repartie est distrayante.

– Oui, je le connaissais mais je ne sais pas où il est, conclut plus sérieusement l'ancien présentateur de *Droit de savoir*.

L'article crèvera les scores d'audience du site sans toutefois rien apporter de concret. Si ce n'est le mesquin plaisir de faire de la mauvaise pub au PSG.

Quand on les confronte aux auditions des prévenus, les comptes rendus d'écoutes donnent un peu plus de couleur à l'histoire, qu'elles permettent aussi de mieux cerner. Lantieri, parrain présumé, souffre d'une dépression. Au téléphone, le bonhomme semble trembler de peur devant les menaces des Federici et des Raffali. Il s'en ouvre à son ami Rouge, à qui il dresse la liste des divers médicaments qu'il prend. Le banquier suisse essaie de calmer son « chéri ». Le langage qu'il utilise fera naître la rumeur qu'il forme un couple avec Lantieri. Un ragot infondé ; Rouge donne du « chéri » à tous ses interlocuteurs. En passant, les pièces de la procédure ébrèchent la légende d'un Cassone qui n'aurait jamais été emprisonné. Devant le juge, le retraité du bâtiment confesse dix-huit mois à l'ombre pour port d'armes trois décennies auparavant, du temps où son frère a été assassiné.

En audition, assurent juge et flics, unanimes, on reconnaît facilement les vrais truands. Ils ne parlent pas – un silence qui facilite le travail de leurs avocats. Les plus prestigieux s'autorisent à se montrer grinçants avec le juge. Bardé d'un gilet pare-balles et d'un pistolet chargé au moment de son arrestation, les poches de son pantalon débordant de cartouches, Cassone s'est justifié sans forcer : « C'est un peu comme quelqu'un qui aurait une pipe et deux paquets de tabac dans la poche. Ça fait partie de la panoplie... » Du Audiard avec l'accent de Pagnol.

Avec la saga du Cercle Concorde, je publie sur Internet ce qui d'ordinaire se murmure dans les arrière-salles des bars. J'assiste à la chute de géants. C'est d'autant plus grisant que chaque plongée dans l'univers du Concorde entraîne de nouvelles découvertes.

Outre Roland Cassone, Paul Lantieri a été soutenu dans son ascension par de grands noms. Dans l'association du Cercle Concorde apparaît notamment un proche de Jean-Jé Colonna, désigné parrain de la Corse du Sud par le rapport parlementaire de Jean Glavany en 1998. C'est un proche des réseaux Pasqua et en particulier de Michel Tomi et Robert Féliciaggi, les empereurs des jeux africains à l'époque. Ces relations se sont tissées au gré d'un long périple. En 1975, pour échapper à une condamnation pour son rôle dans la French Connection, Jean-Jé Colonna s'échappe en pyjama de l'Hôtel-Dieu, où il a été transféré après son arrestation. Il effectuera dix ans de cavale, notamment au Brésil. En 1978, il est condamné par contumace à dix-sept années de prison. Dans le jugement, il est désigné comme « l'organisateur au sommet ayant tiré un bénéfice financier du trafic », ne méritant « aucune indulgence ». La cour d'appel oubliera de le rejuger dans les délais impartis. À son retour d'exil, en 1985, son casier judiciaire est immaculé. Un véritable miracle judiciaire. La baraka de Jean-Jé prendra fin le 1er novembre 2006, lorsqu'il trouve la mort dans un accident de la route. Paul Lantieri assistera à son enterrement.

C'est un autre baron de la French Connection, figure marseillaise proche de l'ancien maire Gaston Defferre, qui a introduit Paul Lantieri auprès de Cassone. Il s'agit de Dominique – dit Nick – Venturi. J'ai retrouvé la trace d'un virement de 487785 euros émis en 2000 depuis un compte suisse de Nick Venturi vers le compte de Sextius, une société basée à Genève contrôlée par Paul Lantieri. C'est en rapatriant en France une partie de ce pactole que Paul a pu lancer La Rotonde, à Aix, puis le Cercle Concorde. Cassone et Venturi sont devenus des habitués du restaurant de Lantieri. De son côté, ce dernier leur rend souvent visite à leur domicile le week-end. L'enquête accrochera les deux anciens pour non-justification de ressources. Des comptes bancaires de la famille Venturi dissimulés dans des paradis fiscaux seront par ailleurs débusqués par la justice.

Avec le Concorde, je me retrouve invité dans un cercle que je croyais réservé aux initiés. Un univers digne d'un film noir, reclus dans les vestiges du passé. Blanchiment, jeux, grand banditisme, règlements de comptes… Ce visage de Marseille, dont j'avais seulement entendu parler, m'était demeuré inconnu. Un voile se déchire. Le démon m'a pris. Je ne veux plus quitter la table. Ni arrêter de miser.

2.
Un parrain au Sacré-Cœur

Nick Venturi, l'un des financiers du Cercle Concorde, est inhumé le 8 avril 2008 en la basilique du Sacré-Cœur. Je suis passé des milliers de fois devant son porche sans même fouler ses marches. Je n'ai jamais été attiré par ce lieu de ralliement symbolique de « la haute » marseillaise. Son histoire s'avère aussi tordue que l'artère sur laquelle elle a pris place, l'avenue du Prado, au numéro 81. Au rond-point éponyme, cette avenue cossue réalise un angle droit. L'un de ses bras plonge vers la mer, l'autre vers le centre-ville. Avant le rond-point Castellane, la basilique fait un bras d'honneur à la loi républicaine et à Marseille.

Voûtes romano-byzantines, colonnes en granit de Corse, bancs : le Sacré-Cœur de Jésus-Christ (« Sacro » pour les intimes) accueille d'ordinaire la bourgeoisie marseillaise la plus bigote, « ces gens qui croient qu'ils n'ont jamais péché ni commis de crime parce qu'ils vont à la messe », comme me le résume un élu marseillais.

Leurs enfants, scolarisés dans les écoles catholiques du centre-ville, passent leurs week-ends dans la troupe scoute de la paroisse, rivale de celle que je fréquentais enfant. Je les connais bien pour avoir grandi avec eux. Issu de la classe moyenne, j'ai passé mon adolescence à Provence, le collège lycée des hautes sphères marseillaises, fréquenté par les fils et filles d'avocats, de grands médecins, de politiques ou d'ambassadeurs. C'est le bastion de « la haute », planté au cœur du quartier de Saint-Giniez, entre la rue Paradis et le deuxième Prado, sous l'œil des Jésuites.

Pendant quelques années, la jeunesse dorée s'encanaille. Tenues débraillées, joints pendant les camps d'été, initiation au reggae, voyages à l'étranger... De préférence sur le continent noir, « où les Africains sont tellement accueillants ». Dans leur pays du moins, car il leur paraîtrait inopportun de s'aventurer dans les quartiers Nord de Marseille. Les cités des quartiers Sud suffiront à pourvoir aux besoins des jeunes des beaux quartiers en rations de shit. Les scouts du Sacré-Cœur affichent un dédain certain pour les autres troupes, qui le leur rendent bien. Ils arborent l'insupportable désinvolture des gens qui savent qu'ils ne manqueront jamais de rien, pas même pour l'entretien de leur basilique. Qu'importe 1905 et sa loi de séparation de l'Église et de l'État, la mairie casque et cotise encore aux deniers du culte.

Depuis 1720, une basilique devait être construite à Marseille. Les bourgeois avaient promis à l'évêque Belsunce de la financer si Dieu éloignait la grande peste. Las ! Sitôt le fléau à distance, les échevins allaient remballer leur promesse de se rendre à la messe quotidiennement et de financer l'édifice. Belsunce, dupé, n'aura droit qu'à un cours à son nom, pas à un autel. Ce n'est que deux siècles après la promesse que la première pierre sera enfin posée. Une guerre mondiale et une loi séparant l'Église de l'État sont entre-temps passées par là. Une seconde guerre mondiale surviendra avant l'achèvement des travaux, en 1947. Des vitraux représentant des archanges sur la Somme, le Chemin des Dames ou d'autres champs de bataille ornent l'édifice. Derrière le chœur de l'Église, un monument aux morts a été érigé. L'État se devait, dès lors, d'entretenir les lieux. Par ce subterfuge, les bourgeois marseillais contemporains, lointains descendants des échevins, n'ont pas trop à bourse délier pour assurer la bonne tenue de leur lieu de culte.

Cette église de combine célébrait ce jour-là les obsèques d'un expert en coups fourrés.

– Nick Venturi, c'est l'histoire de Marseille, plaide son ancien avocat, Me Xavier Cachard. J'ai rêvé d'écrire ses mémoires, je l'en ai presque convaincu, mais il était trop tard.

Dans son bureau spacieux situé juste derrière la préfecture, une bouteille de Coca posée devant lui, le *« gros mais coquet »* – selon sa propre expression – élu UMP me reçoit. Il prend place sur un canapé en cuir, la jambe gauche repliée sous la droite. Pour passer le temps, il meuble le silence de souvenirs, évoquant le parcours d'*« un des derniers parrains corses »*, comme le qualifiaient, le jour de son enterrement, les mêmes journaux qui retrouvent chaque année les « derniers Poilus » encore en vie.

Nick Venturi a vu le jour à Marseille en 1923. La ville est déjà sous la coupe des parrains Paul Carbone et François Spirito. Enfants du Panier, comme lui, ils se complaisent dans le proxénétisme et le trafic de drogue. Sous l'Occupation, ils choisissent la collaboration. Dominique, lui, rejoint l'autre bord. Dans les rues du quartier, la Résistance socialiste recrute. Aspirants voyous et jeunes pousses politiques naviguent dans ses rangs. Ils deviendront de gros poissons : les patrons du Marseille d'après-guerre. Avec les frères Antoine et Mémé Guérini, Venturi marche dans les pas du chef du réseau Brutus, l'avocat Gaston Defferre. Leur compagnonnage durera quarante ans.

À la Libération, armes à la main et Defferre en tête, la bande prend possession des locaux du *Petit Provençal*, le quotidien régional. Le futur maire n'en lâchera jamais les rênes, même lorsqu'il accédera à l'hôtel de ville. Les Guérini, Venturi et leurs troupes sont alors intronisés porte-flingues officiels. Cette garde rapprochée apparaît surtout dans les moments chauds, grèves et campagnes électorales incluses. À l'ombre de « Gaston », Venturi et les Guérini prospèrent, bénéficiant de l'appui de la mairie dans le cadre de leurs entreprises, mais aussi de la discrétion des services de police. L'accord tiendra jusqu'au crépuscule du « Vieux Lion ».

– Dommage, soupire Cachard. C'eût été un beau livre...

Un hommage au silence. Ce 8 avril 2008, la cérémonie d'adieu à Nick Venturi a attiré du monde. Deux jours plus tôt, dans son appartement, le vieux Dominique a rendu l'âme. Né dans un Panier de Corses, devenu homme pendant la Résistance, homme d'affaires sous Gaston Defferre avant de se faire discret sous Jean-Claude Gaudin, Venturi aligne l'itinéraire d'un enfant marseillais. La foule venue se recueillir devant son cercueil, paré de deux gerbes de roses rouges, ne s'y trompe pas. Un monde s'éteint avec lui, autant lui dire au revoir.

Trois cents personnes au bas mot ont fait le déplacement. Mercedes, BMW et 4x4 sont garés à l'arrache sur les trottoirs alentour. C'est une affluence de soir de match joué à guichets fermés. Avocats renommés, élus discrets, médecins affables, chauffeurs de taxi et anciennes figures du milieu marseillais échangent à voix pesée. Avec sans doute un brin de nostalgie, des policiers blanchis sous le harnais sont, eux aussi, venus rendre un dernier hommage à leur ancien client.

Un *ex-voto* sombre s'affiche à gauche du chœur de la basilique. Il évoque succinctement la « Présence française en Indochine, 1787-1954 » : « L'histoire retiendra la noblesse de l'entreprise et la grandeur du geste, la présence française en Indochine fut une épopée. » Une épopée à laquelle Venturi a participé à sa façon. Il a notamment été soupçonné d'avoir participé au trafic de piastres qui fit la fortune de beaucoup de Corses exilés dans l'Orient lointain – ses bars à filles, son opium... Le gamin du Panier a surtout été associé à un réseau mythique de trafic d'héroïne, la French Connection. La morphine parvenue d'Asie transitait par l'arrière-pays marseillais et ses laboratoires pour être transformée en héroïne avant d'être livrée aux États-Unis.

Née avant-guerre, sous Carbone et Spirito, la French Connection a connu son véritable essor à la chute des colonies, sous la férule des grandes familles (Francisci, Guérini, Venturi...). Elle prospérera jusque dans les années 1970, assurant la célébrité de Marseille sur toute la côte Est des États-Unis. Bien que ces grandes figures aient été désignées par un rapport des services américains comme les parrains du trafic, aucune d'entre elles ne sera inquiétée, Nick pas plus que les Francisci.

La société de travaux que Venturi a créée en 1953, la CGEM, a pris de l'essor au cours des trois décennies suivantes. De Gaston Defferre à ses adjoints – Jean Masse et Antoine Andrieux –, les entrées de Nick à la mairie lui facilitent l'obtention des marchés. Taiseux, il n'a jamais rechigné à donner un coup de main durant les campagnes électorales du Parti socialiste – toujours victorieuses jusqu'à la mort de Defferre. « Le salut par le travail » : un mot d'ordre pour Venturi ; une règle pour la statue, bénie en 2005, qui trône dans la chapelle de la Vierge, au sein du Sacré-Cœur. C'est celle de saint José Maria Escrivá de Balaguer, le fondateur de l'Opus Dei, canonisé en 2002 malgré une vie de dépravation sous les jupes du franquisme. L'œuvre, comme l'appellent ses membres, prône la rédemption par le travail... et par la mortification.

Nick a pratiqué les deux. En 1982, son entreprise est ciblée par la justice. Fausse factures, obtention de marchés publics douteux, soupçons de financement politique qui pourraient mouiller la mairie... Le sang coule. René Lucet, le fonctionnaire qui a découvert et dénoncé ce système, est retrouvé mort la même année, suicidé de deux balles dans la tête dans la maison qu'il avait rachetée à Venturi. Scandale. Defferre lâche Venturi, qui saura se taire. Condamné pour faux en écriture, escroquerie à la TVA, abus de biens sociaux et corruption passive, Venturi sortira de prison après la mort du maire, en 1986. Il restera dans les affaires et se fera discret jusqu'à l'enquête sur la nébuleuse du Cercle Concorde.

– Il n'a pas été mis en examen dans ce dossier, m'interrompt Me Cachard. Rien n'a été retenu contre lui.

C'est exact. Nick Venturi est mort avant. Une ultime cavale plutôt qu'un procès.

Le prêtre lance un dernier adieu à « notre frère Nick » au son de l'hymne corse, *Dio Salve Regina*. Rideau.

– J'y étais, se souvient son avocat. En plus, je suis membre du conseil paroissial du Sacré-Cœur. Gaudin n'avait pas pu venir, il s'était fait excuser. Mais vous savez, Nick était bien plus proche de la gauche que de la droite.

Il était surtout proche du milieu. Ce qui ne l'a pas empêché de recevoir l'oraison funèbre en présence de la bonne bourgeoisie marseillaise, sacralisé par l'Église catholique et cajolé par les politiques. La phrase lâchée par son avocat résonne.

– Venturi, c'est l'histoire de Marseille...

3.
Cafouche politique

Mon premier apprentissage de la politique a eu lieu à des milliers de kilomètres de Marseille, dans une autre ville portuaire. À Dakar, l'ancienne capitale de l'Afrique occidentale française (AOF), dont le blason orne toujours le sol de l'accueil du *Soleil*, le quotidien d'État sénégalais. Un pays marqué, comme Marseille, par une figure immortelle : le poète-président Léopold Sédar Senghor, fondateur du journal, comme Defferre a lui-même contrôlé *Le Provençal* et son alter ego de droite, *Le Méridional*.

Je débarque à Dakar en septembre 2001, quinze mois après une alternance historique. L'éternel opposant, le « libéral » Abdoulaye Wade, dit « Gorgui » (« le Vieux », en wolof), a remporté la présidentielle du 19 mars 2000. Pour la première fois depuis l'indépendance, le pays de la Teranga n'est plus dirigé par un socialiste. Éreinté pendant des années par « l'Astre de Hann » – surnom du journal –, le président fraîchement élu, alors grand prince, a assuré qu'il ne se mêlerait pas de la gestion de la presse d'État. L'ancien directeur du *Soleil* est tout de même jeté en prison sitôt Wade élu, pour malversations financières.

– Tu es blanc et stagiaire : tu couvriras l'opposition, me lance Badara Diouf, encarté au PS, un historique qui dirige le service politique.

À 19 ans, sans aucune connaissance de l'Afrique ni de l'histoire politique du pays, peinant à mémoriser les visages et les noms, me voilà propulsé dans l'inconnu. C'est justement ce que je recherchais : confronter à la réalité mon désir de devenir journaliste. Je suis servi. Dakar, ville frénétique, mettra des mois à me dévoiler ses charmes.

Trois semaines après mon arrivée, devant l'immeuble où loge l'un des chefs de la coalition anti-Wade, j'attends sur les marches que le loquet veuille bien s'ouvrir. Derrière ces murs se réunissent différents chefs de partis dont j'ignore le visage comme le parcours. « Je ne parlerai pas à ce con de journaliste ! » C'est la seule phrase qui me parvienne avant d'être introduit dans le salon.

– Tiens, c'est à lui que tu parles : Ousmane Tanor Dieng.

Mon regard affolé me vaut leur sollicitude.

– C'est le premier secrétaire du PS, l'ancien conseiller diplomatique de Senghor, l'ex-directeur de cabinet d'Abdou Diouf…

Je note scrupuleusement ses propos avant de retourner, ravi, à la rédaction. Le papier sera relu et amendé par le chef de service, qui, un matin d'élection locale, me chargera d'une nouvelle mission plutôt inattendue.

– Écris l'édito politique.

L'énormité de la demande ne m'effraie même pas. Je me sens flatté. Après plusieurs mois à écumer les conférences de presse politiques et à aligner les rendez-vous, les élus me donnent un surnom : « Le toubab du *Soleil*. » Dans mon téléphone, les numéros de tous les grands hommes politiques du pays. Et mon nom au bas des articles. Pour la première fois, il sera en haut de page.

Mon édito se veut taquin. Le directeur de cabinet du président Wade a déclaré vouloir mettre l'alternance au pouvoir pour un quart de siècle. Je me contente de gloser sur la déclaration, me permettant d'asséner qu'une alternance longue de vingt-cinq ans n'en est plus vraiment une. Le lendemain de la parution, Cheikh, un confrère du journal, débarque à une conférence du parti présidentiel que je suis chargé de couvrir. Il me fait écouter sa messagerie vocale. C'est un laïus du directeur de la rédaction. « On a un souci avec le parti du président. Xavier ne doit pas couvrir le meeting. » À mon retour au *Soleil*, le chef du service politique sourit :

– Les gars du Vieux ont appelé. Mais ton texte était bien, s'amuse Badara. On s'en fout, il est passé.

Les Sénégalais m'enseignent le journalisme et les méandres de la politique, ainsi que cette spécialité locale, si joliment baptisée : la « transhumance ». Une métaphore poétique pour une réalité moins élégante. L'opportunisme, le clientélisme, les contorsions des hommes politiques sénégalais qui migrent d'un parti à l'autre au fil des opportunités de nomination. Qu'importent les idées, pourvu qu'il y ait de quoi manger ! La tradition pastorale des Peuls a sans doute adouci le concept. Le terme s'avère moins infamant que le sobriquet de « vendu ». Sœurs coloniales, Dakar et Marseille ont en partage un port, une lumière, une énergie, une pauvreté... Et un profond respect pour les bergers.

Ma ville, elle aussi, compte son lot de transhumants plus ou moins déclarés. Jean-Claude Gaudin doit sa première élection au conseil municipal, en 1965, à Gaston Defferre, qui l'inscrivit sur une liste centriste qu'il soutenait. En 2001, c'est cette fois l'ex-socialiste Philippe Sanmarco, ancien adjoint de Gaston Defferre, qui apporte son soutien au même Gaudin, de l'UMP, devenu sénateur et maire. Pour composer ses listes, ce dernier n'hésite pas à piocher parmi les personnalités de la société civile ou les syndicats classés à gauche. La rumeur lui prête même le souhait de voir un socialiste lui succéder le jour où la mort le surprendra sur son trône de premier édile. Une transhumance vers l'au-delà.

Embryonnaire, ma culture politique marseillaise s'arrête là. Ce jour de 2006 où je retrouve un ancien camarade de l'IEP d'Aix-en-Provence autour d'une mauresque, j'en connais bien plus sur le Sénégal que sur les Bouches-du-Rhône. Dans le doux printemps qui enveloppe la cité du Roy René, il me déroule sa vie. Entrecoupé par les souvenirs communs de nos années aixoises, le récit de son parcours au sein du PS local occupe une bonne partie de la conversation : les magouilles de la fédération socialiste autour des contrats des permanents, les coucheries, les secrets de couloir… Un vaudeville où défilent des personnages encore inconnus de moi. Eugène Caselli, le patron de la fédé', lui-même aux ordres de Jean-Noël Guérini, le président du conseil général. Alexandre Guérini, le frère cadet de Jean-Noël, a la haute main sur les cartes d'adhérents en tant que numéro 2 de la commission des adhésions, laquelle est présidée par Théo Balalas, un ancien du Front national passé sans encombre au Parti socialiste.

– Sans déconner !

– Eh oui, je te dis : c'est n'importe quoi ! Pourquoi crois-tu que je sois parti ? Ce parti est vérolé de toutes parts, je n'en pouvais plus d'aller chercher mes ordres au conseil général et de constater tous ces abus…

La campagne présidentielle de 2007 n'est pas encore lancée. La primaire socialiste occupe les esprits. Théodore Balalas soutient Désirs d'avenir, le tremplin de Ségolène

Royal. Une aubaine ! Ce sera mon premier papier sur le PS marseillais.

– Balalas pue l'OAS à plein nez ! m'assure mon ancien compagnon de beuverie.

Celui-là a fait un peu plus que transhumer. Il a frayé avec les partisans de l'Algérie française, ce qui lui a valu un passage par la prison de la Santé, à Paris, dans les années 1960. Mais la cabane n'a pas freiné ses ardeurs. De retour en Provence en 1972, Théodore Balalas devient la cheville ouvrière de l'antenne marseillaise du Front national, un parti dont il défend les couleurs lors des législatives de 1973. « Balalas Théodore, commerçant, Front national, 1,9 %, 926 voix », décompte alors le ministère de l'Intérieur. À la fin des années 1970, celui qui est aussi le correspondant de *Minute* dans le Sud ira chercher fortune ailleurs. Au PS. Un virage effectué, aux dires de l'intéressé, sur les bases de son antigaullisme. Fidèle navette entre Gaston Defferre, l'omnipotent maire de Marseille, et le FN, Théo continuera à jouer les intermédiaires entre le PS local et l'extrême droite jusqu'au début des années 1990, avant d'accéder au poste sensible de responsable des adhésions à la fédération socialiste des Bouches-du-Rhône.

L'homme est resté fidèle à ses amours passées. Son nom figure encore sur la liste des membres de l'Adimad, une association de nostalgiques de l'Algérie française dont le principal fait de gloire, en 2005, fut la pose d'une stèle commémorative au cimetière de Marignane, en mémoire des combattants de la cause. De nature discrète, Balalas a été peu exposé à la lumière médiatique. Le journaliste Frédéric-Joël Guilledoux avait pourtant évoqué son parcours dans son livre *Le Pen en Provence*.

Fin 2011, quatre ans après la parution de mon article sur Balalas, Malek Boutih, du bureau national du PS, demandera l'exclusion de ce « facho ». Il obtiendra seulement sa démission du poste de responsable des adhésions. L'épisode me donne un avant-goût de la cécité complice des instances nationales, peu enclines à tremper dans la bouillabaisse politique locale, où trop de poissons sont mélangés. Mon ami de Sciences-Po m'aide à les trier. Il ne sera pas le seul.

– Les municipales à Marseille, ce n'est pas une seule élection mais huit.

La ville compte huit secteurs, qui regroupent chacun deux arrondissements. L'homme a un léger accent. Au bar de la Samaritaine, je me suis avancé vers lui l'air penaud, recommandé par une connaissance commune. À l'angle du quai de l'Hôtel-de-Ville et de la rue de la République se croisent, dans ce bar historique du centre-ville, pêcheurs, fonctionnaires de la mairie centrale, du conseil régional ou de la mairie de secteur. Il n'est pas rare de rencontrer là divers élus ou quelque grand flic venu tamponner une source ou un journaliste. Le partisan du maire Jean-Claude Gaudin avec qui j'ai rendez-vous ce jour-là est dépositaire de la mémoire de la politique locale.

– Rappelez-vous qu'en 1983, Gaudin l'a emporté au nombre de voix. Mais Defferre est resté maire !

L'arithmétique politique se pratique également sur le Vieux-Port, où les termes de l'équation à résoudre sont connus : propreté, transports, OM.

De mémoire d'historien, la plus vieille ville de France n'a jamais pris soin de sa toilette. Aux épidémies de peste venues du port ont succédé les grèves des éboueurs, qui font la joie des jités : le calvaire vécu par les Marseillais, la puissance des éboueurs et de Force ouvrière (FO), syndicat majoritaire depuis l'après-guerre au sein du personnel municipal, des fonctionnaires territoriaux et des boueux. Une démonstration revient en boucle dans la bouche des élus marseillais, droite et gauche confondues : « Une grève des éboueurs, c'est intenable. Même si la population vous soutient, au bout de quinze jours, la ville empeste, surtout l'été, et vous devez céder. »

En échange d'un salaire de misère, de leurs bras lors des élections et d'un relatif calme social, les éboueurs avaient obtenu de Gaston Defferre une mesure spécifique qui constitue une part de leur identité : le « fini-parti ». Sitôt les tournées des camions achevées, les travailleurs peuvent quitter leur poste, sans heures imposées, pour vaquer à d'autres occupations. Un accord propice aux abus, qu'aucun successeur de Defferre n'a pourtant voulu remettre en question. Travail bâclé, tournées réalisées au pas de course, parfois même oubliées. Et une ville à la sale réputation en matière d'hygiène publique. Sur les murs de la ville, durant la campagne municipale de 2008, s'affichent les publicités incitant au civisme ménager. « Caca fini, maître parti. » Le poétique slogan est encore relevé par une photo en gros plan sur une crotte de chien. Un programme immuable qui me rappelle les autocollants « Marseille ville propre » qui tapissaient les bennes des quartiers dans mon enfance.

La vague de promesses déferle. Les deux principaux candidats du scrutin municipal de 2008 promettent un toit pour le Stade vélodrome – véritable serpent de mer de la dernière décennie –, une prolongation des horaires du métro (qui ferme ses portes à 21 heures) et une cité aux rues débarrassées des poubelles dégueulantes.

Élu dans les ruines du defferrisme en 1995, vainqueur sans combattre en 2001, le sénateur maire Jean-Claude Gaudin assure le service minimum, promettant que désormais, la règle sera celle du « bien fini/parti ». Jean-Noël Guérini, son rival socialiste, a choisi lui aussi un slogan épatant : « Marseille, ville propre et attractive. » Président du conseil général des Bouches-du-Rhône depuis dix ans, il a eu le temps d'observer et de potasser avant de pondre une telle devise. Dès son premier meeting, le sénateur socialiste annonce sa volonté de « nettoyer Marseille ». Un véritable sacerdoce familial.

En effet, entre 1990 et 1995, Jean-Noël était salarié par une filiale italienne de la Compagnie générale des eaux (future Veolia) spécialisée dans les déchets toxiques. Son frère Alexandre, surnommé « le Roi des ordures », gère deux des plus grosses décharges du département par délégation de service public. Quelques millions d'euros de chiffres d'affaires que je m'amuse à relever dans un article de Bakchich sobrement intitulé : « Ordures et municipales sur le Vieux-Port ». La rédaction est peu portée sur la politique, si ce n'est quand une odeur d'affaire financière s'en dégage. À chacune de nos rencontres, mon contact proche de Gaudin me bassine avec « Alexandre » – « Monsieur Frère », comme il le surnomme. Ses liens avec le milieu, son règne sur les ordures, sa proximité avec Veolia, sa mainmise sur le parti... La lecture de mon papier le ravit.

Du match Gaudin-Guérini, on n'attend qu'un semblant de combat. Marseille n'aime pas détrôner ses maires. Jean-Claude Gaudin sent pourtant le vent du boulet.

– Guérini monte dans les sondages, il a fait une très bonne campagne. Nous sommes partis tard, très tard, s'inquiète le proche du maire à la mi-janvier.

Avec panache, le socialiste Guérini s'est présenté dans le troisième secteur, qui rassemble les IVe et V^e^ arrondissements, tenus depuis 1995 par le député Renaud Muselier et le sénateur maire Bruno Gilles, tous deux à l'UMP. Un basculement dans ces arrondissements est susceptible de provoquer une alternance à l'hôtel de ville. À l'issue du scrutin, le tandem Gilles-Muselier, éreinté, conserve ses terres avec seulement 984 bulletins d'avance. À deux sièges près au conseil municipal, Jean-Claude Gaudin demeure « Monsieur le Maire ». Rien ne laisse alors présager du troisième tour qui se trame.

Renaud Muselier quitte son poste de premier adjoint. La présidence de la Communauté urbaine de Marseille Provence Métropole (CUMPM, ou CUM) lui est promise pour services rendus. L'institution a toute compétence sur les transports, la voirie et les ports de plaisance marseillais. Ce sacre doit faire de lui un maire en puissance, même s'il n'en a pas encore le titre. Ne lui reste plus qu'à se faire élire, ce qui devrait relever d'un jeu d'enfant. À l'assemblée communautaire, la droite dispose d'une confortable majorité de quatre-vingt-neuf sièges contre soixante-huit à la gauche. Mais Renaud Muselier, « Lou Ravi » de la politique marseillaise, commet bourde sur bourde. Pour constituer son futur cabinet, il cherche à débaucher le directeur général des services de la Ville sans même en avertir le maire. Avant le scrutin, il passe commande de sa voiture de fonction ou demande qu'une plaque à son nom soit apposée sur la porte du bureau du président. Au passage, « Muso » fait savoir à deux élus de droite qu'ils n'auront aucun poste à responsabilité. Des péchés d'orgueil qui lui coûteront cher.

Le 17 avril 2008, jour de l'élection du président de la CUMPM, Jean-Claude Gaudin se liquéfie à mesure du décompte. Renaud Muselier, lui, est en ébullition. Eugène Caselli, premier secrétaire fédéral du Parti socialiste, est élu à la tête de l'institution malgré la majorité dont dispose la droite. C'est un soldat de Jean-Noël Guérini, dont la discrète campagne auprès des maires aura porté ses fruits. La CUM réunit dix-huit communes, dont Marseille. Toutes craignent d'être avalées par la grande ville. Même celles tenues par la droite sont charmées par les promesses de subventions émanant du conseil général. Les maladresses de Renaud Muselier et la timidité de Jean-Claude Gaudin auront fait le reste pour entériner le fiasco.

– Gaudin ne voulait pas d'un triomphe de Muselier, analyse un intime de ce dernier. Alors il a voulu lui donner une petite tape derrière la tête, lui faire comprendre que sans lui, il n'était rien. Sauf qu'au lieu d'une petite baffe, il lui a cassé la gueule !

Impression confirmée par un coup de fil furieux, le jour même de l'élection, de ma source dans l'entourage direct du maire.

– C'est n'importe quoi ce vote ! La CUM est devenue ingouvernable, il faut en appeler au préfet !

Dans l'escarcelle de la gauche, déjà riche du conseil général (deux milliards et demi d'euros de budget annuel) et du conseil régional (deux milliards) vient s'ajouter la CUMPM (un milliard et demi). Un véritable magot. Mais aussi un boulevard vers l'élection municipale de 2014.

Sauveur de la droite en mars 2008, en conservant son fief *in extremis*, le député Renaud Muselier est plus que jamais « Lou Ravi » de la politique marseillaise en avril suivant. Il doit se cantonner à un rôle de chef de l'opposition au sein d'une communauté urbaine majoritairement de droite et pourtant présidée par la gauche. Cocufié.

– L'humiliation vécue par Muselier à la suite de l'élection de Caselli a été notre grande erreur, me glissera, des années plus tard, un hiérarque du Parti socialiste. Elle a brisé les équilibres politiques dans la ville.

4.

Marseille, fumerie d'opiOM

C'est un sourire au réveil, comme la trace d'un rêve encore frais. La nuit a assouvi un fantasme : le Vélodrome scandait mon nom ! Mon triplé a assuré la victoire de l'OM. C'est aussi le souvenir des articles sportifs du *Provençal*, signés Mario Albano, véritable mémoire du club. Des papiers qui m'ont donné l'envie d'acheter mes premiers journaux en même temps qu'ils ont fait naître une vocation : devenir reporter. Sportif, si possible. Spécialisé sur l'OM, dans l'idéal. C'est encore la réaction de stupeur de mes amis quand ils empruntent mon téléphone. Ce n'est pas sur les noms des politiques, qu'ils soient mouillés ou non dans les affaires, qu'ils tombent en arrêt mais bien quand ils réalisent que je dispose du numéro de portable des agents, des dirigeants et même du président du club.

– Tu les connais ?

– Disons plutôt que je sais comment les contacter...

La petite lueur d'admiration que je perçois dans leur regard me satisfait.

– Et tu peux avoir des places ?

Rictus embarrassé. Au Vélodrome, j'en ai sollicité à trois reprises. Demandes toutes acceptées. J'élude.

– Je peux aller en tribune de presse.

Petit aperçu de l'influence de l'OM.

Encore étudiant, je m'étais aventuré au Cameroun en vue de réaliser un guide de voyage. Un mois en terre inconnue. Un soir, après dix heures de piste éprouvantes, nos habits sont entièrement recouverts d'une poisseuse poussière rouge quand nous sommes débarqués à la gare routière de Banyo, un village sans électricité ni eau courante. La lumière ocre qui baigne le restaurant où nous avons échoué laisse entrevoir quelques images accrochées aux murs. Des posters de footballeurs. De l'OM. C'est alors que vingt colosses débarquent. L'équipe de foot du village se retrouve attablée là. Un débat se lance.

– Naît-on ou devient-on supporter ? Moi, je suis né camerounais et supporter de l'OM. Jamais on ne m'enlèvera ça !

À mon compagnon d'équipée, un Breton, je lance :

– Tu ne peux pas comprendre ça…

Ils nous invitent à suivre le match avec eux au « cinéma ». Il s'agit en réalité d'une salle de classe. Bancs en bois, terre battue. Des spectateurs répartis sur une dizaine de rangs fixent l'écran de télé. Une vague d'applaudissements salue le rugissement du générateur. Le générique de Canal+ apparaît. Nous allons suivre Sochaux-OM. Deux heures de lumière et une défaite marseillaise avant la nuit noire.

– Tu supportes l'OM ?

La question se profile sitôt que mon interlocuteur m'entend prononcer le nom de ma ville.

– Je suis marseillais.

Dans ma réponse claque l'évidence. Une fierté. Une provocation. Un frisson. Si la ville a un cœur, c'est au Vélodrome qu'il bat. L'OM est son adrénaline. Sa came. Mais aussi la principale porte d'entrée qu'empruntent les médias lorsqu'ils évoquent Marseille. Un miroir déformant. Au fond, Marseille aime être caricaturée pour pouvoir ensuite se révolter contre les clichés qu'elle cultive. Inutile de se risquer à décrire la ville sans sonder sa passion, son opium – son opiOM. Non pas le foot mais l'OM. Le poison qui rend fada.

Dans la mémoire olympienne sont tapis des fantômes : joueurs, entraîneurs ou dirigeants emblématiques d'une époque révolue. Parmi ces illustres serviteurs du club, un spectre revient régulièrement hanter la ville : Bernard Tapie, interrogé dès que le club se retrouve sous le feu de l'actualité. Un changement de dirigeant (fréquent), un match à fort enjeu (OM-PSG), un titre à fêter ou une rumeur de vente du club (chaque année) ramènent ainsi l'insubmersible Nanard sur le devant de la scène marseillaise. Quand on ne lui prédit pas une investiture aux municipales, sur les listes de droite cette fois. Le rachat par ses soins de *La Provence* va accélérer la cadence.

Interviews, analyses, invitations sur les plateaux télé, l'homme d'affaires s'en délecte. C'est toujours plus valorisant pour lui que de commenter sa propre actualité judiciaire, sans cesse renouvelée. Tout cela sans que les supporters crient au scandale ni les journalistes à l'arnaque. Et sans que les dirigeants actuels en prennent trop ombrage. Pourtant, les Marseillais n'ignorent rien de son passif : condamnations, mensonges, arrivisme, sans parler du fracas social qu'il a engendré à coups de licenciements dans les diverses entreprises qu'il a rachetées. Ses casseroles lui interdisent de prétendre à un quelconque avenir « politique » dans la cité, dont il a été banni. Mais Tapie incarne toujours la période légendaire de l'OM. Et de cela, Marseille lui sait gré malgré tout le reste. Les Marseillais sont enclins à beaucoup pardonner à ce « dealer » de génie, capable, avec un simple ballon, de flatter l'orgueil d'une cité moquée pour sa saleté, sa violence et sa corruption. Jusqu'à la faire triompher.

Son heure de gloire est lointaine. Sa présidence s'est étalée de 1986 à 1994, au temps de mon enfance. Je revois le terrain défoncé que nous fréquentions jusqu'à la nuit tombée, été comme hiver. J'entends encore résonner le bruit du ballon contre les grilles de l'ancien court de tennis en béton du jardin de l'Infocie, de même que les cris des gamins qui cavalaient vers cette aire de jeu dès que la cloche de l'école avait retenti. Les grands composaient les équipes, s'amusant de l'envie d'en découdre des morveux, s'arrêtant un moment, le temps de fumer une clope, ramenant parfois sur le banc une fille à l'air faussement enjoué devant ces ébats de quartier. Un tir trop puissant, le ballon survole les grilles, fend les buissons et rebondit par-delà le muret de la copropriété. « Quillé », tête basse, le maladroit entamait un périple afin de le récupérer. Plus vite il revenait, moins virulents étaient les quolibets. Une pause dans le jeu. L'occasion de discuter un peu. Les journaux annoncent l'arrivée de Diego Maradona. Le demi-dieu argentin, lassé de Naples, va débarquer à l'OM avec, dans ses valises, un libero prometteur, un certain Laurent Blanc. Des journalistes ont hérité d'un autre tuyau. Ils attendent l'arrivée imminente à l'aéroport de Marignane de l'attaquant vedette du Milan AC, Marco van Basten, champion d'Europe en 1988 avec les Pays-Bas. Le jeu reprend. Chacun s'efforce d'imiter la prochaine recrue de l'OM. Le marché des transferts est ouvert, la machine à fantasme enclenchée.

Depuis bientôt vingt ans que Bernard Tapie a été chassé de la présidence du club par l'affaire OM-VA, la blessure n'a jamais cicatrisé. Match acheté. Corruption de joueurs. Le livre publié en 2009 par Marc Fratani, son ancien attaché parlementaire, ravive encore les plaies : « J'y dénonce les instances, les vrais corrupteurs dans cette affaire, comment Tapie a été piégé... Mais personne ne m'a attaqué en diffamation », sourit Fratani. La thèse qu'il a couchée sur le papier ronge de l'intérieur nombre de fans marseillais. C'est l'histoire d'un complot. Ou comment la justice, le monde du football et les politiques ont orchestré la chute d'un homme devenu trop gênant, trop puissant et si arrogant. Au point de demander au ministre socialiste de la Justice de libérer Francis le Belge, parrain de Marseille, avant les élections régionales de 1992 ! On connaît la suite : Tapie condamné, les médias déchaînés, l'OM relégué dans les bas-fonds de la 2e Division, privé de coupes d'Europe, de son titre de champion... Marseille sevrée de force. Mais les grands camés ont tôt fait de replonger.

En 2001, le retour de Tapie comme directeur sportif s'achève au bout d'un an. Pour seul bilan, des engueulades, un conflit avec son directeur financier et une modeste place dans le ventre mou du championnat. Un fiasco qui, pourtant, n'aura pas terni son aura. Et qui m'aura permis, au passage, de faire mes premiers pas dans les coulisses de l'OM.

Le sujet de mon premier papier sur le club adulé m'attend sur un tonneau en bois, un jour venteux du printemps 2007. Je suis attablé à la terrasse du Shamrock, un bar du Vieux-Port, côté Criée. Un demi pression et une enveloppe kraft posés devant elle, ma source m'attend. J'ai rendez-vous avec le meilleur journaliste de Marseille. Un enquêteur prudent et tenace, pas pédant, toujours prêt à filer un coup de main à Bakchich. De la liasse de documents qu'il me glisse surgit le fantôme de Nanard. « Bernard Tapie devrait être poursuivi en qualité de complice des faits d'abus de bien sociaux, faux et usage de faux », écrivent les policiers au détour d'un rapport de synthèse en date du 28 octobre 2004. En cause, un transfert hasardeux autour d'un obscur joueur argentin au parcours improbable, Eduardo Tuzzio. « Le joueur Tuzzio avait été acheté par l'Olympique de Marseille une première fois, libre de tout engagement, pour un prix de transfert de 15 300 000 francs (2 332 470 euros), le 26 juin 2001 », pointe le document. Puis, « le transfert n'ayant pu se concrétiser, le joueur était recruté par le Servette de Genève le 19/07/2001, d'abord au prix de 2 600 000 dollars et ensuite au prix de 5 200 000 dollars ». Une hausse de la cote du joueur plutôt étonnante en à peine quelques semaines. Sans doute le bon air des alpages helvètes ! Et voilà que moins d'une semaine plus tard, « le 25/07/2001, l'Olympique de Marseille rachetait le joueur Tuzzio au Servette de Genève au prix de 42 500 000 francs (6 479 083 euros) » ! Bref, en un mois, la valeur du joueur a triplé. Ces 30 millions de francs supplémentaires permettront de rémunérer grassement des agents de joueurs et de virer une partie de la plus-value au joueur sur un compte à l'étranger, la faisant ainsi échapper au fisc français. Son salaire dans l'Hexagone, lui, sera minoré.

Évoluant au même poste que Tuzzio, Franck Lebœuf, champion du monde en 1998, intègre l'OM après de longues négociations. Sur les quarante-deux millions de francs de l'opération précédente, trois sont retrouvés par les enquêteurs sur un compte détenu au Luxembourg par l'international français. Selon Lebœuf et son agent, l'auteur du montage aurait pour nom Bernard Tapie. À l'époque « simple » directeur sportif, sans signature, l'ex-ministre ne sera pas renvoyé devant le tribunal lors du procès, en 2007. Pas plus qu'il ne sera égratigné par une étrange histoire belge. En 2001, l'OM a recruté cinq joueurs du Standard de Liège, propriété, comme le club marseillais, de Robert Louis-Dreyfus (RLD). Montant de la transaction : 17 millions d'euros. Une aubaine pour l'équipe wallonne, dont les caisses sont vides. Un magistrat belge soupçonne une surfacturation. Il est vrai que Daniel van Buyten, un défenseur au physique de catcheur, a été vendu par le Standard contre 11,5 millions d'euros, soit près de quinze fois le prix auquel il avait été acheté deux ans plus tôt. Une commission rogatoire internationale est diligentée vers Marseille.

Sur deux au moins des conventions de transfert apparaît un curieux préambule : « Il a été convenu ce qui suit entre M. Bernard Tapie et le Standard de Liège... » Une mention gênante quand on sait que Bernard Tapie est alors sous le coup d'une interdiction judiciaire de gestion. Dans le bureau du juge Franck Landou, le 15 janvier 2008, le businessman devenu comédien ne se démonte pas. « Ivic *[entraîneur de l'OM, précédemment entraîneur du Standard de Liège, nda]* dit : j'aimerais avoir tel joueur. Comme il était entraîneur du Standard, il s'est approché de ses patrons. D'Onofrio *[alors président du Standard, nda]* a fixé les prix et RLD les a entérinés dans le prix de la transaction. » Pour enfoncer le clou, Nanard ajoute qu'« aucun des dirigeants du Standard ne me connaît. Je n'en connais aucun ». Aucune relance de la part du juge face à ce mensonge éhonté. Car Tapie connaît au moins Robert Louis-Dreyfus, propriétaire de l'OM... et du Standard de Liège ! Mais grâce à son cran, « Nanard échappe à une bouillabaisse judiciaire », comme le titre le papier par lequel je dévoile le dernier en date des fils à la patte de Bernard Tapie. Sitôt mon article sorti, le téléphone sonne. C'est un vieil ami de Tapie, qui travaille en Israël.

– Il est costaud ! Oser dire qu'il ne connaît pas D'Onofrio !

Ce dernier était l'agent de nombreux joueurs de l'OM du temps de la présidence Tapie. Il fut aussi l'un de ses voisins sur le banc des accusés au moment du premier procès des comptes de l'OM.

Dans ma bouche, un arrière-goût de nostalgie se mêle à la saveur amère de la trahison. Dans mes premiers papiers sur la ville, j'égratigne ce que j'ai adoré. Moi qui maudissais les médias, les Parisiens, les envieux, coupables d'avoir sali les rêves d'une cité blessée et d'avoir fait couler les larmes de l'enfant que j'étais ! Mais la gêne est vite dissipée. Tapie n'est ni Marseille ni l'OM. Ma passion n'est pas morte avec lui, pas plus que son retour ne s'est traduit par le triomphe du club. L'argent ne coule plus à flots pour acheter les victoires, débaucher les joueurs, booster le palmarès, construire la légende. L'Olympique de Marseille est devenu une vache à lait devant laquelle on se bouscule pour la traite.

Deux fois l'an, en été comme en hiver, s'ouvre la saison des transferts. Pendant ces trois mois de l'année, le monde du ballon rond devient fou. « Mercato » : à la simple évocation de ce mot, les colonnes des journaux spécialisés s'emplissent d'informations non vérifiées. Rumeurs, fantasmes, vœux pieux et rêves éveillés de joueurs, de supporters, d'agents... Peu importe la réalité du terrain, seul compte le transfert. Les fans rêvent de voir débarquer des joueurs flamboyants. Les footballeurs rêvent à des clubs plus ambitieux – et lucratifs. Les agents rêvent de primes juteuses. Les clubs rêvent de se renforcer sur le plan sportif et financier.

La foi ne se justifie pas. Encore moins à Marseille, où on l'a particulièrement mauvaise. Qu'importe la durée, de plus en plus éphémère, pendant laquelle ces mercenaires à crampons porteront les couleurs du club, pourvu qu'ils fassent tressaillir les tribunes du stade. La drogue aussi se consomme par shoots. Près de dix ans après son départ, Marseille continue de communier avec nostalgie au culte de Didier Drogba, buteur charismatique le temps d'une unique saison.

Le club demeure tandis que les joueurs passent et que s'empilent les dossiers judiciaires. Avec souvent le même intitulé : « Transferts frauduleux. » Le schéma se répète d'année en année, de club en club, avec un focus particulier sur le plus grand d'entre eux : l'OM. Argent détourné vers des paradis fiscaux. Agents percevant d'étranges commissions et procédant eux-mêmes à des rétrocommissions. Dirigeants flouant la législation… Les joueurs et leurs familles, ultimes bénéficiaires, sont les rares protagonistes épargnés par la justice. Ces mœurs transcendent les époques. Elles constituent le trait d'union entre les années Tapie et l'ère récente.

Condamné (aussi) pour sa gestion des comptes de l'OM en 1998, Bernard Tapie est convaincu par la justice d'avoir frauduleusement utilisé 101 millions de francs entre 1987 et 1992, entre prêts fictifs, conventions de transfert bidons et surfacturation dans l'achat de stars – Chris Waddle, Enzo Francescoli, Abedi Pelé, Manuel Amoros… « Dans l'intérêt exclusif du club », plaide le comédien.

Dix ans plus tard, Robert Louis-Dreyfus connaîtra le même sort, condamné pour avoir cautionné des transferts dont le montage financier apparaît ésotérique. La défense du défunt propriétaire du club puisera à la même source que celle de son prédécesseur. À une nuance près tout de même : en contrepartie des 200 millions d'euros investis, « Bob l'épongé » n'aura récolté pour seul trophée qu'une condamnation à dix mois de prison avec sursis et 200 000 euros d'amende pour abus de biens sociaux. Sont visés une quinzaine de transferts concernant principalement des joueurs de seconde zone, pour un total de 22 millions d'euros évaporés dans la nature sans justification suffisante aux yeux de la justice. Pour les dirigeants, c'est une malédiction. Pour moi, qui me retrouve propulsé dans les méandres judiciaires des « mercatos » de l'OM, c'est une bénédiction.

D'abord incrédules et sceptiques devant le nombre d'articles que je consacre à l'OM, les vieux grognards du journalisme qui fréquentent la rédaction de Bakchich finissent par ravaler leurs critiques quant à l'intérêt de mes papiers sur le sujet. Inépuisable, le filon des malversations olympiennes fait exploser les statistiques du site. Ma source ne se tarit pas, elle aurait même plutôt tendance à frôler la crue. Après la gestion Tapie (1987-1992), sanctionnée en 1998, puis celle de Robert Louis-Dreyfus (1997-1999), le parquet marseillais s'intéresse à présent à Christophe Bouchet, président délégué nommé par RLD en 2002-2004.

L'enquête a débuté en 2005. Une nouvelle fois sont ciblés les transferts, la rémunération des joueurs, les agents, les commissions... L'affaire s'est cristallisée sur un footballeur emblématique de l'errance des patrons successifs de l'OM, Philippe Christanval, qui n'a pas laissé au club un souvenir impérissable. Pour recruter cet ancien espoir du football français, Bouchet et son directeur financier, Philippe Piola, ont versé 500 000 euros à son agent, Ranko Stojic, qui a lui-même négocié en binôme avec Richard Bettoni – pourtant dépourvu de licence d'agent et qui, à ce titre, n'a théoriquement pas le droit de s'occuper de transferts. Ce n'est pas la seule irrégularité de la manœuvre, qui en est truffée. Les commissions versées par le club au duo Stojic-Bettoni représentent 15 % du montant global du contrat du joueur, soit près de 500 000 euros. « J'avais interrogé à ce sujet un inspecteur des impôts, se défend Bouchet lors de son audition par la police, le 9 octobre 2007. Il m'avait expliqué que le fait que le club ne devait pas payer un agent plus de 10 % des sommes à verser était une simple mesure réglementaire, qui de son point de vue n'avait aucune valeur dans la mesure où les sommes étaient versées dans l'intérêt du club. » Enfreindre les règles « dans l'intérêt du club », un refrain connu. Reste qu'à l'époque, un club n'est pas censé rémunérer un agent. « Il s'agit d'un usage qui veut que le club prenne en charge la commission de l'agent, assure Christophe Bouchet aux policiers. Tout le monde fait comme ça, et aucune autorité ne cherche à endiguer le problème. »

Dernière entorse à la loi : un contrat d'image entre une filiale de l'OM et le joueur, considéré comme un salaire déguisé, est mis au jour. Christanval lui-même reconnaît que 500 000 euros lui ont été versés. Les soupçons d'abus de biens sociaux consignés par les policiers dans leur synthèse du 18 février 2008 ne seront pas suivis d'effet. Et le joueur ne sera pas poursuivi.

À entendre les acteurs de cette interminable sitcom judiciaire, à l'instar de Gilbert Sau, un agent toujours en exercice bien qu'étant impliqué dans de nombreux procès de l'OM, une réalité crue transpire : « On fait les joueurs. » Pas à la façon d'un pédagogue modelant un jeune talent en train d'éclore, mais plutôt tel un marchand de bestiaux négociant au mieux de ses intérêts le prix de vente d'un étalon (ou d'un bourrin) dans les coulisses d'une grande foire.

Au juge Renaud Van Ruymbeke, qui l'entend le 4 octobre 2007 en tant que témoin assisté dans l'affaire des transferts du PSG, Gilbert Sau décrit son métier. Une activité pittoresque, dans laquelle on est susceptible d'ouvrir pas moins de six comptes au Crédit suisse de Genève « pour payer moins d'impôts en France ». Un métier où il arrive de retirer « 15 millions de francs en espèces » pour les « mettre à l'abri dans un coffre ».

Le joueur de foot est une marchandise qui rapporte. « De 1998 à 2002, j'ai fait un chiffre d'affaires de 13 millions de francs », précise Gilbert Sau. Mon regard s'arrête sur l'un des multiples noms égrenés dans le document. Le plus sympathique des « chasseurs de gabians » passés par le Stade vélodrome : Ibrahima Bakayoko. La seule évocation de cet attaquant appelle des soupirs entendus chez les supporters, qui se remémorent encore avec lassitude le nombre incalculable d'occasions immanquables qu'il a pourtant ratées. C'est une période maudite où l'OM échappe par deux fois à la relégation. En 2000, le but de Bakayoko à Sedan évite au club une descente humiliante en Ligue 2, lui valant du même coup, sinon absolution, du moins un peu de mansuétude dans la mémoire olympienne. L'expression « Oh, Bakayoko ! » a néanmoins trouvé sa place dans le lexique marseillais. On la lance, de dépit, face à une occasion ratée – sur un terrain ou avec une fille. Cela n'empêchera pas l'un de ses agents de toucher plus de 500 000 francs (versés cash) lors de son transfert.

Au fil de mes découvertes me revient en mémoire l'analyse formulée par Jérôme Jessel et Patrick Mendelewitsch, coauteurs de *La Face cachée du foot business*, un ouvrage trop méconnu. « Dans la course à l'enrichissement qui ronge le foot business, le commerce de joueurs est sur le point de prendre le pas sur la quête de la victoire. Ce trading d'un genre nouveau génère plus de trois mille cinq cents transferts de joueurs par an. Il contribue à enrichir tout le monde : acheteurs, vendeurs, intermédiaires, voire d'autres si affinités. Une activité d'autant plus lucrative quand elle est discrètement exercée à partir de paradis fiscaux, hors du champ de toute imposition. »

Un verdict implacable quand les dirigeants successifs, pour justifier leur mépris des lois, préfèrent se retrancher derrière l'intérêt supérieur du club. Pendant que s'étalaient ces procédures, le club a davantage nourri les crises sportives et les agents de joueurs qu'il n'a glané de titres. Entre 1994 et 2010, l'armoire à trophées a pris la poussière. Inversement, les enquêtes judiciaires se multipliaient. Selon un principe de vases communicants ? Une alternative maudite semble se dessiner autour de mon club : la victoire ou la justice.

5.

L'OM mange ses présidents

Cette infiltration dans les rouages olympiens m'amuse. L'OM demeure la vitrine de ma ville, tant vis-à-vis de l'extérieur que pour ses propres habitants. Mes papiers suscitent la reconnaissance des lecteurs mais aussi celle des agents de joueurs, et même des dirigeants et cadres du club. Pour les amadouer quand je les contacte, je laisse revenir un peu mon accent, j'analyse les derniers résultats, je discute des joueurs. Je crée ainsi, si ce n'est une intimité, du moins l'impression que nous sommes issus de la même famille, Marseille, et que je ne suis pas un étranger. C'est alors que leurs réticences s'évanouissent quelque peu. À moi de saisir l'opportunité dès qu'ils fendent l'armure, oubliant qu'ils parlent à un journaliste et non pas à un supporter. Il leur arrive de livrer des informations à leur corps défendant. Nulle passe décisive dans ce jeu-là, seulement des récupérations de ballons. Au milieu de nos discussions affleurent parfois des fuites involontaires portant sur une dissension entre dirigeants, des tensions entre tel joueur et l'entraîneur ou quelque dossier gênant. Les documents compromettants, il me faudra aller les dénicher ailleurs. Mes interlocuteurs au club ou dans son giron m'offrent seulement des pistes. C'est un travail plutôt gratifiant, voire grisant. Sitôt que l'OM est évoqué, les papiers sont lus, intégrant aussitôt le hit-parade des pages les plus visitées de Bakchich.info. Un aperçu de l'ivresse que mon club est susceptible de procurer. Cette même ivresse qui gagne inexorablement ses dirigeants, jusqu'à provoquer leur chute.

Directeur sportif de l'OM depuis dix ans, José Anigo a grandi à Marseille où il est né. Doté d'un accent à couper au couteau, il a joué pour le club à la fameuse époque des « Minots ». Au début des années 1980, l'équipe se traîne en 2e Division tandis que la situation financière frôle la disette. Un groupe de jeunes joueurs formés au club lui permet de remonter en 1re Division, à la surprise générale. À l'époque, Anigo avait encore des cheveux. C'est lors de sa nomination comme entraîneur de l'équipe première, en 2001, qu'on le découvre la boule à zéro.

Son passage sur le banc d'entraîneur sera aussi bref que rémunérateur. Tapie le vire après seulement trois rencontres – deux nuls et une défaite. Au passage, l'enfant de Marseille empoche une belle indemnité : 274 409 euros pour deux mois de travail. Son chèque en poche, José Anigo ne s'en va pas bien loin. Entraîneur de l'équipe première il était, entraîneur de l'équipe réserve et du centre de formation il devient. Avec un certain succès puisque cette année-là, la réserve de l'OM remporte le championnat de France amateur. Après un second passage de dix mois sur le banc de l'équipe première, en 2004, José Anigo deviendra l'inamovible directeur sportif du club.

Son crâne rasé, son accent marseillais et son franc-parler lui vaudront toutes sortes de railleries. Son salaire de 60 000 euros mensuels est également décrié. Sa longévité à son poste est interprétée comme une « caution marseillaise » car son utilité, pour beaucoup d'observateurs, reste à démontrer. De plus, un halo sulfureux entoure les relations qu'on lui prête avec le milieu. Quid de son influence sur les groupes de supporters, auprès desquels il a négocié avec succès le retrait de banderoles insultantes envers les dirigeants ? Elle est évidente. Et ses liens avec Richard Deruda, un ami d'enfance au casier judiciaire chargé ? Avérés, eux aussi. Quant aux soupçons pesant sur son fils, propriétaire d'un magasin de sport aux abords de la préfecture, d'avoir appartenu à un gang de braqueurs de bijouteries, eux aussi sont bien réels. Même si Marseille aime à exhaler ces relents interlopes, l'argument est insuffisant à expliquer le maintien durable de José Anigo, crise après crise.

L'ancien « Minot » a eu l'intelligence qui semble avoir manqué à ses présidents. José Anigo joue à merveille de son statut de caution marseillaise, sans pour autant se sentir propriétaire du club. Il se pose en serviteur de l'OM, de ses propriétaires et de la ville en échange d'un salaire à cinq zéros, quand l'ego de ses supérieurs les a poussés à imaginer qu'ils incarnaient l'OM et que le club leur devait tout. Le moment venu, Marseille n'en a fait qu'une bouchée.

Ancien journaliste à l'AFP et au *Nouvel Obs*, Christophe Bouchet n'a pas laissé un souvenir impérissable de son passage à la présidence, entre 2002 et 2004. Par le passé, il avait suivi l'affaire OM-VA et les scandales Tapie en tant que journaliste. Longtemps, il a abreuvé Robert Louis-Dreyfus de notes portant sur la façon dont devrait, selon lui, fonctionner le club. Son insistance finira par être récompensée. À peine élu président, il fait embaucher sa femme à la tête des médias olympiens. Parallèlement à son salaire, RLD lui offre quasiment 10 % d'Eric Soccer, la holding qui chapeaute l'OM. Un pacte d'actionnaire entre Louis-Dreyfus et

Bouchet prévoit un droit de préemption réciproque, ce qui conduit le second à assurer qu'ainsi le premier ne pourra pas le virer. Un pronostic hasardeux. Après trois défaites consécutives contre le PSG et un marché des transferts raté à l'été 2004, après qu'il eut déclaré avoir constitué « la meilleure équipe de l'OM depuis dix ans », Christophe Bouchet est viré.

– Monnier ? Cette saloperie !

Quand je vois Pape Diouf prononcer ces mots face à la caméra de Bakchich TV, je ne peux réprimer un sourire. Le 25 mai 2010, j'avais envoyé un journaliste au casse-pipes, lui demandant de couvrir l'inauguration du Musée national du sport. En trois mots, le plus grand président de l'OM depuis Bernard Tapie indique avoir conscience de mon existence et reconnaît – explicitement – que mon travail l'a gêné et – implicitement – que les articles de Bakchich ont joué un rôle dans son éviction en 2009.

Mababa « Pape » Diouf a été le premier dirigeant noir d'un club de foot en France et le seul président noir d'un club de foot en Europe. De la presse spécialisée à *Jeune Afrique* en passant par la presse nationale, les gazettes se sont amourachées de sa trajectoire atypique. Lui-même se définit comme une « sympathique anomalie ». Ce Sénégalais natif d'Abéché, au Tchad, sait conter aux journalistes ses flâneries à l'IEP d'Aix, son retour à la dure réalité de manutentionnaire, son passage dans les PTT si rouges des années 1970... Il connaît bien les reporters, il les a fréquentés. Lui aussi a détenu une carte de presse du temps où il écrivait dans les colonnes du quotidien communiste *La Marseillaise*, de *L'Hebdomadaire* ou du *Sport*, l'éphémère concurrent de *L'Équipe*.

Devenu agent de joueurs, Diouf a abreuvé de fuites ses anciens confrères. Maniant le verbe avec délice, il sait les amadouer. En conférence de presse, son champ lexical se contorsionne, accouchant parfois de métaphores ampoulées : « Nous serions des éléphants aux pattes d'argile si nous nous laissions déstabiliser par le premier guignol venu... » Sans doute sa plus belle envolée, au moment où l'un de ses meilleurs joueurs, Franck Ribéry, était sollicité par le rival lyonnais.

Pape Diouf est un beau parleur, un charmeur de supporters qui aime flatter le « peuple marseillais ». À l'instar de ce mythique PSG-OM où le club, parce que ses fans avaient reçu l'interdiction de se déplacer jusqu'au Parc des Princes par décision de la Ligue professionnelle de football, a choisi de faire jouer l'équipe de son centre de formation. Les minots ont ramené le match nul (0-0). Une humiliation pour l'ennemi honni. Un triomphe pour Marseille et pour Pape Diouf. Un président, enfin. Un vrai !

Avec lui, l'équipe progresse. Elle échoue pourtant à rapporter le moindre trophée. Son retour dans l'épreuve reine des coupes d'Europe, la Ligue des champions, masque mal ses deux échecs successifs en finale de la Coupe de France, en 2006 et 2007. À chaque intersaison, l'OM perd ses meilleurs joueurs, vendus au plus offrant contre quelques dizaines de millions d'euros. Autant dire pas grand-chose face à la passion et à la frustration des aficionados.

Et si Pape Diouf, dirigeant brillant, n'avait pas tout à fait oublié son précédent métier d'agent ? Il est difficile d'occulter que son arrivée à la tête du club s'est effectuée dans d'étranges conditions. L'année où il débarque à l'OM, beaucoup de ses anciens joueurs signent au club. De plus, Pape Diouf a vendu pour un montant dérisoire son écurie de joueurs, Mondial Promotion, l'un des plus beaux portefeuilles du football français. L'heureux acquéreur est un ancien dirigeant du PSG, Pierre Frelot, alors dépourvu de toute licence d'agent. Financièrement, c'est une opération blanche, ou presque. Officiellement, la cession a été réalisée pour 2 491 000 euros. Mais Pape Diouf a cédé sa société avec une trésorerie forte de 2 240 000 euros. Frelot n'a plus qu'à piocher dans la trésorerie de la société pour payer son rachat. Reste à trouver les 300 000 euros restants. Pierre Frelot les obtiendra très vite.

Cet été 2004 reste baigné de larmes à Marseille. L'idole du Vélodrome, Didier Drogba, quitte le club pour Chelsea. Près de 38 millions d'euros sont en jeu, croit-on savoir alors.

– Tu en penses quoi de Pape Diouf ? Des rumeurs circulent à Marseille, beaucoup de journalistes m'affirment qu'il touche encore des commissions sur les transferts de joueurs. Et celui de Drogba m'interpelle encore...

Mon interlocuteur passe rarement par quatre chemins. Lui-même ancien agent, il n'a pas son pareil pour sentir et décrypter les combines portant sur les transferts de joueurs, en particulier à Marseille. Je doute. Il insiste.

– T'es naïf ! Tu n'as qu'à regarder la liste des joueurs qu'il recrute et la liste de ceux qui partent. Vous vendez les meilleurs et vous achetez au prix fort ses anciens poulains !

– T'exagères. Et puis tu parles à partir de rien. Sur Drogba, t'as une idée ?

– Tu crois vraiment que Diouf aurait laissé passer le plus beau coup de sa carrière ? me glisse-t-il en septembre 2006, alors que j'ai à peine commencé à travailler sur l'OM.

Ses propos salent la plaie. Laquelle se réveillera un an et demi plus tard, début 2008, lorsque je parcours trois CD que je viens de dénicher. Ceux-ci renferment l'intégralité du dossier d'instruction sur les transferts du PSG entre 2002 et 2005. Parmi les milliers de documents répertoriés, un fax attire mon attention. Daté du 14 mai 2004, le document porte l'en-tête de Mondial Promotion. Il semble avoir été adressé par Pape Diouf, dont la signature apparaît, à Pierre Frelot. La télécopie a trait au rachat de l'écurie de joueurs du premier par le second. Didier Drogba sera vendu à Chelsea quelques semaines plus tard, après avoir déclaré qu'il entendait rester au club.

Je lis : « La cession de Mondial Promotion ne pourra se faire qu'à l'unique condition que mon collaborateur, M. Thierno Seydi, reste en charge des dossiers dont il s'occupe, dont le dossier Drogba. [...] La commission liée à son transfert, que nous préparons, vers l'Angleterre devra également être prise en compte et payée à concurrence de minimum 40 % *[de la commission d'agent sur le transfert, nda]* sur le compte en Afrique qui te sera indiqué lors de l'opération. » En d'autres termes, Pape Diouf paraît conditionner la vente de sa société et le transfert de Didier Drogba à une commission occulte qui lui sera versée sur un compte bancaire domicilié en Afrique. « Le club acheteur devra avaliser cette transaction sous peine de voir l'OM refuser tout transfert de Didier Drogba », poursuit le document, qui prévoit en outre qu'« une clause de confidentialité devra être prévue pour éviter toute fuite, tant au sein de la fédération qu'à l'OM, où je viens de prendre mes fonctions ».

Le fax crédibilise l'hypothèse qui veut que Pape Diouf ait profité de la vente de Didier Drogba à Chelsea pour toucher une commission illégale. Pour les supporters du club, l'acte de trahison est bien plus grave que l'entorse au droit. Leur président a vendu l'attaquant vedette pour son profit personnel, au détriment de l'intérêt de l'équipe.

À Bakchich, mes collègues ne comprennent pas vraiment mes appréhensions au moment d'évoquer ce document dans un article. Ils sous-estiment l'ampleur du séisme qui s'annonce à Marseille. Je touche à un joueur emblématique dont la ville n'a jamais fait le deuil. J'évoque des malversations commises par le président du club concernant, précisément, ce transfert. À nouveau, je ressens cette impression désagréable de marquer contre mon propre camp. Au moment de faxer le document compromettant à l'Olympique de Marseille pour recueillir la réaction des dirigeants, j'hésite encore. Malgré plusieurs messages laissés sur son répondeur, Pape Diouf ne retourne pas mes appels. L'article est rédigé avec les précautions d'usage. Interrogé via son avocate, Pierre Frelot affirme qu'il s'agit d'un faux. Mais en marge de son instruction sur les transferts du PSG, la justice procède à des vérifications incidentes sur le transfert de Drogba.

Avec mon brûlot, le site de Bakchich bat ses précédents records de visites : « Drogba transféré, des commissions assurées. » Sitôt l'article paru, mon mail déborde de messages d'insultes. Sollicité par *L'Équipe*, Pape Diouf élude : « Je ne commente pas les saloperies qui traînent sur Internet ! » Le quotidien sportif de référence cite Bakchich, écorche mon nom au passage et permet à mon papier de faire le tour du Web.

Le 29 janvier 2008, je publie la suite de l'histoire. Dans un article titré « Drogba, les mystères de la grosse commission », je contredis la version officielle relative au départ de Drogba, selon laquelle aucun agent n'aurait touché de commission sur le transfert de l'international ivoirien. J'ai découvert des factures adressées par Pierre Frelot à Chelsea, le nouveau club de l'attaquant, ainsi que le récapitulatif des différentes tranches de la commission versées par le club londonien à l'agent français. Soit un total de 700 000 livres sterling (859 000 euros) dont le règlement a été échelonné en trois versements, respectivement en juillet 2004, 2005 et 2006 – comme s'il s'agissait de marquer la date anniversaire du départ du joueur.

Récapitulons. Le repreneur de l'écurie de Pape Diouf, à laquelle appartenait Didier Drogba, perçoit 700 000 livres sterling de commission sur le transfert du joueur de Marseille vers Chelsea. Pierre Frelot se contente, par l'entremise de son avocat, de me dire qu'il n'a « pas la même vision du journalisme » que moi. Et Pape Diouf ne prend toujours pas la peine de me répondre.

Un autre agent, Bruno Heiderscheid, poursuit Pape Diouf de sa vindicte. Ce Luxembourgeois était l'agent de Franck Ribéry, un joueur arrivé à l'OM gratuitement. Son club, le Galatasaray Istanbul, ne l'avait pas rémunéré trois mois durant, ce qui lui a permis de rompre unilatéralement son contrat. Durant son passage à l'OM, Ribéry devient une star sous le maillot de l'équipe de France. Après quoi l'OM le revend au Bayern Munich. Un afflux de 25 millions d'euros dans les caisses au prix d'une équipe affaiblie. Or Bruno Heiderscheid a été débarqué par le joueur deux mois avant ce juteux transfert. La commission qu'il pouvait espérer – 10 % du montant du transfert – aurait dû s'élever à deux millions d'euros. Mais la somme lui passe sous le nez. Alors l'agent multiplie les plaintes pour faux, usage de faux et escroquerie. Celles-ci visent Pape Diouf, Franck Ribéry et les nouveaux agents du joueur, Jean-Pierre Bernès et Alain Migliaccio. Bruno Heiderscheid les accuse de lui avoir « volé » son joueur, d'avoir refusé de lui payer les commissions qui lui étaient dues ou encore d'avoir produit des faux devant les tribunaux où il les a traînés pour récupérer ses émoluments.

Si Pape Diouf peut se permettre d'ignorer les papiers que je consacre à ces procédures dans Bakchich, il ne peut en revanche faire de même lorsque L'Équipe TV consacre une enquête à la croisade de l'agent luxembourgeois. Sitôt le brûlot diffusé, Diouf interdit aux journalistes de la chaîne sportive l'accès au centre d'entraînement de l'OM. L'Équipe TV s'incline face au chantage. L'enquête ne sera diffusée que quatre fois, pour seize passages initialement prévus.

Quand le président de l'OM s'enorgueillit d'avoir renoncé, en abandonnant son activité d'agent, à une rémunération plus confortable que celle d'un dirigeant de club – un sacerdoce qui lui rapporte seulement 50 000 euros par an, sans les primes –, je ne résiste pas au plaisir de publier les précisions relatives à son dernier investissement : une villa de 1,3 million d'euros à l'entrée de la corniche Kennedy, où la colline embrasse l'horizon de la Méditerranée. Un achat, payé comptant, qui n'est pas forcément indécent mais qui me semble tout de même un peu déplacé quand j'entends Pape Diouf prétendre qu'il s'est sacrifié pour le club. L'OM l'a rendu célèbre. Ce tremplin a fait exploser son ego.

Le 5 décembre 2008, le propriétaire du club, Robert Louis-Dreyfus, se livre au magazine *le 10 sport* : « Si on n'est pas dans les deux premiers, [les dirigeants] en porteront la responsabilité. » Le lendemain soir, Diouf dégoise : « C'est du pipeau ! RLD ne m'a jamais mis la pression [...]. S'il a des choses à me dire, il le fait directement. » Ce sera fait. Le 11 décembre, RLD, malade, assiste à l'assemblée générale des actionnaires – une première en cinq ans. Il y réitère son avertissement. En substance, « L'argent, je l'ai apporté ; le patron, c'est moi ! »

La réplique de Pape Diouf atterrit dans les colonnes compréhensives du journal *La Provence*. Le quotidien lui déroule le tapis rouge, introduisant l'entretien en glosant sur « l'axe de travail très parisien au travers duquel l'actionnaire principal écorche soigneusement l'équipe dirigeante en place ». Du velours pour le président du club, « pas colosse aux pattes d'argile pour un sou », qui se fait fort de désigner le coupable : « Il y a pour moi, derrière cette histoire, Vincent Labrune, afin de déstabiliser le président de l'OM pour des desseins non avoués. Cette manière de procéder ne ressemble pas à Robert. » Effet assuré dans les travées du Vélodrome. Un apprenti Raspoutine, ennemi du « peuple marseillais », œuvrerait dans l'ombre à le destituer, lui, Pape Diouf ! Et ce traître n'est autre que Vincent Labrune, conseiller en communication de RLD devenu président du conseil de surveillance de l'OM, dont Diouf lui-même avait salué la nomination en janvier 2008. Désormais, il devient sa principale cible. On le soupçonne d'être ma source. Pape Diouf s'agace si fortement auprès de RLD de ma connaissance du dossier, persuadé que je tiens mes infos de Labrune, que le bruit me revient grâce à l'un des proches de Louis-Dreyfus.

Face à la crise de gouvernance qu'il crée au sein du club en attaquant ainsi Robert Louis-Dreyfus et Vincent Labrune, je suis atterré. L'OM, bien lancé pour enfin décrocher le titre de champion de France, commence à tituber dans la dernière ligne droite. Le flou qui règne autour de l'avenir de son entraîneur, Éric Gerets, semble anesthésier l'équipe. Truculent et charismatique, le coach belge est vite devenu une idole à Marseille, au point de voir sa cote de popularité dépasser celle de Pape Diouf. L'ombre que lui fait le Belge effraie-t-elle Diouf ? La perspective de partager la gloire d'un titre avec un entraîneur charismatique l'agace-t-il ?

– Il y a un peu de tout cela, confirme Xavier Boucobza, professeur de droit et conseil juridique de la famille Louis-Dreyfus. Gerets voulait un peu plus de pouvoir, être davantage consulté à propos du recrutement. Dès octobre 2008, nous avions demandé sa prolongation et Pape nous a un peu baladés. Il a fait croire à Gerets que Robert ne voulait pas le prolonger, tout en nous faisant croire qu'il négociait.

Malgré l'injonction formulée par le conseil de surveillance du club le 24 mars 2009 – « la reconduction du contrat d'Éric Gerets est une priorité », résume le procès-verbal de réunion –, le Belge ne rempilera pas. L'OM manque le titre à un cheveu et termine deuxième du championnat. Pape Diouf, lui, continue d'accabler Vincent Labrune.

Au même moment, je me trouve à Rome pour l'enterrement de vie de garçon d'un ami d'enfance. En une de *L'Équipe Magazine*, un long entretien avec Pape Diouf. Un peu éméché, je reste scotché par les termes employés par le dirigeant. « À l'OM, c'est moi qui décide. » S'ensuit une ribambelle d'attaques contre Vincent Labrune et les hommes de confiance de RLD. « Ils croient qu'ils dirigent l'OM. Eh bien non, c'est Pape Diouf qui dirige l'OM » ; « sa peau doit être sensible à l'air marseillais » ; « son nom est en train de prospérer mais il vient du néant »... Son sort est scellé.

Le 16 juin 2009, dans Bakchich, j'annonce son départ, lequel sera entériné vingt-quatre heures plus tard. Outre son conflit avec Labrune, je relate qu'il est reproché au président d'avoir ignoré les statuts du club, en l'occurrence l'absence de délégation de signature pour les contrats de joueurs. Le secrétaire général, Julien Fournier, a pourtant continué à s'en charger. Les juristes s'en sont inquiétés. RLD, définitivement condamné en 2009 à dix mois de prison avec sursis et 200 000 euros d'amende pour abus de biens sociaux dans un dossier de transfert de joueur, apprécie très modérément ce petit arrangement avec la légalité. Pape Diouf le rencontre à Zurich le 17 juin. Xavier Boucobza me racontera la scène trois ans plus tard.

– Diouf n'a jamais accepté notre contrôle sur le club, il prenait cela comme un manque de confiance. Or nous étions dans notre rôle. Robert avait été condamné et ne voulait plus de soucis judiciaires. J'ai essayé de le lui expliquer. Robert avait beaucoup d'affection pour Pape. Il lui a dit adieu ce jour-là, a longuement parlé, il était ému. Mais il n'a pas pleuré, comme Pape Diouf l'a dit plus tard. Pape ne s'est même pas défendu quand Robert lui a annoncé son licenciement. On a davantage discuté des modalités de son départ que de ses raisons.

Pape Diouf est donc débarqué. Avec un bilan sportif respectable, une stature certaine mais pas le moindre titre. Avec lui s'achève une saga. Une angoisse mesquine m'étreint. Et maintenant, sur quoi vais-je bien pouvoir écrire ? Je suis comme un gamin qui, à force de malmener son jouet, a fini par le casser. La rédaction de Bakchich me chambre gentiment.

– Bon Xavier, Omar Bongo est mort, Pape Diouf est viré… Tu vas faire quoi maintenant ?

L'appréhension ne dure qu'un temps. L'OM n'a jamais fini de livrer ses secrets, ni Pape Diouf d'agrémenter mes articles. Son relatif silence médiatique à propos du club a un prix. L'ancien dirigeant a signé un protocole d'accord qui s'élève à quatre millions d'euros, avec une clause de confidentialité.

– Robert voulait bien le traiter, me confirme Xavier Boucobza. Mais on était parti sur des bases encore plus élevées.

Les rédacteurs de son contrat de président m'en communiquent enfin les détails. Celui-ci incluait une clause prévoyant l'intéressement de Pape Diouf à la plus-value nette globale réalisée sur les transferts de joueurs.

– Un peu pousse-au-crime, admet Xavier Boucobza. Cela l'incitait à miser sur beaucoup de joueurs méconnus et peu onéreux en espérant les revendre dès que leur valeur dépasserait la mise de départ.

Officiellement, Pape Diouf n'a jamais demandé l'activation de cette clause. Reste que d'autres histoires seront déterrées après son départ. Si le dossier Drogba a été classé sans suite, Pape Diouf sera tout de même placé en garde à vue le 9 décembre 2009, soupçonné de faux et usage de faux dans le cadre de l'affaire Ribéry. Un dossier instruit par un juge d'instruction parisien.

Ses quatre années à la tête de l'OM lui ouvrent les portes de la télé, où il devient un consultant apprécié sur Canal+ et Orange Sport. Elles lui confèrent aussi un rôle d'expert du club, sollicité à chaque crise… et dragué par les politiques. En 2010, les négociations entamées avec le PS, qui souhaite l'inscrire sur ses listes aux régionales, achoppent. Pendant la présidentielle, sa présence au premier meeting de François Hollande, le 22 janvier 2012, est remarquée. Pape Diouf laisse planer le doute sur sa participation à l'équipe du socialiste Patrick Mennucci – « un vieil ami » – aux municipales de 2014.

– Xavier, arrête avec Pape Diouf ! Mes copains ne veulent plus me parler à cause de toi, me taquine ma cousine.

Pourtant je ne compte pas m'arrêter là. L'OM l'a trop servi, sans contrepartie. Comme ses prédécesseurs, Pape

Diouf a été consumé par son ego. Repas avec les politiques, tribunes médiatiques, pouvoir sur la cité, vaste budget, sollicitations multiples... Marseille à ses pieds les soirs de victoire, sous ses fenêtres les matins de défaite. L'emprise du club sur la deuxième ville de France incite naturellement à la mégalomanie.

– Le président est à la tête d'une petite PME mais d'un club immense, diagnostique Xavier Boucobza dans son bureau parisien du quartier de l'Opéra. L'OM est une vitrine qui attire tout le monde. Du kiné au comptable, les gens ont envie de participer à la vie du club. Moi-même, j'ai ressenti la pression : les gens qui vous demandent de travailler pour le club, la ville qui vit au rythme de son équipe... On peut comprendre que le président, qui n'est en réalité qu'un mandataire social, révocable à tout moment, finisse par prendre la grosse tête.

En juin 2009, une fois Pape Diouf écarté de la présidence, j'adresse un texto en forme de boutade à Vincent Labrune, président du conseil de surveillance de l'OM, chargé de dénicher le nouveau dirigeant.

– Tu ne veux pas me nommer à la présidence du club ? Je fais officiellement acte de candidature.

Réponse amusée du trentenaire d'origine orléanaise, avec qui j'échange depuis plusieurs mois :

– Au moins, on se marrerait. Et tu arrêterais de nous emmerder avec tes papiers.

Notre première rencontre a eu lieu le 30 octobre 2008 à la Brasserie Lorraine, dans le cossu VIIIe arrondissement parisien. Voilà deux ans que j'écris sur l'OM, déroulant la litanie des affaires judiciaires, des transferts ratés et des critiques formulées contre l'équipe dirigeante.

– On m'a conseillé de ne pas te rencontrer, commence-t-il. Apparemment, à Bakchich, vous êtes des fous. Vous tapez sur tout le monde.

Inutile d'user des méthodes classiques : me faire passer pour un con ou forcer sur le côté marseillais. Vincent Labrune est rompu aux médias. La gestion des gratte-papier, c'est son métier. Ancien attaché de presse pour France 2 et Jean-Luc Delarue, ex-conseiller de l'équipe Le Lay-Mougeotte à TF1, il est aussi le gérant d'une boîte de prod'. Ses premiers pas dans le sport le conduisent à gérer l'image du boxeur Brahim Asloum. Le manager du champion n'est autre que Michel Acariès, qui le présente à Robert Louis-Dreyfus. Labrune devient son homme de confiance et se charge de la comm'.

Entre nous, les présentations cèdent rapidement la place à une discussion entre passionnés – de football (lui) ; de l'OM (moi).

– Qu'importent les affaires et les scandales quand l'OM gagne ! Or l'OM ne gagne pas. Beaucoup se sucrent sur le club sans nous apporter ce que nous voulons : la victoire.

Ma provocation l'amuse. M'a-t-il répondu : « Je sais » ? Je n'ai pas pris de notes. Une habitude lors du premier rendez-vous, pour ne pas froisser le contact.

– Sache une chose, me prévient-il : je ne dis pas tout mais je ne mens pas.

La promesse rituelle des communicants. Mais de tous ceux que j'ai pu croiser, Vincent Labrune est le seul à l'avoir respectée. Entre nous, la règle du jeu est simple. J'enquête. Je trouve des infos. Si ça touche au club, je sonde sa réaction. Il respecte mon travail mais pas au point de me nommer président du club.

– Tu imagines la gueule des gens ? Après tout ce que t'as sorti sur Diouf !

C'est un autre journaliste qui héritera du strapontin en juin 2009. Il s'agit d'un proche de Vincent Labrune, qui l'a tanné pour obtenir le poste. Ancien patron de la chaîne LCI, Jean-Claude Dassier débarque à Marseille avec un salaire de 100 000 euros par mois, primes incluses, une virginité footballistique totale et une méconnaissance du microcosme local confondante. Sa première décision consiste à s'adjoindre les services de Jean-Pierre Bernès, autant dire du diable en personne pour les tribunes du Vélodrome. Ancien bras droit de Bernard Tapie du temps de sa splendeur, Bernès reste l'homme qui a « donné » son patron aux juges de l'affaire OM-VA, provoquant la descente aux enfers du club. Sa radiation à vie du football français ne l'a pas empêché de devenir l'agent le plus influent du milieu. Dans son portefeuille, des internationaux, des entraîneurs – dont Laurent Blanc, le sélectionneur de l'équipe de France, et Didier Deschamps, le nouveau coach de l'OM. José Anigo, le directeur sportif, met son départ dans la balance. En raison du mal que Bernès a fait à son club mais aussi par crainte de perdre de l'influence à son détriment. Bernès ne sera pas nommé.

Annoncée en une de *L'Équipe*, la mort de Robert Louis-Dreyfus, le 4 juillet 2009, est l'occasion d'une trêve. L'attention de chacun se focalise sur Margarita, sa veuve, nouvelle propriétaire du club. Deux mois d'accalmie avant que Dassier ne crée la polémique. « Je ne serai pas un président à la libanaise ou à l'africaine », lâche-t-il le 9 septembre, lors d'une réunion avec ses salariés. Ses propos sont perçus à la fois comme une critique contre Diouf et comme une sortie qui frôle le racisme. Le tombereau de réactions outrées n'intervient qu'une semaine – et une défaite en Ligue des champions – plus tard, quand *La Provence* barre sa une de sa déclaration, le 17 septembre suivant. Ce léger retard à l'allumage s'explique-t-il par la nécessité de vérifier la véracité des propos tenus ? Ou plutôt, comme croit le savoir l'un de mes informateurs au sein du club, parce que c'était le moment jugé opportun par le quotidien régional pour « mettre un peu la pression sur les négociations en cours » ? Des partenariats lient en effet *La Provence* à l'OM. Selon de fins connaisseurs du journal de l'avenue Roger-Salengro, ceux-ci seraient « notoirement avantageux pour *La Provence* et d'une rare complexité ». Dassier prétendait revenir dessus avant que la polémique ne lui fasse baisser pavillon.

Le nouveau président a eu le tort de prendre de haut les journalistes locaux. Il sera à son tour happé par la furie qui s'empare la ville lorsque l'entraîneur Didier Deschamps, dix-sept ans après, ramène l'OM sur les rails de la victoire. Trois coupes de la Ligue, deux trophées de champion et surtout un championnat (2009-2010). Une délivrance. Le dimanche du sacre, le Vélodrome envahit le Vieux-Port. Sur les rives de la Méditerranée, les marées sont humaines. Le mistral a balayé la vue, porté la joie de la foule jusqu'au sommet de la colline de Notre-Dame. L'enthousiasme rebondit sur les murs et laisse un mot sur toutes les lèvres : « Encore ! »

Jean-Claude Dassier ne sait pas gérer cet espoir. Alors que les finances sont déjà exsangues, il claque des dizaines de millions d'euros en transferts. Il renâcle à tenir informé le conseil de surveillance du club. Surtout, il hésite à faire signer une prolongation de contrat à son entraîneur. Aux yeux des supporters, Deschamps allie un présent glorieux à un passé de rêve. Capitaine de l'OM lors de la victoire historique en Ligue des champions, en 1993, il est devenu le coach de la résurrection.

– Dis-moi, il ne serait pas en train de se « dioufiser », l'ami Dassier ?

Pour toute réponse, Vincent Labrune me renvoie un marmonnement. Le 9 juin 2011, son ami Dassier est remercié. En cause, sa gestion. Vincent Labrune s'installe à la présidence, les mains dans le cambouis.

– Salaud, c'était à mon tour !

– Tu crois peut-être que ça m'amuse !

Je commence à bien connaître le président de l'OM, dont j'ai vu les cheveux blancs apparaître. Je me permets même de l'emmerder avec la rumeur qui lui prête une relation avec Margarita Louis-Dreyfus, veuve de RLD, désormais propriétaire du club.

– Arrête avec ça, c'est vraiment dégueulasse !

– Oui mais ça circule… et pas seulement dans les bars, donc méfie-toi.

L'Équipe Magazine ira même jusqu'à titrer « La Blonde et Labrune » l'un de ses longs papiers, annoncé en couv'.

– C'est un chantier pour lui mettre la pression, décrypte à mon intention un amateur des coulisses du club. Une façon de lui dire qu'on peut lui pourrir la vie s'il ne lâche pas du lest sur les transferts et sur la gestion du club…

La ville n'a pas englouti Vincent Labrune. Du moins pas encore. Des années dans le sillage de Robert Louis-Dreyfus l'ont rodé, même s'il ne s'attendait pas à ce qu'il allait vivre. Son mandat commence par une crise de résultats. L'OM termine le championnat à la dixième place. Des clashs à répétition surviennent entre José Anigo et Didier Deschamps. Le conflit débouche sur le départ de l'entraîneur à l'été 2012, malgré un nouveau titre – une troisième coupe de la Ligue d'affilée.

– À Marseille, je passe la moitié de mon temps à faire en sorte que les gens se parlent, à éviter que ça explose en interne, m'assure Labrune. C'est des fous là-bas !

Pas des fous, non. Des drogués. Avec qui le nouveau président apprend à palabrer. L'OM accuse alors un déficit qui se chiffre en dizaines de millions d'euros et qu'il s'agit de résorber. Il faut vendre des joueurs sans affaiblir l'équipe. Tels étaient ses principaux soucis la dernière fois que je l'ai rencontré à Paris, toujours dans le même café du 17e. Son discours, entre-temps, s'est modifié. Un peu plus passionné peut-être. Le « peuple marseillais », une expression inventée sous Tapie, à manier avec doigté, est apparue dans son vocable. L'homme ne semble pas encore déconnecté, à la façon d'un Diouf ou d'un Dassier, même si un regain d'ego affleure parfois.

– Sans moi, Margarita lâcherait le club.

Pour l'heure, de ponctuelles boursouflures d'ego dont il sait se prémunir. Parce qu'il partage son temps entre Marseille et Paris, qu'il est devenu père d'une petite fille, qu'il n'est pas salarié de l'OM... Vincent Labrune ne se sert pas du club. Un contrat de conseil le lie au groupe Louis-Dreyfus.

– Autour de 200 000 euros par an ?

– Un peu plus mais c'est dans ces eaux-là, sur facture.

C'était avant de prendre la présidence du club et de s'impliquer autant. Désormais, Vincent Labrune n'a plus le temps de s'occuper de son émission *Telle est ma télé*, un talk-show médias sur TPS Star, ni de mener à bien ses projets cinématographiques.

– C'est une force, au moment des négociations avec les supporters, les politiques ou les autres présidents de club, de ne pas être rémunéré par l'OM. Mais je ne m'y retrouve pas.

L'homme éprouve quelques réticences à en parler.

– Le club et Robert se sont tellement fait saigner, et je l'ai tellement dénoncé, que je n'ai pas envie d'être salarié.

Un argument avancé par Xavier Boucobza, l'influent conseiller juridique de Margarita Louis-Dreyfus, l'a incité à réfléchir à une indemnisation, admet-il.

– Entre un braquage et rien, il y a un juste milieu.

Milieu. Juste. Des mots qui ne cohabitent pas souvent à l'OM. Ni ailleurs en ville.

6.
Mamou s'en va

L'ombre des pins. Quelques bancs où fumer une clope. Les cigales chantent doucement. Un souffle d'air desserre un peu l'étreinte de l'été 2009. Coincée sur son rocher blanc, la Bonne Mère veille sur nos arrières. La Méditerranée se repose derrière les collines. Au loin, le château d'If, les îles du Frioul. Au sud, la Pointe-Rouge, les Goudes... Par beau temps, c'est l'une des plus belles vues de Marseille. « Un coin génial pour ramener les filles ! » sourit mon ami Éric. Sur ces vallons, la ville est parsemée de lauriers, de maisons de maître, de jardins, de piscines... Pas le moindre bar. En ces lieux, les sorties se limitent à des soirées privées, des parties de barbecue dont je ne me lasse pas d'abuser, l'été, dans les superbes bâtisses des copains. Ma grand-mère réside là désormais. Au sommet du quartier le plus huppé de Marseille, le Roucas-Blanc. En maison de retraite.

Mamou a 89 ans. Elle ne s'est jamais fatiguée de voyager, de dépenser et de gueuler. Ça l'a conservée. De l'Indochine aux ruines du Mexique, des camps de prisonniers japonais de la Seconde Guerre mondiale à la Petite Côte sénégalaise,

Mamou a gambadé, vitupéré et s'est bien amusée. Au Sénégal, la vieille coloniale avait impressionné jusqu'au fils du président Abdoulaye Wade, Karim, par son énergie et sa voix stridente.

Depuis quelque temps, ses cris sont moins affirmés. Voici plusieurs mois que Mamou attend de rendre là son dernier souffle.

– J'en ai assez.

Immobilisée dans son lit, parvenant à peine à reconnaître ses proches, elle ne profite même pas de la vue.

– Tu es celui qui vient me voir...

Presque chaque jour durant mon passage à Marseille, je lui donne à manger, je l'éponge quand elle a trop chaud, profitant du moment présent, qui est peut-être le dernier passé avec elle. Dans ses yeux, une lueur qui pétille quand je la provoque.

– Si tu meurs, j'épouse une Noire !

Sa gifle manque son but.

Je compte aller la voir après mon rendez-vous. Michel Pezet a accepté de me rencontrer. L'ancien premier adjoint de Gaston Defferre, baptisé « Brutus » par sa veuve, a tout connu de Marseille avant d'être banni du clan pour s'être opposé au Vieux Lion – à qui il a notamment ravi le contrôle de la fédération socialiste. C'est lui qui aurait dû succéder à Defferre à sa mort, en 1986, en tant que premier adjoint. Mais l'inimitié que lui voue l'épouse de Gaston, Edmonde Charles-Roux, de même que les luttes intestines au sein du Parti socialiste l'empêcheront de remporter la mairie. Alors qu'il a été investi par le PS pour les municipales de 1989, Michel Pezet est balayé par le dissident socialiste Robert Vigouroux, qui se présente en indépendant.

Depuis, cet avocat qui s'est entre-temps retrouvé condamné dans le scandale du financement du PS, au début des années 1990, siège comme vice-président du conseil général. Il a assisté à l'ascension de toute la classe politique marseillaise, en particulier celle de Jean-Noël Guérini, qui a encore obscurci l'horizon de ses ambitions personnelles. S'il est cantonné à des postes de second ordre, le vieil avocat mord encore, m'a-t-on prévenu. Je ne suis pas déçu du voyage. Mes questions paraissent l'amuser. Dans ses réponses, je sens bien que quelque chose se trame.

Une instruction pour détournement de subventions publiques secoue le conseil régional, qu'il a lui-même présidé de 1981 à 1986. Aujourd'hui, il est l'avocat d'un des mis en examen, le directeur général des services, tout en se montrant d'une touchante sollicitude envers la principale personnalité politique visée, la députée socialiste Sylvie Andrieux. Je l'asticote :

– Bizarre qu'elle soit la seule élue mise en cause, non ?

Sylvie Andrieux est une héritière comme Marseille en compte quelques-uns en politique. Jean-Noël Guérini a lui-même succédé à son oncle au conseil général ; la famille Masse règne à l'est de la ville depuis l'arrière-grand-père, Marius ; Sylvie est la fille d'Antoine Andrieux, ancien bras droit de Gaston Defferre, et la filleule d'Irma Rapuzzi, ancienne sénatrice. Loin de son cabanon de Malmousque, Sylvie Andrieux s'est bâti un fief à Sainte-Marthe, dans les quartiers Nord, qu'elle arpente inlassablement et où elle est reconduite à chaque élection.

Début 2009, le scandale éclate. Des subventions du conseil régional et du conseil général ont été détournées vers des associations fictives. Prestement, les deux institutions se constituent parties civiles. Sylvie Andrieux est désignée seule responsable par le couple médias-justice. Documents et témoignages l'accablent.

Ces pièces me parviennent via un serveur Internet dédié. Ils me sont aimablement adressés par un journaliste marseillais qui manque de place pour tout traiter. En février 2009, Bakchich n'a pas même de bureaux. Après que j'ai hébergé la rédaction dans mon appartement pendant un mois, un ami nous a prêté ses locaux, alors en travaux. Pour seules sources de chaleur, un convecteur électrique et les dix membres de la rédaction. Sur le disque dur de mon ordinateur, le dossier occupe plusieurs gigaoctets. Heureusement pour moi, les magistrats ont coté avec soin leurs documents. Ils ont même pris la peine de les titrer, ce qui accélère la recherche d'informations.

La procédure a commencé par une alerte Tracfin – le service du ministère des Finances dédié à la lutte contre le blanchiment. Confiée au juge Franck Landou, l'enquête avance doucement jusqu'à l'audition d'un attaché parlementaire de Sylvie Andrieux. Il s'appelle Roland Balalas. C'est le fils de Théo-le-transhumant. Il est auditionné le 3 juin 2008 mais ses révélations n'embraseront la scène politique qu'en 2009.

– Balalas était l'interface politique entre les associations fictives et la Région, ce que d'ailleurs il ne conteste pas, m'indique un flic marseillais.

Aussi bavard que malin, Roland Balalas charge Sylvie Andrieux par l'intermédiaire d'un certain M. Same, à l'origine des associations soupçonnées d'escroquerie. « [Il] était affilié à la droite et il a fait campagne contre Madame ANDRIEUX dans le camp de Michel BOURGAT, déclare-t-il sur procès-verbal. Comme c'est quelqu'un qui avait fait le bordel [...] en 2001 contre elle, j'en ai parlé à Sylvie ANDRIEUX, qui préférait l'avoir avec plutôt que contre. La contrepartie de ce retournement était de lui verser les subventions qu'il demandait par le biais des associations. » Histoire de préciser sa pensée, il ajoute : « C'est-à-dire que c'est le pouvoir politique qui a en fait décidé d'octroyer des fonds dès le commencement, puis de poursuivre par la suite dans le même sens, il était question de faire plaisir à M. SAME. » Du clientélisme en bonne et due forme. Le spectre, mille fois entraperçu dans ma ville, prend corps. Achat de voix. Achat de consciences. Puis les parapluies commencent à s'ouvrir.

– Sylvie est une brave fille, elle n'a pas besoin d'argent. Elle est seule à payer alors que beaucoup d'autres sont concernés.

Affable, presque paternaliste, ma source dans l'entourage de Jean-Claude Gaudin n'exonère pas Sylvie Andrieux mais semble vouloir la protéger au nom de quelque lointaine fidélité. Enfant, Sylvie a sauté sur les genoux du maire, bien avant de se lancer en politique à Marseille puis de flirter avec la ligne jaune.

– Elle n'est pas la seule à avoir utilisé l'argent des subventions à des fins électoralistes. Vous devriez la voir.

Au téléphone, Sylvie Andrieux se montre sur la défensive.

– Attention à ce que vous allez écrire, j'y serai très attentive et mes avocats aussi !

La voix est stridente, le ton véhément. Mais au moment de notre rencontre dans sa permanence de Sainte-Marthe, mon interlocutrice s'est apaisée. Elle qui ne voulait pas parler, la voilà devenue intarissable.

– Quand je pense à tous ceux qui m'accusent de clientélisme, c'est une blague !

Sylvie Andrieux ne donne pas de noms. Alors je m'en charge, égrenant ceux entraperçus dans le dossier judiciaire. Peu d'entre eux sont épargnés par ses critiques, et surtout pas la sénatrice Samia Ghali, socialiste comme elle.

Durant tout l'entretien, son téléphone ne cesse de sonner. Rendez-vous, remerciements...

– J'ai réussi à faire engager quelqu'un à la Régie des transports marseillais ! C'est pas tous les jours, mais quand on peut aider...

Dans ce bureau fermé, elle trépigne. La socialiste aime le grand air, les meetings, les visites de quartier...

Aux dires de Roland Balalas, « quasiment la totalité » du système de détournement de fonds publics au sein du conseil régional était connue des élus. Mais le dossier des subventions est demeuré circonscrit au cas Andrieux. *

– Ah, vous avez remarqué, vous aussi, me lance Michel Pezet entre deux bouffées de pipe. Elle est devenue le vilain petit canard.

Étrangement, peu d'associations ciblées par la justice se trouvent sur la circonscription électorale de Sylvie Andrieux, les XIIIe et XIVe arrondissements, qui composent le gros des quartiers Nord de la ville. Alors, pourquoi « acheter » les votes d'associations dont les membres n'habitent même pas dans son bastion électoral. Autre étrangeté : la presse ne dit mot des 300 000 euros détournés au conseil général, dont Michel Pezet est le vice-président, ni de la sénatrice socialiste Samia Ghali, vice-présidente de la Région, proche de Jean-Noël Guérini, également citée dans le dossier des détournements au conseil régional.

– Vous savez bien qu'il se passe toujours des choses étranges dans cette ville, poursuit Michel Pezet.

* Michel Vauzelle, le président socialiste du conseil régional, sera entendu comme témoin assisté en septembre 2010. Sylvie Andrieux, mise en examen à l'été 2010 par le juge Landou pour détournement de fonds publics, est renvoyée en correctionnel. Son procès doit se tenir en mars 2013.

Un fusible, Andrieux ?

– En tout cas, cela y ressemble, lance-t-il en souriant.

Il me donne l'impression d'attendre le moment opportun pour en dire davantage. On verra plus tard. Ma façon de procéder, à la fois détendue et caustique, semble lui plaire. Mais il est l'heure d'aller rendre visite à Mamou.

Je passe prendre mes cousines, qui doivent m'accompagner. Elles habitent Endoume, au pied du Roucas-Blanc. Leur téléphone sonne. L'aînée décroche, répond à peine. Je vois ses larmes couler. Silence. J'ouvre le bar, me sers un verre, lentement. Mamou est morte. Je vais devoir annoncer la nouvelle à mon frère, à mon oncle, à mon père, que je verrai pleurer pour la première fois, incrédule devant le corps sans vie de Mamou, née Lucienne Dufau, épouse Monnier. La nuit sera courte. Noyée dans l'alcool, en famille.

– Qui vois-tu aujourd'hui ?

La question ne vient pas d'un rédacteur en chef mais de Papa, comme d'habitude. Dès le réveil, avant même de me laisser prendre les deux cafés dont j'ai besoin pour émerger, sa question tombe. Son rêve était de me voir devenir diplomate, une fois diplômé de l'IEP d'Aix-en-Provence. C'est raté. Cela ne l'a pas empêché de m'encourager dans le journalisme, de lire tous mes papiers et de les collectionner – de manière plus discrète que ma mère. Aimant et taiseux. Ébranlé, tout comme moi, par la mort de sa maman.

– Je donne pas mes sources.

En le quittant, je n'oublie ni mon maillot de bain, ni ma serviette, au cas où l'idée me viendrait d'aller piquer une tête entre deux rendez-vous. Dans l'après-midi, je dois rencontrer Jacques Dallest dans son bureau de la rue Joseph-Autran. Au lendemain du décès de ma grand-mère, ce sera l'occasion pour moi de penser à autre chose. C'est la première fois que je m'assieds face à un procureur en exercice. Je n'ai bénéficié d'aucune introduction pour cela. Mes articles et mes demandes répétées l'ont finalement décidé à accepter. Je n'ai pas d'ordre du jour particulier, si ce n'est recueillir ses explications au sujet de l'étonnant pas de deux du président du conseil régional, Michel Vauzelle, avec le parquet.

L'ancien garde des Sceaux de François Mitterrand demande à rencontrer le procureur Jacques Dallest. Histoire de tâter le terrain et de se protéger d'une éventuelle mise en examen ? Le 29 mai 2009 au soir, il remet au magistrat un lot de documents. Leur rencontre est discrète, mais pas suffisamment pour échapper à la vigilance de témoins qui me rapporteront la scène.

– Il est d'usage que le président reçoive toute nouvelle autorité nommée dans la Région, m'assurent les communicants du conseil régional. Ce rendez-vous était protocolaire.

Je leur fais remarquer que c'est un protocole un peu tardif quand on sait que Jacques Dallest a pris ses fonctions le 19 mai 2008.

– Nous n'avons pas eu le temps de le rencontrer avant !

Dans l'entourage de Michel Vauzelle, pourtant le son de cloche est sensiblement différent.

– Oui, Dallest a bien été convoqué pour discuter des suites du dossier.

Par téléphone, le procureur me donnera sa propre version quant à la teneur précise du rendez-vous. Auparavant, une petite explication de texte aura été nécessaire. Le douillet magistrat n'a pas apprécié que je le qualifie dans un article de « véliplanchiste » – « Je n'ai jamais fait de planche à voile de ma vie ! » – et d'amateur de « soirées mondaines » – « les soirées mondaines dont vous parlez, je ne m'y rends que très peu. » Dont acte.

Quid de sa visite à l'hôtel de la Région ?

– Elle n'avait rien de protocolaire puisque je m'y étais déjà présenté l'année dernière, lors de ma prise de fonction.

Comme Bakchich l'avait subodoré, il a bien été question du dossier des subventions détournées.

– M. Vauzelle m'a remis un document, que j'ai versé à l'instruction. Puis il m'a demandé comment avançait l'enquête. Bien entendu, je ne lui ai pas répondu. Mais nous avons aussi beaucoup discuté du fonctionnement de la machine judiciaire. Le président Vauzelle est tout de même un ancien garde des Sceaux !

Le service de communication du conseil régional, que je me plairai à taquiner à la suite de ces confidences, ne modifiera pas pour autant sa version. Un mensonge assumé que je compte bien confronter à la version de Dallest.

Le portique sonne. Je tombe la montre, la ceinture.

– Vous venez pour quoi ?

– J'ai rendez-vous avec M. Dallest.

Le policier lance un regard incrédule au jeune homme en pantacourt, bronzé, pas rasé, le cheveu encore mouillé.

– Allez vous annoncer à l'accueil.

L'hôtesse affiche le même étonnement devant mon accoutrement. Les journalistes, habituellement, doivent mieux présenter.

– Cinquième étage. Quelqu'un viendra vous chercher.

Le bâtiment n'a pas la majesté du Palais de justice de Paris. Couloirs sombres, sans fenêtres, garnis de plantes en plastique, je lui trouve un air de clinique privée. Je repère le bureau. La porte s'ouvre.

– Monsieur Monnier ? Désolé pour le retard.

Son regard trahit sa surprise. Ma voix grave l'a induit en erreur. Au téléphone, enfant, les interlocuteurs me prenaient souvent pour mon père. Ma relation par articles interposés avec le patron du parquet marseillais a commencé de bonne heure. J'avais annoncé sa nomination dans Bakchich en avant-première.

– Vous étiez bien renseigné…

Les magistrats sont des sources précieuses. Informé de toutes les procédures, un procureur est un puits d'infos dans lequel il faut savoir jeter son seau, ce que n'apprend aucune école. Question de pratique, de beaucoup de bol, d'un peu d'audace. Je n'ai jamais été un bon dragueur, sauf avec mes sources. Un procureur n'est pas tenu au secret dans la même mesure que les magistrats du siège. Il a une certaine latitude pour communiquer sur les procédures s'il l'estime opportun. Le plus souvent, il le fait anonymement. Pour se mettre en valeur, comme tout informateur.

Jacques Dallest présente bien. Grand, svelte, le cheveu noir, il trône dans un vaste bureau où il reçoit dans un petit salon doté d'une table ronde, d'un canapé en cuir noir et de deux fauteuils. Derrière son bureau se dresse une carte de Corse à laquelle répondent des étagères qui regorgent de livres sur Marseille et sur l'île de Beauté.

Sa réputation est irréprochable. Ses collègues lui connaissent un goût prononcé pour les caméras et les journalistes. Tant mieux. La teneur de notre rencontre confirme au moins le dernier point. Les trente minutes initialement prévues s'étireront pendant deux heures. Nous discutons de son rôle à Marseille, de la façon dont il appréhende la ville.

– Le tout est d'agir sans haine ni violence…

Un homme de loi qui se réfère à la devise d'Albert Spaggiari, l'auteur présumé du casse de Nice, verrait-on ça ailleurs qu'à Marseille ?

– ... c'est vrai que pour quelqu'un comme moi, venu de Haute-Savoie, c'est surprenant. À Annecy, il est inimaginable de voir certaines choses : ces actes d'incivilité qui se multiplient, ces engueulades pour une place de parking qui tournent en rixe... Mais il faut savoir s'adapter. En Corse, par exemple, j'ai été étonné par la culture du port d'armes.

C'est à l'île de Beauté que Dallest doit ses premières apparitions médiatiques. Procureur, il a été chargé de l'enquête sur les paillotes brûlées par des gendarmes sur l'ordre du préfet Bernard Bonnet.

– C'est lui qui m'a qualifié de « véliplanchiste ».

– Vous pourriez vous y mettre ! En plus, il fait beau en ce moment...

Lors d'un premier rendez-vous, l'humour peut se révéler à double tranchant. Car cela détend l'interlocuteur. Face aux questions précises, il généralise. Sur des questions générales, il se perd en détails. Le jeu du chat et de la souris.

– En dehors d'une peine très lourde, il est difficile d'annihiler le pouvoir des grands chefs du banditisme. Même depuis leur prison, ils arrivent à tirer les ficelles. Et puis après eux, on a leurs héritiers. Des dynasties plus ou moins liées au grand banditisme, parfois même aux politiques. Pour réussir, les voyous ont besoin d'être à la fois intelligents et violents.

Les noms se succèdent : Mariani, Federici, Orsoni, Barresi...

– Nous travaillons de façon à leur confisquer leur argent. On ne sera efficace qu'avec la saisine de leurs avoirs. Mais c'est une stratégie à long terme.

Je prends des notes mécaniquement, tout en animant la conversation. Prolonger. Le faire parler.

– Et sur l'OM, de nouveaux dossiers en cours ?

– Il existe sur le sujet un seuil de tolérance, comme pour le port d'armes en Corse, qu'il faut toutefois savoir maintenir dans les limites du raisonnable.

Je ne remarque pas certaines perches qui se tendent. Après une heure d'entretien, j'ai envie de me baigner. Mamou doit être enterrée dans quarante-huit heures.

– Vous savez, un procureur doit tout à la fois poursuivre les nouveaux crimes ou délits et mener à bien les instructions déjà en cours. On a tellement à faire avec les faits déjà commis qu'on ne peut pas être à 100 % sur de nouvelles enquêtes.

Coup de sifflet final. J'ai assez d'informations pour gratter un papier un peu général. Dans l'immédiat, la grande bleue m'attend.

Deux mois plus tard, l'air est encore chaud à Marseille, où les rochers sont prêts à m'accueillir en ce début octobre. Mais ce matin, il est un peu trop tôt. Un autre magistrat a enfin accepté de m'accorder une entrevue. Nous devons prendre un café à 8 h 30 au Grignan, à l'angle de la rue éponyme et de la rue Paradis. Je ne le connais que sur le papier. Son nom jalonne les procédures que j'ai suivies. Le Cercle Concorde, certains transferts de l'OM, divers dossiers corses… Juge d'instruction, Charles Duchaine est passé par Monaco et par la Corse avant d'atterrir sur le Vieux-Port. C'est un amateur d'affectations sensibles, qui veille jalousement sur ses dossiers. Qu'un journaliste comme moi, inconnu au bataillon, enquête hors de ses radars aurait plutôt tendance à le vexer. L'homme a failli me convoquer comme témoin dans l'affaire du Cercle Concorde. Bon nombre de mes papiers étaient « cotés » au dossier d'instruction.

Le magistrat débarque à bord d'une moto BMW jaune et noire. Quand il enlève son casque, je découvre un gaillard dégageant une présence imposante. Avare de ses paroles, l'homme traîne une réputation d'incorruptible, un peu colérique mais courageux. « Il sent bien les dossiers mais il a parfois du mal à ficeler les affaires », me décrit l'un de ses protecteurs, qui l'avait tiré d'une mauvaise passe à Monaco. « Sa hiérarchie voulait sa peau pour avoir enquêté de trop près sur les hautes sphères de la principauté. »

Malgré ce coup de semonce, l'homme trace droit, sur le milieu comme sur les politiques. Lors des interrogatoires, il n'hésite pas à demander aux mis en examen de préciser leurs liens avec tel ou tel élu, taquinant ses interlocuteurs sur les protections dont ils jouissent. Il relève en particulier les liens contre nature entre flics et voyous corses. Dans ses procédures apparaissent souvent des interventions intempestives auprès des suspects de la part de policiers des Renseignements généraux, coupables à ses yeux d'entraver son travail. Des hommes réputés proches de Bernard Squarcini, l'ancien n° 2 des RG, devenu préfet de police de Marseille avant de prendre les commandes de la Direction centrale du renseignement intérieur (DCRI). Les deux fonctionnaires se détestent cordialement.

– J'espère qu'il est bien haut fonctionnaire avant d'être corse, me glisse le magistrat au sujet de Bernard Squarcini. C'est étonnant, cette proximité ! Dans l'affaire du Concorde, j'ai bien vu que les RG qui s'occupaient des jeux étaient plus proches des patrons de cercles que de la police.

D'évidence, mon interlocuteur n'a guère envie de s'étendre. Il se contente de tâter le terrain. De voir à quoi ressemble celui qui a écrit tant d'articles sur les procédures qu'il instruit. Ce n'est pas en lui rappelant qu'il a été condamné pour diffamation à la demande de l'ancien mari de Stéphanie de Monaco que je risque de le faire sourire. J'évite donc d'aborder le sujet devant ce magistrat dont j'ai déjà eu l'occasion de railler la susceptibilité dans un portrait.

Pressé d'expédier le rendez-vous, il saisit son appareillage de motard. Je me sens mal à l'aise face à cet homme qui ne demande soudain qu'à repartir. Le regard est intransigeant, le ton presque cassant, la voix grave, les mots assurés. Aucune ouverture possible. Pas de piste lancée. Il remonte sur sa moto. Un magistrat motard, trente ans après l'assassinat du juge Michel, l'image n'est pas neutre.

De mon côté, un rocher m'attend quelque part entre l'anse de Malmousque et celle de la Fausse-Monnaie. Je n'ai pas vu arriver la vague qui s'apprête à déferler. Je serai le premier à la prendre en pleine figure.

7.
« Gomorra »

C'est arrivé. Ma ville m'a ouvert ses coulisses. Du moins une partie d'entre elles, que je découvre avec des yeux d'enfant émerveillé. La mécanique est si bien huilée que rares sont les clapots qui agitent le Vieux-Port. Ma cité est vieille de deux mille six cents ans. Le système règne depuis plus d'un demi-siècle. Immuable, Marseille ? Même à la rédaction de Bakchich, les affaires que je relate semblent lasser. « Bah, c'est Marseille ! » L'antienne court les rédactions, les états-majors des partis politiques, elle se retrouve même dans ma bouche quand des « estrangers » m'interrogent sur les fléaux qui la gangrènent. C'est ça, Marseille. Une pointe de résignation, de douleur, de fierté aussi.

Gamin, j'étais bagarreur. Adolescent, j'ai aimé le handball pour la dureté des contacts et la sincérité des coups. Affronter un adversaire plus grand et plus fort que soi, droit dans les yeux. Journaliste, j'ai conservé ce côté frondeur : à découvert au milieu des bombes que je fais moi-même sauter. Aucun de mes écrits, fort heureusement, n'en ressort estropié. Même lorsque la bombe est puissante et la mèche courte.

Tout commence le 29 octobre 2009. Mécontents du résultat d'un appel d'offres, les salariés de la société Bronzo « démarrent ». Grève du ramassage assorti d'un blocage des centres de tri. En une semaine, la ville est transformée en dépotoir. Une grève. Anodine, d'ordinaire.

Les caméras de télé viennent d'un peu partout filmer les rues où s'entassent les immondices. Les politiques parlent d'une ville prise en otage. Les habitants ne comprennent rien au conflit. Puis, au troisième ou quatrième reportage télévisé, quand la poissonnière du port s'est lassée de faire le tour des jités, que le supporter de l'OM en a marre de donner son avis sur la politique, que les plans de mouettes volant autour de Notre-Dame sonnent trop creux, la vie reprend. Une fois les caméras parties, les élus remballent leurs discours va-t-en-guerre à l'encontre des grévistes et négocient avec eux. Pourtant, un fumet atypique se dégage de cette grève-là. Les politiques semblent plus mal à l'aise qu'à l'accoutumée.

Le 4 novembre 2009, le patron de la CUM, le socialiste Eugène Caselli, annule l'appel d'offres contesté par les grévistes. Et tant pis si la société initialement choisie, ISS Environnement, facturait quatre millions d'euros de moins pour le même service. L'annulation a préalablement reçu le blanc-seing de Jean-Noël Guérini, sans l'approbation de qui, depuis des années, Eugène Caselli n'envisagerait même pas de se rendre aux toilettes.

De son côté, le vice-président de la CUM, le délégué à l'assainissement Antoine Rouzaud, s'était permis pendant la grève de blâmer le choix initial de la commission d'appels d'offres. « Pour la première fois depuis 1993, on était arrivé à négocier une réorganisation sans conflit. Mes services avaient fait des analyses sur ces sociétés, la commission des marchés en a décidé autrement. Il faudra savoir pourquoi. »

Une déclaration bien étrange. Car si un pacte a été scellé avant la délibération, pourquoi, dans ce cas, perdre du temps à lancer un appel d'offres ? Peut-être, tout simplement, parce qu'un tel pacte aurait des fondements illégaux.

Les réactions politiques à la grève aiguisent ma curiosité. Depuis Paris, je passe deux coups de fil à un spécialiste de la gestion des déchets et à ma source proche du maire Jean-Claude Gaudin. Répondeur. Deux heures plus tard, le riff des Rolling Stones qui me sert de sonnerie de téléphone retentit dans la rédaction de Bakchich.

– Monsieur Monnier, regardez de qui Rouzaud est l'ami, qui trempe dans les déchets. C'est encore et toujours Monsieur Frère...

Le numéro est masqué, l'accent rocailleux, la voix familière. C'est celle de ma source si proche du maire Jean-Claude Gaudin.

Peu après, je reçois un deuxième appel. Cette fois, le numéro qui s'affiche est préenregistré dans mon portable. Au bout du fil, mon interlocuteur me confirme le rendez-vous que nous avons fixé à Paris. Je souhaite connaître l'avis de ce jeune retraité de la vie politique reconverti dans les déchets.

– Tu te rappelles de la magouille à la commission des appels d'offres en juin dernier ? Eh bien, ils ont tenté de refaire le même coup en opérant de la même façon. Ils ont annulé un appel d'offres pour faire passer leur candidat en force.

– Qui ça ?

– Les Guérini.

En juin 2009, cette même source m'avait transmis par la poste différents documents, notamment des délibérations de la commission d'appels d'offres accompagnées de l'analyse formulée par les services techniques. L'entreprise Bronzo n'avait pas obtenu le marché concernant le tri sélectif des déchets. Le président de la Communauté urbaine avait purement et simplement annulé l'appel d'offres.

– Ils ont fait pareil je te dis !

Voilà des années qu'on susurre le nom des Guérini autour des histoires de poubelles. Diverses sources en parlent sans rien avancer de vraiment précis. C'est toujours une première piste, même si elle est peu glamour : une magouille technique dans une commission d'appels d'offres. Membre du conseil fédéral du PS, directeur officieux de la campagne municipale de son frère Jean-Noël en 2008, longtemps chargé des adhésions au Parti socialiste, Alexandre Guérini n'a jamais pipé mot auprès d'un journaliste. Je me lance un défi : retrouver ce frère fantôme et le faire parler. Commence alors un amusant jeu de piste.

– Allô, je suis bien au siège de la fédé' des Bouches-du-Rhône ? Je cherche à joindre Alexandre Guérini...

Léger balbutiement à l'autre bout du combiné.

– Euh... on ne le connaît pas. Pourquoi cherchez-vous à le joindre ?

– C'est à propos de la grève des poubelles. Je prépare un article pour Bakchich...

– Attendez, je vous donne le numéro de Benoît Payan.

Secrétaire chargé de la jeunesse, le jeune homme ne semble pas plus assuré.

– Euh... désolé... je ne sais pas comment le joindre ni même si j'ai ses coordonnées.

Un même tremblement dans la voix. Difficile de résister au malin plaisir de prolonger le supplice.

– Pardonnez-moi mais M. Guérini est le frère du président du conseil général, il est membre du bureau fédéral et a été chargé de la commission des adhésions. Je serais étonné que vous ne sachiez pas comment le joindre.

Un faible souffle.

– Euh... non... mais... c'est-à-dire que...

– ... que vous ne *pouvez pas* ou que vous ne *voulez pas* me donner son numéro ?

– Euuhh...

– Ce n'est pas bien grave, je le joindrai autrement.

Avant de lâcher une dernière perfidie.

– À bientôt !

Le métier de journaliste recèle de menus délices.

Phase n° 2. Si la porte de la politique ne permet pas de débusquer le croque-mitaine, essayons celle de son placard.

– Allô, je suis bien à la société SMA ? Je souhaiterais parler à Alexandre Guérini. Il est bien votre président ?

Une énième fois, la réponse s'avère flageolante.

– Euuh... oui... mais... pourquoi voulez-vous lui parler ?

– C'est à propos de la grève de Bronzo. Je prépare un article.

Nouveau vacillement téléphonique.

– Il n'est pas là pour le moment. Je vous laisse le numéro de son adjoint, M. Rapezzi.

La traque continue. Un numéro de portable, pour un journaliste, c'est comme une empreinte encore chaude pour un chasseur.

– Allô, Monsieur Rapezzi ? Je suis journaliste et je voudrais parler à Alexandre Guérini. On m'a dit qu'il fallait vous appeler pour ça...

– Hein ! Et qui vous l'a dit ? Comment avez-vous eu mon numéro ?

Il a l'air sur la défensive, ce garçon. Ne pas lâcher.

– C'est une secrétaire de la SMA.

– Vous préparez un article ?

– Oui.

– Envoyez un fax, on vous recontactera.

Et merde ! L'esquive éculée du fax. D'ordinaire, c'est un mur infranchissable sur lequel toutes les requêtes d'interview viennent s'abîmer. Au moins cela permet-il d'arguer de sa bonne foi devant un tribunal, si nécessaire. Alors va pour le fax.

Vingt-quatre heures plus tard, un numéro s'affiche sur mon portable, identifiable mais non répertorié. Je décroche nonchalamment, dans le brouhaha de la rédaction.

– C'est Alexandre Guérini…

Coup de poing sur la table pour faire cesser le chahut.

– … vous avez cherché à me joindre ?

Un sourire. Inspiration. Expiration. Concentration. Adrénaline. Il y a une « exclu » à la clé.

– Oui, j'écris sur Marseille dans un journal basé à Paris, Bakchich. Vous connaissez ?

– Oui, j'en ai entendu parler. Vous me voulez quoi ?

– Je prépare un article sur la grève des poubelles. Certains disent que c'est vous qui êtes derrière…

– Ah les enculés ! C'est n'importe quoi ! Mais pourquoi les gens colportent de telles méchancetés ?

– Vous êtes bien un spécialiste des déchets ? Est-ce que vous connaissez Antoine Rouzaud et Éric Pascal ?

– Ça fait trente ans que je suis dans les poubelles et que je me lève le cul chaque jour pour gagner ma croûte contre les grosses entreprises. Et là, on vient m'emmerder ! Évidemment que je connais Antoine, c'est un ami ! Et Éric aussi. Je l'ai aidé à lancer sa boîte.

– Mais alors pourquoi dit-on que vous êtes derrière la grève ?

– Parce que je suis un petit, qu'on essaie de m'écraser, qu'on veut atteindre mon frère à travers moi. Mais je m'en branle ! Écoutez : venez à Marseille, on se voit, je vous expliquerai tout...

– OK. Quand ça ?

– Vendredi prochain à 8 h 30. On se retrouve au Quick de Plombières.

Raconter ça dans la prochaine parution de Bakchich ou retarder l'échéance ? Dilemme vite tranché. Alex a parlé ! Cela fera une exclu opportune autour du papier sur la grève des poubelles. Et tant pis si notre rendez-vous risque de s'en trouver un peu plus agité. En titre : « Marseille sur un air de "Gomorra". » Une référence facile au livre génial de Roberto Saviano qui décrit, entre autres, la mainmise de la Camorra sur le business des ordures napolitaines. En illustration, un dessin de Jean-Noël affalé sur un trône d'ordures.

Le 9 novembre 2009, la ville est à bout de nerfs après dix jours de crise. Un livre vole dans l'hémicycle de la Communauté urbaine. Eugène Caselli vient de jeter à terre un exemplaire de *Gomorra* que Renaud Muselier, perfide, lui a offert. Le premier vice-président entendait, par ce geste, conclure symboliquement le violent discours dans lequel il fustigeait le renoncement d'Eugène Caselli devant la grève, concluant son laïus d'un vibrant : « Marseille, ce n'est pas Naples ! »

– Je l'ai lu avant vous ! lui a rétorqué le président de la Communauté urbaine.

À mots à peine couverts, Renaud Muselier visait les frères Guérini. Ambiance. Écrit deux jours plus tôt, mon article ne sortira que le 11 novembre. « Muso » m'a grillé. Pas sûr qu'Alex Guérini se montre des plus accueillants vendredi prochain. Un vendredi 13.

8.

Nom de code : dossier Guernica

Un coup de flair. Un coup de bol aussi. Une journée comme un rêve de journaliste. Ce 13 novembre 2009, il est 20 heures quand j'estime que l'information m'a été suffisamment confirmée. Cinq rendez-vous successifs, tous fructueux, auront été nécessaires auprès de sources qu'il m'a fallu débusquer avant de les essorer jusqu'à tenter de deviner dans leurs non-dits, leurs sourires ou leurs airs entendus, à travers leurs coups de gueule parfois, ce qui se trame au juste. Une enquête pour diverses malversations commises dans le cadre de marchés publics vise les deux frères Guérini. L'instruction est conduite par le juge Duchaine. Une belle journée d'automne s'achève. Dans l'appartement familial, je repose le téléphone avant d'avaler une gorgée de mauresque (pastis et sirop d'orgeat), un sourire en coin. Ce même sourire qui inquiète toujours ma maman quand elle voit son « petit » renifler avec appétit le fumet des affaires marseillaises.

Petite précaution d'usage : avant ma descente à Marseille, j'avais informé ma source dans l'entourage de Gaudin de mon rendez-vous.

– Vous devez rencontrer Alexandre Guérini à quelle heure ?

– À 8 h 30.

– Alors on se voit à 7 h 30 en bas des marches de la gare Saint-Charles.

La promesse d'une journée sous perfusion de café...

Vendredi 13 novembre 2009, quasiment à l'heure du laitier, dégun sur les marches de Saint-Charles. Après dix années de travaux, la gare a enfin achevé sa mue, pourtant invisible depuis le boulevard d'Athènes. Pour admirer la nouvelle gare, mieux vaut passer par la porte d'Aix, cernée par les travaux du nouveau tunnel et par l'érection d'Euromed, le plus grand chantier d'Europe – comme le vantent les communicants. Les voitures se traînent. Les gyrophares d'un camion poubelle colorent un peu l'aurore grise. J'ai vite fait de trouver une place où me garer. Dix minutes à tuer avant le rendez-vous. J'envoie un texto identique à cinq destinataires influents, comme une bouteille à la mer : « Je suis à Marseille aujourd'hui. On peut se croiser ? » Je les préviens un peu tard, il y a peu de chances qu'ils se signalent dans les vingt-quatre heures.

Ma source arrive pile à l'heure, à 7 h 30. Le soleil n'a pas encore fait son apparition. Des baies vitrées longent ce bar d'angle au carrelage blanc et aux chaises en plastique. L'établissement est vide.

– Il faut que je vous prévienne. Vous le voyez où ?

– À sa société.

– À Plombières ? Dans son bunker ? Vous comprenez, Alexandre, c'est un gars charismatique, sympa. Une grande gueule à la Tapie, énergique, qui sait charmer les gens. Je me demande bien pourquoi il a accepté de vous voir. Il va vous tutoyer tout de suite, vous la faire à l'ancienne...

Au moins, avec ma source, la question du vouvoiement ne s'est jamais posée. Distanciation agréable.

– ... mais ne vous trompez pas sur une chose : Alexandre, c'est un gars compétent, un bûcheur, mais il a franchi la ligne jaune. Il fraie avec des voyous, donc méfiance !

Message reçu. Un petit brief sur les différentes accusations qui pèsent sur Alexandre. Les directeurs administratifs de la Communauté urbaine – qu'il aurait fait nommer et qu'il influencerait –, ses relations avec le président de la CUM, Eugène Caselli... Les noms s'égrènent. Michel Karabadjakian, directeur de la propreté; Jean-Pierre Roncin, directeur des transports; Antoine Rouzaud, vice-président de la CUM délégué à la gestion des déchets; la « grande gueule » de RMC Karim Zéribi, élu de la CUM devenu président de la Régie des transports marseillais (RTM)...

– Et laissez votre portable allumé ! S'il y a un problème, on vient vous chercher. Envoyez-moi un message quand c'est fini.

Le rendez-vous dure une trentaine de minutes. Sans fumer, à cette heure-ci de la matinée, ça me semble une éternité. Je grille deux cigarettes avant de démarrer. La Twingo familiale s'ébranle, brave fille. Elle permet de se faufiler, de se garer facilement et de ne pas attirer l'attention. L'immatriculation est au nom de ma mère. Cinq minutes me suffisent pour me « tanquer » sur le parking du fast-food. Pas d'Alexandre en vue. D'ailleurs, je ne sais pas à quoi il ressemble : aucune photo de lui n'est disponible sur Internet. Une nouvelle clope hors de la voiture. Je l'appelle.

– Allô, vous êtes où ?

– Tourne-toi. Encore... encore... voilà !

J'aperçois un homme brun au volant d'un 4x4 Mercedes. Le visage est énergique et avenant. Les traits sont moins ronds que ceux de Jean-Noël mais aucune possibilité de le renier. « Monsieur Frère » ne sort pas du véhicule. Une poignée de main suivie d'un ordre :

– Suis-moi !

Course vers la Twingo tandis qu'Alex démarre en trombe, dissimulé derrière ses vitres teintées. Cinq minutes de promenade sur une deux voies étriquée en marge desquelles des voitures chevauchent le trottoir. Un espace réduit pour circuler à double sens mais qui porte tout de même l'appellation de boulevard. Dans la ville, le mot « rue » a quasiment été banni. Voies à sens unique, chemins escarpés, tout est baptisé « boulevard » ou « avenue ». Du sens de l'exagération local.

Un portail en fer bleu hérissé de pics s'ouvre devant nous au 58, boulevard de Villecroze, juste à l'entrée d'un virage. Des barbelés décorent les grands murs blancs qui ceignent le bâtiment central, surmonté d'une tour. Bienvenue à Sud Marseille Assainissement (SMA) ! J'ai à nouveau envie d'en griller une. Pas le temps. Sitôt sa portière claquée, Alexandre Guérini m'invite à pénétrer dans le bâtiment. Tout est propre, éclairé, bien rangé. Monsieur Frère salue le personnel à l'accueil avant de gravir quatre à quatre l'escalier qui mène à son bureau. Une main se pose sur mon épaule.

– Tu sais, ton article, il a fait beaucoup de mal… beaucoup de mal !

C'est Éric Pascal, le gérant de Queyras, la société de gestion de déchets.

– Alex veut te l'expliquer parce qu'il t'aime bien, poursuit-il. Il ne parle jamais aux journalistes. Allez viens, on y va.

Je sens monter une légère appréhension au fur et à mesure que je gravis les marches. Je n'en suis pas à revoir ma vie défiler mais je devine que je vais passer un long moment face à une grande gueule et qu'il va me falloir tenir bon. Le bureau est vaste mais simplement agencé. Des photos de la Corse, de son frère, de sa famille. Dans un coin s'entassent des dossiers. Du côté opposé, trois fauteuils, une table basse et une machine à café.

– Un expresso ?

– Avec plaisir !

Alexandre Guérini, fort urbain, me le sert lui-même. L'entretien commence.

– Ce sont des salopes qui vous ont raconté ça ! Jamais je n'ai fait de collecte. Jamais je ne suis intervenu. Vous n'avez pas bossé, je déteste Veolia et Bronzo !

Le verbe est chantant, l'accent résonne. C'est une discussion virile, sans que jamais la moindre menace physique se fasse sentir. Surtout, continuer de le regarder dans les yeux. Tenir ma place dans ce duel feutré.

– Ces gars-là ont tout fait pour nous couler. Parce que nous ne sommes pas comme eux : on s'est faits tout seuls. Minot ! On s'est faits comme toi avec ton journal, on n'est pas de leur monde. Partout où on traite les déchets, les prix baissent. Alors évidemment, ils essaient de nous couper la tête.

Le ton est ferme. Sincère ? Peut-être bien, après tout.

– Un autre café ?

– Ok.

Pause. Reprendre mes esprits, le stylo encore en main. Rebondir.

– Mais alors, cette grève chez Bronzo ?

– Ils ont eu raison de partir en grève. Je défendrai toujours les éboueurs parce que ce sont des gars qui bossent, qui triment, mais qu'on ne peut pas laisser comme ça. Ils allaient perdre leurs conditions de travail. Je serai toujours de leur côté. Pourquoi la commission d'appels d'offres n'a-t-elle pas suivi l'analyse de ses services techniques, qui avaient donné Bronzo vainqueur ? Hein, pourquoi ? Caselli a eu raison d'annuler le marché, c'était la voix de la sagesse. Si Antoine avait pu venir, il t'aurait expliqué ça mieux que moi.

Une piste. Antoine Rouzaud aurait dû être là.

– Justement, M. Rouzaud a fait une déclaration étrange selon laquelle tout semblait s'être arrangé avec les entreprises avant même le vote de la commission d'appels d'offres...

– Non, non, c'est pas ça du tout.

– Mais alors, cette grève ?

– Écoute, minot, ils m'ont tout fait, tout ! Des contrôles fiscaux, des menaces à mes clients... Ils n'ont rien trouvé, c'est tout ce que j'ai à dire. Ces rumeurs-là, c'est une construction politique. Si tu enquêtes, tu verras que ce n'est pas mon frère qui gère les poubelles, c'est quelqu'un d'autre. Mais moi, je ne suis pas une balance.

Et qu'en est-il des rumeurs sur son influence à la Communauté urbaine, au parti socialiste local, au conseil général ?

– Évidemment que je les ai tout le temps au téléphone ! Karabadjakian, Roncin et même Lafont. Je les connais mais ce n'est pas pour mon business. C'est pour qu'ils se défoncent pour que Marseille soit propre. À la fédé', c'est pareil, c'est des cons. Mennucci, il est con comme une bite mais je l'aime bien, même s'il parle trop et qu'il nous critique, mon frère et moi. Quand je peux aider les gens, je le fais. Si un colleur d'affiches peut devenir un élu, alors je m'y emploie. Évidemment, à Paris, ils parlent de clientélisme. Mais ils font pareil.

Pas faux.

– Écoute, bosse, écris ce que tu veux sur moi mais laisse mon frère tranquille. Tu l'as meurtri avec ton article, tu ne te rends pas compte de la force de la plume. Sur la vie de ma fille, c'est quelqu'un de profondément honnête !

Entre Méditerranéens, jurer fait mouche. Parce que cela fait référence à l'honneur, cette valeur désuète qui en a encore une à nos yeux. « Ici, l'honneur est capital », a joliment écrit Jean-Claude Izzo, le romancier marseillais auteur de la trilogie Fabio Montale. « T'as pas d'honneur était la plus grave insulte. » Fin de l'entretien. Ah non, encore une dernière salve.

– Écoute petit, dans six ans, moi, j'arrête tout. Et on fait un livre ensemble, promis !

Il est 11 heures. Sur le parking de la SMA, mon téléphone affiche trois messages. Certains de mes textos du matin ont obtenu une réponse. C'est le signe d'une certaine tension. Une mèche attend l'étincelle. Ma prochaine étape sera le palais de justice, rue Joseph-Autran, en plein centre-ville.

– Alors, vous avez vu Alexandre Guérini ? C'est un voyou ? s'enquiert le magistrat que je suis venu rencontrer.

Les nouvelles vont vite.

– Non. Une grande gueule, certes, mais un voyou, je ne crois pas. Enfin je ne sais pas...

La conversation dévie lentement. Je tente ma chance.

– Vous menez une enquête sur la grève des poubelles, les Guérini, les marchés publics ?

– Je ne peux pas vous le dire.

Léger blocage. Mais pas question de repartir les mains vides.

– Quoi de neuf sinon, sur le grand banditisme, la Corse, les affaires ?

– Vous avez vu ? On a coincé des types qui faisaient du « go-fast » avec Barcelone.

Une équipe de trafiquants convoyant de la drogue entre l'Espagne et Marseille à bord de grosses cylindrées vient d'être arrêtée. Va pour une longue description de la traque, du cours de la dope, des méthodes employées. Puis je le relance.

– Et sur l'affaire de corruption lancée par une lettre anonyme autour du club de foot d'Arles-Avignon ?

– Oh vous savez, ça suit son cours. C'est bien pratique, les lettres anonymes. Si elles sont circonstanciées, ça permet d'ouvrir une enquête préliminaire, de rester discrets et de mettre des gens sur écoutes…

Il est maintenant 13 heures. Il fait chaud, je frise la fringale mais j'ai un sursaut. Deux neurones se connectent.

– Et sur les poubelles alors, rien ?

Un sourire. Son œil pétille. Le magistrat se redresse.

– Il y a bien quelque chose mais je ne peux pas vous en parler. Vous remontez quand à Paris ?

– Demain.

Une poignée de main.

– Je pense que vous reviendrez vite.

Une enquête est ouverte, assurément. Est-ce une simple enquête préliminaire ou une véritable information judiciaire ? Les Guérini seront-ils poursuivis ? Avant de phosphorer, je dois d'abord trouver à manger. Et préciser cette intuition avant de pouvoir être certain de ce qui m'a été susurré. Vite, vérifier l'info, qui n'en est pas encore une.

J'opte pour un café sur le cours d'Estienne-d'Orves. Grand soleil. Repos factice. La tension du scoop m'anime au moment de prendre place. Les deux compères attablés avec moi, Pierre-Louis et Pierre, m'observent, tentant différentes approches. Ils m'ont proposé de boire un verre pour discuter de l'actualité. Une mauresque, un sourire. Plutôt que d'attendre leurs questions, je les prends de vitesse.

– Alors, vous avez du neuf ?

Rien. Pierre-Louis bosse sur un bouquin. Pierre a lancé le site Internet Marsactu. Ce ne sont pas des fureteurs de terrain. Plutôt des mondains qui savent tout des rumeurs circulant dans la ville.

– Ce n'est pas possible que ça ne bouge pas après cette grève et qu'aucune enquête ne soit lancée ! s'agace un nouveau venu, un élu qui passait par là et qui s'assied à notre table avant de me dévisager.

– Putain ! C'est vrai que t'as vu Alex ce matin ?

Marseille, ce village.

– Oui.

– Tu ne veux pas qu'on se mette à l'intérieur ? T'as un point rouge sur la tête, s'amuse-t-il.

Les Marseillais adorent jouer à se faire peur. Quand un second élu s'arrête, toute la tablée est présentée, sauf moi.

– Désolé, mais si je dis que j'ai bu un coup avec le mec qui a vu Alex, dans cinq minutes toute la fédé' sera au courant.

Alexandre Guérini, le croque-mitaine des poubelles...

– Un gars plutôt sympa, comme je leur résume.

Cette rencontre avec Pierre-Louis, Pierre et l'élu ne m'apporte rien de tangible. Tout juste ai-je obtenu le numéro de téléphone d'une nouvelle source, qui s'annonce fuyante.

Heureusement, mon prochain rendez-vous se profile. Direction le conseil général, à la lisière nord de la ville. Il est 17 heures, un créneau infernal à Marseille, surtout un vendredi. Le mouvement pendulaire s'opère. Pendant que les Marseillais partent en week-end, les travailleurs exilés à Aix regagnent Marseille. La sortie des bureaux bloque les artères. Sur la Canebière, la rue de la République, les Cinq-Avenues, le Jarret (surnom du boulevard Sakakini), un interminable embouteillage. Je risque de dépasser le quart d'heure réglementaire de retard. « Je vous attends », me rassure mon rendez-vous au téléphone. Déjà 18 heures. Plus question de finasser. À Saint-Just, j'aperçois un semblant de place. Aucun marquage au sol, un panneau d'interdiction un peu plus loin. Poser en évidence sur le pare-brise un vieux ticket de parking puis serrer le frein à main.

– Je suis là.

– Montez.

Le « Vaisseau bleu », surnom de l'hôtel du département, m'évoque de vagues souvenirs. Une remise de récompense pour le club de handball, quinze ans plus tôt. Un concert de Mano Solo avec ma tante, à peu près à la même époque. La seule porte d'accès passe par la rampe des handicapés. Coincés dans leur guérite, les cerbères habituels ont baissé la garde. Les hôtesses d'accueil, pressées de s'en aller, m'indiquent vaguement l'étage où me diriger.

Une légère odeur de tabac m'accueille. Bureau fumeur, une habitude méridionale.

– Alors cher ami, qu'est-ce qui vous amène ?

Considérations politiques, procès en cours, rivalités et menues lâchetés au sein du groupe socialiste du conseil général, tout est passé en revue.

– Franchement, on est bien peu de chose. Quand on voit qu'ils sont prêts à vendre leur âme, leur vote, pour une voiture de fonction ou des places au Vélodrome !

Certes. Plus le temps de louvoyer, la question sera directe.

– Alors, il y a une enquête ?

Son visage affiche un rictus amusé. Le vieux loup jauge le jeune journaleux un peu sauvage et franchement inconscient.

– Peut-être bien, répond-il, malicieux

– Ah bon ?

– Je dois y aller. Je pense que vous reviendrez bientôt.

L'envie ne me manque pas, le temps si. Pas question de laisser passer l'occasion.

– Alors ?

– Un juge médiatique l'a entre les mains, me lance-t-il sur le ton de la devinette.

– C'est Charles ?

– Je ne me permettrais pas d'appeler un magistrat par son prénom, conclut ma source.

Charles Duchaine, le juge que j'ai rencontré à peine un mois auparavant. Ne reste plus qu'une vérification. La toute dernière.

La journée a été fructueuse. J'envoie le message alors que je me trouve devant la station Saint-Just-Hôtel du département. Je n'avais jamais emprunté cette bouche de métro qui atterrit dans les sous-sols du Vaisseau bleu.

– Duduche a un dossier sur les frères G... ?

Direct et sans fioritures. Pas de réponse. Je m'impatiente. Si la saisine d'un juge était confirmée, l'affaire serait énorme. Le patronyme Guérini résonne dans tout Marseille. Du sortir de la Seconde Guerre mondiale aux années 1970, Antoine et Mémé Guérini ont mis le milieu en coupe réglée, avec la bénédiction de Gaston Defferre. Originaires du village corse de Calenzana, ils n'ont aucun lien de parenté avec Alexandre et Jean-Noël. Mais médiatiquement parlant, le nom est familier. Et les deux autres frères, eux aussi natifs de Calenzana, occupent une place de choix sur l'échiquier politique de la deuxième ville de France.

De retour dans la Twingo, je passe un nouveau coup de fil. Répondeur. Ma source à la Juridiction interrégionale spécialisée (JIRS), où travaille le juge Duchaine, est injoignable. Trop-plein de café, afflux d'adrénaline, mes mains tremblent un peu. Une clope avant de démarrer. Contre qui joue l'OM ce week-end ? Je n'ai même pas pris le temps d'acheter *L'Équipe* ou *La Provence* ni de regarder mes mails. La voiture s'ébranle doucement avant de passer devant le restaurant corse – l'une des cantines des employés du conseil général –, coincé entre un rond-point et le parking de la RTM. Légère côte vers le début du Jarret. À gauche, 13 Habitat, l'organisme HLM du conseil général. À droite, l'hôtel du département. Deux budgets faramineux. Les deux mamelles nourricières de la ville en logements, emplois non qualifiés, marchés publics… Deux gamelles pour qui entend amasser les voix. Mon portable est déchargé. Une fois rentré, je rappelle depuis le téléphone fixe de la maison. Cette fois, mon interlocuteur décroche.

– Désolé Monsieur Monnier, j'étais au tribunal toute la journée.

– J'imagine que vous avez d'autres priorités, merci de me répondre si tard un vendredi. Mais alors dites-moi, ce dossier sur les frères, c'est bien Duchaine qui l'a ?

– Comment êtes-vous au courant ?

Le ton témoigne d'un léger agacement.

– … Je ne sais pas qui est votre informateur mais c'est vrai. Il y a plusieurs dossiers liés aux frères Guérini. Mais on n'en est qu'au début de l'enquête.

Banco.

– C'est bien noté. Par correction, je vous signale que mon article sortira mercredi.

Bougonnement final. Tout comme les services de police, les magistrats n'aiment pas que la presse vienne perturber leur agenda.

Esquissant un sourire devant une mauresque, je procède à un rapide flash-back de ma journée. Le parquet évoque des lettres anonymes. La JIRS confirme l'ouverture d'une information judiciaire ainsi que la saisine du juge Duchaine. Les politiques anticipent un raz-de-marée imminent. À propos de lettre anonyme, j'en ai reçu une il y a peu. Une missive circonstanciée qui évoquait les Guérini.

Un titre me vient à l'esprit : « La chute de la Maison Guérini. » J'ai un peu l'impression d'écrire un polar, de revivre les romans de Jean-Claude Izzo, cet écrivain marseillais tout à la fois las et fasciné face aux turpitudes de sa ville mais trop amoureux d'elle pour la condamner.

– On l'a connu, m'a un jour glissé ma mère. Il est mort à la clinique.

– Et il était comment ?

– Tu sais, en phase terminale, on n'a pas vraiment l'occasion de connaître les gens…

Cancer. Un mal qui ronge lentement le corps. *Total Khéops*, *Solea*, *Chourmo*, les romans d'Izzo dépeignent les maux qui rongent ma ville. Corruption, clientélisme, racisme, violence, collusions entre flics, politiques, voyous, banquiers… Jusqu'à la caricature ? Je les ai lus sur le tard, puis relus à plusieurs reprises bien après avoir commencé à exercer le métier de journaliste. Longtemps après avoir mis le nez dans la tambouille des affaires marseillaises.

Je contacte la rédaction, qui s'étonne de ce scoop obtenu en seulement vingt-quatre heures. Le titre barre la une de *Bakchich Hebdo* daté du 18 novembre 2009. Des affichettes pullulent sur les kiosques marseillais. Le matin même de la sortie, la gendarmerie perquisitionne les entreprises et domiciles d'Alexandre Guérini, absent.

– Je pars au Brésil, m'avait-il confié.

La veille, l'information a fait l'ouverture du jité de France 3, avec référence à notre hebdomadaire.

Les gendarmes de la section de recherche perquisitionnent tous azimuts : Communauté urbaine de Marseille, conseil général, société et domicile d'Alexandre Guérini... Sous la conduite du juge Duchaine, ils enquêtent sur divers délits présumés : atteinte à la liberté des marchés, trafic d'influence, favoritisme, détournement de fonds publics. En résumé, ils s'intéressent à la mainmise des Guérini sur tout un pan des marchés publics du département. L'agenda des perquisitions s'égrène dans les médias. *Bakchich Hebdo* a fait sauter le bouchon, tout en se faisant au passage un nom à Marseille. Cité par les confrères, contacté par de nouvelles sources, sondé par les plus anciennes... Cette notoriété fraîchement acquise favorise les rumeurs. « L'ami du juge et d'Alexandre » : mes contacts les plus fiables m'ont affublé de ce nouveau surnom, persuadés que Charles Duchaine est mon informateur.

Alexandre Guérini, lui, m'assure que Renaud Muselier est à l'origine de l'enquête. Les amis de celui-ci me signifieront un jour que j'ai bousculé leur agenda et celui des gendarmes en révélant l'existence d'une information judiciaire. Les pièces de la procédure confirment d'ailleurs que mon enquête a précipité leur intervention de quinze jours. J'apprendrai qu'à l'origine la fuite dont j'ai bénéficié ne m'était pas destinée. Le dossier était promis à un journaliste plus chevronné, mais surtout plus proche de leurs intérêts et sans doute plus enclin à se conformer à leur calendrier.

– Nous n'avions pas de moyen de vous joindre pour vous demander de décaler la sortie de votre papier. Et puis nous avions peur que vous n'ébruitiez notre éventuelle prise de contact...

Une crainte justifiée.

Je me laisse porter par cette ambiance, abreuvé quasiment heure par heure par mes diverses sources et jouissant d'un accès privilégié à la cible des investigations, Alexandre Guérini. Pendant plusieurs mois, la justice se cantonne à perquisitionner, auditionner, saisir des ordinateurs et des biens, sans la moindre garde à vue ni mise en examen. La technique permet de limiter les fuites. Aucun avocat n'a encore accès au dossier. Alexandre retourne tous mes appels, répond à mes textos et accepte mes propositions de rendez-vous à chacun de mes passages à Marseille. Le croque-mitaine des ordures et de la politique marseillaise est loin de m'être antipathique.

Notre première rencontre après la révélation de l'enquête qui le vise se tient dans une institution où je n'ai encore jamais mis les pieds. Le Cercle des nageurs de Marseille trône sur un ponton près de la Méditerranée, là où commence la corniche Kennedy et où s'achève le port. Le lieu surplombe la plage des Catalans, toisant le quartier où se nouent romances, intrigues et vengeances depuis la nuit des temps, bien avant qu'Alexandre Dumas n'en fasse le berceau de son *Comte de Monte-Cristo*. Du « Cercle », l'horizon embrasse la grande bleue. À l'est, le port autonome. À l'ouest, le château d'If. Au loin, la Corse. À terre, au pied des quartiers cossus, de grandes barres HLM. Vue imprenable, boîtes aux lettres improbables. Une fille de Bernard Barresi, légende du milieu marseillais, y côtoie la veuve d'un grand flic, Nguyen Van Loc, alias « le Chinois ». La famille Guérini a grandi dans le quartier. Alexandre y occupe encore le logement de leur père, Antoine, simple homonyme de l'ancien parrain de la ville.

À droite en entrant, les piscines laissent planer une odeur de javel qui se fond dans celle des embruns. Une génération exceptionnelle de nageurs a ripoliné la notoriété internationale des lieux. Les paillettes de Laure Manaudou, néo-Marseillaise, y ont également contribué. L'égérie du club est aussi la compagne de Fred Bousquet, champion d'Europe du 50 mètres nage libre, un temps recordman du monde. Multiple champion de France, le club de water-polo a assuré le lustre des lieux en attendant leur éclosion. Sous l'égide notamment d'Armand Mikaelian, un entraîneur à ce point réputé qu'Alexandre Guérini l'a recruté comme coach personnel avant de le caser, en 2008, dans le cabinet d'Eugène Caselli. La Communauté urbaine se trouve à trois cents mètres seulement du Cercle.

Pour nager (bien) ou s'y restaurer (mal), il faut montrer patte blanche : outre le parrainage de deux membres distincts, le ticket d'entrée revient à 1 800 euros de droit d'admission auxquels il faut encore ajouter 1 300 euros de cotisation annuelle. Le gratin marseillais – sa bourgeoisie, sa franc-maçonnerie, ses voyous, ses flics, ses politiques… – s'y presse. C'est une vitrine où il est bon de se montrer.

Cheveux hirsutes, mal rasé, blouson en cuir, jean usé sur baskets fatiguées, je n'affiche pas franchement le style de la maison.

– C'est pour quoi ? Vous faites quoi ? C'est un club privé ici vous savez…

Le prénom que j'invoque suffira à m'en faire ouvrir l'accès, gardé par des cerbères en slip de bain moule-bite et claquettes.

– Je viens voir Alexandre.

À présent au garde-à-vous, l'un des hommes en slip bafouille.

– Monsieur Alexandre ? Oui, je crois qu'il est en haut…

Pas besoin de prononcer son nom, Alex nage au Cercle depuis des années. Les gens se pressent à sa table, même après les perquisitions qui l'ont visé. Et lui de sourire, en présentant son convive.

– Tiens, je te présente Xavier, le journaliste de Bakchich qui a sorti mon affaire. Au fait, il t'a plus mon Lonzo ? Il était bon, hein ?

Discussion entre connaisseurs de charcuterie insulaire. Son interlocuteur a un nom qui fleure bon le myrte : Paul Leccia. Président du Cercle, c'est un ami d'Alex.

– Ça va quand même, les soucis ? s'inquiète Leccia.

– Oui, pas de problème. On se bat, hein ! le rassure Alex.

Une tape amicale dans le dos. Monsieur Frère parade, il est chez lui. Il se lève pour me servir le café, s'enquiert de mon appétit.

– Tu crois que ma mère, marseillaise, m'aurait laissé sortir sans avoir mangé ?

– Ah oui, c'est vrai que t'es d'ici, minot !

La conversation débute sur des futilités.

– Tu vois, pour oublier les soucis, y a rien de mieux que nager. Je viens de faire deux kilomètres en cinquante-trois minutes. Pas mal, hein ? Tu devrais t'y mettre.

Alexandre Guérini qui me conseille de m'entraîner à nager ! Quand on sait qu'aux importuns on promet qu'ils termineront au fond du port, l'anecdote me fait encore sourire.

– Alors, vous avez besoin d'argent pour ton journal ? On m'a dit que vous aviez des soucis financiers...

Alex s'est renseigné. Effectivement, Bakchich vient d'être placé en redressement judiciaire.

– Vous avez besoin de combien ?

– Trois cent mille euros.

– Ah ouais, quand même !

– Un journal coûte cher. L'indépendance également.

– T'as raison. C'est bien, ce que vous faites.

La rumeur se répandra à Marseille qu'Alexandre cherche à nous racheter – après celle qui prétendait que Patrick Mennucci, maire socialiste du premier secteur et élu communautaire à la CUM, nous finançait.

– Ce ragot à propos de Mennucci qui vous paie, je n'y ai jamais cru ! Il a des oursins dans les poches.

Son ton badin n'empêche pas l'interrogatoire de poindre.

– Alors, qui c'est qui t'a rencardé ? C'est important pour moi de savoir d'où ça vient.

C'est tout un art de louvoyer sans rompre le contact. Donner une source ne se fait pas. En perdre une aussi précieuse qu'Alex, non plus.

– C'est venu de partout Alex. Mais ni de Mennucci ni de Muselier. Je ne les ai jamais vus de ma vie.

– Je sais qu'il y a Muselier et Fauchon derrière tout ça ! Je vais leur mettre mon poing dans la gueule.

Un lion en cage. Le cadet des Guérini bouillonne.

– Tout ça pour atteindre Jean-Noël ! C'est dégueulasse.

De lointains témoins m'ont prévenu que le « roi des ordures marseillaises » vivait mal l'enquête. Son discours le confirme.

– Pourquoi tu crois qu'il ne me convoque pas s'il a quelque chose contre moi ? Pourquoi il ne m'arrête pas si je suis coupable de quoi que ce soit ?

Dans ces phrases qu'il mouline en boucle, un soupçon de fanfaronnade et d'incompréhension et beaucoup de questions lancées vers moi.

– Je n'en sais rien.

Pieux mensonge. En fait, le juge Duchaine joue avec Alexandre. Le magistrat attend de voir ce que les gendarmes ont ramené dans leurs filets lors des perquisitions avant d'aller plus loin. En attendant, il sonde la réaction de sa cible.

– De toute façon, quand je le verrai, je lui dirai qu'il n'a pas assez bossé, que ce n'est pas moi qu'il faut venir chercher. Tu vois, depuis que je n'appelle plus personne à la Communauté urbaine, les rues de Marseille sont plus sales.

Alexandre Guérini se sent investi d'une mission. Nettoyer Marseille afin que son frère puisse enfin en être élu maire. Il n'a ni mandat ni rôle officiel. Seulement un nom et des interlocuteurs au plus haut niveau. À l'instar d'Henri Proglio, le président de Veolia, « un homme comme on en voit peu », dit-il. Ou encore de Jean-Luc Chaussade, de Suez Environnement, qui a pris langue avec lui.

– Oui, je l'ai rencontré. Mais les liens ne sont pas les mêmes qu'avec Proglio, que j'ai rencontré pour la première fois en 1989.

Fin de la parade.

Au lendemain de Noël 2009, la rumeur d'une nouvelle perquisition fait le tour de la ville. Je me contente d'un simple coup de fil depuis le canapé familial. La télé en bruit de fond, ma mère en train de cuisiner, mon frère de zapper.

– Allô Alex ? Tu as encore eu de la visite ?

– Non, c'est des conneries.

– Ah bon ? T'es sûr ?

– Évidemment que je suis sûr ! Mais je dois te laisser, je suis au volant.

– Oui, ce serait dommage que tu te fasses coffrer pour ça.

– T'as raison ! À bientôt.

Ma famille me regarde avec des yeux ronds.

– À qui tu parlais ?

– Ben à Alexandre Guérini…

– T'es un grand malade !

Mon frère aîné se marre tandis que ma mère me lance son fameux regard inquiet.

Le 8 février 2010, le décor a changé. Alex, le nez humide à cause d'un « gros rhume », trépigne dans un restaurant de la cité de la Cosmétique. Le terrain semble hostile. Cette zone franche a été créée dans les quartiers Nord sous Gaudin. Elle est la propriété de Xavier Giocanti, compagnon de Christine Lagarde à la ville, un « frère » de Muselier – « cette salope qui a écrit les lettres anonymes », comme le qualifie Alex avec son franc-parler coutumier. Un petit apéro avant de commencer. Une mauresque, pour changer. Un peu de douceur pour encaisser les salves et trouver la brèche. Comprendre sa réelle influence.

– Muselier ne pourrait pas nous lâcher un peu ! peste Alexandre. Jamais il ne comprendra que Gaudin leur préfère Jean-Noël comme successeur, à lui ou à Teissier.

Monsieur Frère déroule la façon dont la présidence de la Communauté urbaine a été ravie à la droite, pourtant majoritaire.

– J'ai dit à Eugène Caselli de se présenter à la présidence de la Communauté urbaine. Jean-Noël était trop marqué pour passer. Avec Eugène, c'était plus facile, d'autant que Gaudin nous a un peu aidés. Il ne voulait pas d'un sacre pour l'autre con de Muselier, alors il a donné des consignes tout en faisant mal ses comptes. On en a profité.

Le « on » me fait à peine réagir.

La Communauté urbaine passe donc aux mains des socialistes. Au cabinet du président, un fidèle des Guérini dirige l'institution : Franck Dumontel, qui est aussi l'époux de la sénatrice maire des XVe et XVIe arrondissements marseillais, Samia Ghali, devenue vice-présidente de la CUM.

Le couple a été exfiltré du conseil régional après l'affaire Andrieux. Alex parle d'elle avec enthousiasme.

– Samia, c'est une fille géniale. Née dans la merde, elle s'est battue pour en sortir. Ça m'a fait plaisir que Jean-Noël la fasse élire sénatrice. Franck aussi a beaucoup bossé pour arriver là où il est.

Une pause.

– Sylvie n'a pas besoin d'argent mais quelque chose a dérapé. Au conseil général au moins, on a créé un système de contrôle pour éviter les détournements.

Je note le « on », cette fois, ainsi que le discours protecteur envers Ghali et Dumontel. Et surtout envers son frère.

– C'est dégueulasse de chercher à salir Jean-Noël à travers moi !

En violation des statuts du Parti socialiste, « Nono » a été sacré président de la fédération, un poste qui théoriquement n'existe pas, tout en remplaçant le premier secrétaire Eugène Caselli. Une reprise en main a eu lieu après que les révélations de Bakchich eurent un peu agité le microcosme marseillais, laissant poindre les ambitions de quelques cadres hostiles à Guérini au sein même du Parti socialiste.

– Mennucci, c'est un gros con. On l'aime bien mais il gagnerait à fermer sa gueule.

Langage fleuri marseillais.

– Eugène, c'est un brave mec mais il ne sait pas tenir ses troupes. Alors Jean-Noël a voulu mettre de l'ordre.

Eugène Caselli, un pantin incapable de s'imposer, qu'on a tout de même placé à la tête d'une institution dotée de près de deux milliards d'euros de budget annuel.

– Ah, tiens, au fait, les gendarmes ont dit à ma femme qu'il valait mieux que j'arrête de te parler. Ça les a énervés.

C'est la promesse que nos échanges de textos et de coups de fil doivent apparaître sur leurs comptes rendus d'écoutes. Je sais qu'ils ne m'ont pas à la bonne. La cellule « Déchets 13 » m'a appelé un matin aux aurores pour me demander d'arrêter de troubler leur enquête et d'essayer de contacter le juge. Ce que j'avais dévoilé de leurs investigations avait perturbé leur agenda. Leur coup de fil m'a agacé. Que le juge fasse ses courses lui-même s'il a quelque chose à me dire, cet « ami ». Le responsable de la communication des pandores démentira par la suite que quiconque ait pu m'appeler en ce sens. Un pieux mensonge.

– Au fait Alex, tu m'as menti pour les perquisitions. Il y en a bien eu une après Noël.

– Je sais. Mais je cherchais d'où venait la fuite. Si je te l'avais confirmé, je n'aurais pas pu le deviner. Vu qui a écrit là-dessus, maintenant je sais.

Le repas ne semble pas l'apaiser. Au moment de régler l'addition, Alexandre lâche une dernière rafale.

– Se cacher derrière une lettre anonyme ! Si je croise Muselier, je l'emplâtre, cet enculé !

L'enquête l'a porté à ébullition. La cocotte explosera le 27 mars 2010.

Ce soir-là, l'OM affronte Bordeaux au Stade de France en finale de la coupe de la Ligue. Dix-sept ans après, le club goûte à nouveau la saveur d'un titre. Une résurrection à laquelle j'assiste en loge, regard hébété, sourire niais, corps alcoolisé, dans un état second. Après une si longue attente, je réalise à peine. En tribune d'honneur, Renaud Muselier profite lui aussi du spectacle. Quelques heures plus tôt, à trois heures de TGV de Paris, le député des Bouches-du-Rhône a croisé Alexandre Guérini sur le ponton du Cercle des nageurs. Un coup de fil m'en a prévenu. Sous le soleil printanier, noms d'oiseaux et menaces ont volé.

– Balance ! C'est toi qui as écrit la lettre, je le sais, gros pédé ! Petit enculé ! Ce n'est pas fini ! On se retrouvera et tu verras bien ce que tu verras !

Selon des témoins, les deux hommes ont terminé front contre front, finalement séparés par le président du Cercle, Paul Leccia. Une « engatse » à la marseillaise, dans la plus pure tradition des cacous locaux, avant que les deux hommes ne retournent vaquer à leurs occupations. Accueillir le ministre de la Culture, Frédéric Mitterrand, pour « Muso ». Enchaîner quelques longueurs de bassin pour Alexandre. Avant le match de l'OM.

Au lendemain de la victoire, Alexandre Guérini s'en excuse presque au téléphone.

– Je n'aurais pas dû m'énerver. Mais le voir ricaner sur mon passage, ça m'a fait dégoupiller. Je lui ai dit ce que je pensais de ce qu'il racontait sur moi. J'aurais dû aller nager directement. Par contre, je ne l'ai jamais menacé. Avec ses amis, ils veulent nous faire passer pour des voyous. Dès qu'on touche à ma famille, moi, je perds le contrôle.

Alex moque la réaction de Muselier, qui s'est empressé de prévenir tout à la fois le préfet, le procureur et son ami Brice Hortefeux, ministre de l'Intérieur.

– On dirait un gamin dans une cour d'école qui s'en va dénoncer quelqu'un à la maîtresse.

Le sujet revient sur le tapis le 14 mai 2010. Nous nous rencontrons une nouvelle fois sur le ponton du Cercle, en plein soleil. Ray-Ban sur le nez, chemise ouverte, veston en cuir, Alexandre semble détendu. Une nouvelle perquisition vient pourtant d'avoir lieu dans la décharge qu'il gère à La Ciotat.

– Tu m'as fait chier avec tes articles quand même ! J'ai perdu de gros contrats à cause de toi. Mais c'est pas grave…

Sa société vient de remporter un nouveau contrat afin de gérer des résidus de déchets venus de l'incinérateur de Fos-sur-Mer. Un marché de 80 000 tonnes par an, à 53 euros la tonne si les résidus vont vers la décharge de son ami Éric Pascal, et à 65 euros la tonne s'ils sont transportés chez lui. Les affaires continuent. Veolia et Suez ont également remporté une partie du marché. Finalement, l'entente est cordiale.

Malgré l'enquête, Alexandre Guérini continue de tenir un rôle politique et syndical. Avec FO, il discute du ramassage des ordures. Avec Patrick Mennucci, soupçonné d'alimenter Bakchich, il déjeune au Calypso, un restaurant proche du Cercle.

– Je sais bien que le dossier n'était pas pour toi. Ils voulaient le sortir dans *Le Point* mais tu les as grillés, et c'est tant mieux !

Il me parle de ses projets, vient de disputer le triathlon de Calvi, se prépare à une nouvelle épreuve : le défi de Monte-Cristo, une course à la nage entre le château d'If et Marseille. Comme Edmond Dantès, Alexandre Guérini veut sa revanche.

Au moment de nous séparer, l'homme se défend à nouveau de toute malversation.

– Si j'avais répondu à un appel d'offres, comme l'a fait Suez, j'aurais été jeté directement en prison. L'appel d'offres était nul, pourri. Évidemment que j'ai demandé à ce qu'on le retire. Et je te le dis en connaissance de cause : ça fait des dizaines d'années que je travaille dans les déchets.

Même ses pires ennemis ont toujours reconnu le professionnalisme d'Alexandre Guérini et sa grande connaissance du secteur. Les arguments qu'il déroule semblent cohérents. Sauf le dernier.

– Alors demander à ce qu'on retire un appel d'offres, c'est ça qu'on appelle du trafic d'influence ?

Qu'un entrepreneur, non élu, ordonne qu'un appel d'offres public soit retiré, cela correspond bien, en effet, à la définition de ce délit. Ce qu'Alexandre semble sincèrement ignorer. Cette façon de penser en marge de la légalité est plutôt répandue dans l'esprit des Marseillais.

Ce sera notre dernière rencontre. Ni lui ni moi ne nous en doutions.

9.
Patron de FO, vice-roi de Marseille

La majorité politique demeure silencieuse. À la mairie comme à la Communauté urbaine, les élus UMP se taisent. Le sénateur maire Jean-Claude Gaudin s'abstient d'évoquer l'affaire. Il ne semble même pas désireux d'en profiter pour récupérer la présidence de la Communauté d'agglomérations. Officiellement, « on ne commente pas une enquête en cours ». Refrain prudent.

– Une affaire judiciaire, on sait quand elle commence, on ne sait jamais quand elle finit, poursuit le confident du maire qui m'a décrit trois ans durant, à chacune de nos rencontres, l'étendue de ses soupçons sur les Guérini.

Le voilà à présent qui cherche à me tempérer.

– Vous y êtes tout de même allé un peu fort, Monsieur Monnier…

Il cite Claude Bertrand, son ami, directeur de cabinet de Jean-Claude Gaudin et éminence grise assumée :

– Quand on remue la merde, on risque fort de salir tout le monde.

De ces incitations à la prudence suintent leurs craintes : que la justice étale au grand jour le système marseillais, ses ententes, ses non-dits, son laisser-aller – à gauche comme à droite. Entre Jean-Claude Gaudin et Jean-Noël Guérini, une saine rivalité s'est instaurée au fil du temps. Les deux hommes doivent leurs premiers mandats à Gaston Defferre et nourrissent d'étroites relations avec le syndicat majoritaire localement dans la fonction publique territoriale et hospitalière : Force ouvrière (FO). En dehors des périodes électorales, Gaudin et Guérini ne manifestent aucune animosité réciproque. Mais l'enquête menace ce précaire équilibre. En effet, les gendarmes pourraient bien étendre le champ de leurs investigations. Jean-Claude Gaudin dirige la ville depuis 1995. Il a présidé aux destinées de la Communauté urbaine depuis sa création jusqu'en 2008, treize années pendant lesquelles il a géré les marchés publics d'ordures, les appels d'offres, les grèves à répétition...

La chambre régionale des comptes a déjà égratigné son règne. « Procédures budgétaires et comptables incertaines », « taux d'absentéisme » en forte progression... Les magistrats notaient surtout l'opacité relative au coût du traitement des déchets. En 2004, la Communauté urbaine a dépensé pour ses ordures 478,4 millions d'euros. « L'examen par la chambre de l'exécution des marchés concernant les déchetteries de Marseille passés en 2001 a révélé des anomalies sérieuses qui restent inexpliquées : non-respect du cahier des clauses techniques particulières, contrôle des prestations aléatoires et renchérissement important du coût des marchés, sans qu'il soit établi que cette augmentation ait un lien avec un accroissement des tonnages traités dans ces déchetteries. » En termes choisis, la chambre s'interroge sur cette « dérive financière », d'autant que la ville ne brille pas vraiment par sa propreté.

Le maire ne tient pas à ce qu'on lui rappelle ces mauvais souvenirs. Veolia et Suez, les géants de la propreté qui se partagent la Société des eaux de Marseille * – une entreprise dirigée par Loïc Fauchon, un proche du maire – ne tiennent pas à se retrouver mêlés à une procédure judiciaire. Parfois surnommée « Veolia Land », la ville est un bastion de l'entreprise alors dirigée par Henri Proglio. En matière de ramassage ou de traitement des déchets, les marchés publics qu'elle a remportés ne se comptent plus, au grand dam de Suez. Alexandre et Jean-Noël Guérini ont des liens étroits avec Henri Proglio. Les deux frères ont également rencontré Jean-Louis Chaussade, le P.-D.G. de Suez Environnement. Veolia et Suez partagent les mêmes inquiétudes : les deux groupes ont peur des perquisitions et de se retrouver mêlés à une affaire promise à devenir une saga – ou de l'avoir déclenchée involontairement.

Sitôt mes articles parus, un membre de l'état-major d'une des deux sociétés demande à me rencontrer.

– On ne peut pas savoir si des agents locaux ont pactisé avec les Guérini. C'est le souci avec les enquêtes financières, le patron peut avoir à assumer des fautes commises par ses subordonnés, me glisse-t-il, ingénu.

Pour s'en assurer, les responsables de la sécurité de Veolia et Suez sont rapidement descendus à Marseille pour exfiltrer de leurs filiales « d'éventuelles brebis égarées » – archives papier et disques durs compris. Un grand nettoyage de printemps est pratiqué en urgence, avant que la justice ne s'en charge.

À l'Élysée aussi, l'enquête est suivie de très près. Autour du président Sarkozy gravitent de fins connaisseurs de l'environnement marseillais qui ne cachent pas leurs liens avec Jean-Noël Guérini. Christian Frémont, le directeur du cabinet présidentiel, a été préfet de la Région. Bernard Squarcini,

* En 2010, Veolia a récupéré la SEM quand Suez a récupéré la SERAM dans une opération de « décroissement ».

patron de la Direction centrale du renseignement intérieur, ancien préfet délégué à la sécurité de la ville, a fait sa rééducation cardiaque avec Jean-Noël Guérini, tandis que ses deux enfants sont salariés par le CG13. On surveille le feu qui couve tout en se refusant à l'attiser. Chacun s'inquiète des intentions pyromanes de Renaud Muselier, qui n'a toujours pas digéré de voir la présidence de la Communauté urbaine lui échapper après avoir permis à son camp de conserver la mairie en 2008.

– Gaudin et Guérini l'ont empêché de devenir président de la Communauté urbaine l'année dernière. Du coup, il a rompu leur pacte de non-agression, m'assure un socialiste du cru.

Le 30 novembre 2009, le palais du Pharo, siège de la CUM, accueillait un débat public sur le grand Marseille, nouveau dada de Renaud Muselier. Sur place, Jean-Claude Gaudin croise un membre de la commission d'appels d'offres de l'institution et lui lance : « Attention à ce qui sort, petit ! » Apparemment, même le maire soupçonne les hommes de son dauphin d'alimenter la procédure judiciaire. Il leur suggère de prendre garde à ce que la justice ne vienne pas déterrer de vieux dossiers. L'avertissement restera lettre morte.

En cette fin de journée d'avril 2010, dans les locaux de Bakchich, à Paris XIe, un numéro qui n'est pas en mémoire s'affiche sur mon portable. Je reconnais la voix.

– Monsieur Monnier ? Bonjour, c'est le député Renaud Muselier. Vous pourriez arrêter de m'appeler « Lou Ravi » dans vos articles ?

Un sourire illumine ma réponse.

– Voyons, Monsieur Muselier, nous sommes un journal satirique... Vous êtes marseillais, comme moi. Vous savez bien ce que « Ravi » veut dire.

Un santon de crèche, les bras levés vers le ciel. Renaud Muselier attend depuis des années d'abandonner son costume de dauphin à la mairie de Marseille pour revêtir celui de premier édile. « Le destin des dauphins est de s'échouer sur les plages », a l'habitude de se justifier le petit-fils d'Émile Muselier, amiral des Forces françaises libres.

– Je trouve votre travail très courageux, ajoute-t-il. J'aimerais vous rencontrer.

La proposition recèle la promesse d'un petit déjeuner gratuit, d'informations inédites, de sources potentielles... C'est aussi l'assurance d'entrer en contact avec celui à qui les Guérini attribuent l'origine de leurs problèmes. Bref, cela ne se refuse pas.

Ce 7 avril, autour des tables rondes de L'Esplanade, un troquet huppé proche de l'École militaire, à Paris, virevoltent les sommités de l'UMP. Rachida Dati quitte les lieux. Xavier Bertrand partage un café avec son « frère » Alain Bauer, l'ancien grand maître du Grand Orient de France, devenu éminence grise *ès* sécurités du sarkozysme. Xavier Darcos les rejoint. Renaud Muselier les salue avant de s'installer en face de moi. Nous jouons cartes sur table.

– Monsieur Muselier, vous êtes conscient que si je dois écrire sur vous, je n'hésiterai pas un seul instant...

– Oui, je sais.

Visage poupin, accent chantant, phrasé agité, le député lâche une prédiction.

– Ça va tomber avant la fin de l'année. La justice va arrêter les Guérini. Je ne lâcherai pas ! Je viens d'envoyer une lettre au procureur après l'incident du Cercle avec Alexandre. S'il se permet cela avec moi, que fait-il avec d'autres ?

L'élu assure que la peur paralyse les socialistes du cru, qu'il a lui-même reçu des messages de soutien d'Eugène

Caselli, Michel Vauzelle, Patrick Mennucci, Sylvie Andrieux ou Henri Jibrayel, les nouveaux opposants socialistes à Guérini.

– Les deux frères contrôlent tout ! Les investitures, les marchés, les emplois publics... C'est un système industriel dans lequel trempent des voyous...

Entre lui et la famille Guérini, l'affrontement n'a pas toujours été la règle. Un membre de son équipe a même été marié sous leurs bons auspices, en présence d'Alexandre et de Bernard Squarcini. « Une photo qui vaut cher aujourd'hui », m'a confié des mois après le marié.

– Tout s'est bien passé jusqu'en 2008, poursuit Muselier.

Au moment des élections municipales, Jean-Noël se présente sur ses terres, où il finira par s'incliner au terme d'une campagne musclée. Entre Muselier et les Guérini, la tension demeurera. Idem avec Gaudin, au lendemain de l'échec du Ravi à la présidence de la Communauté urbaine. Cette trahison venue de son propre camp lui arrache un rictus de crispation chaque fois qu'il l'évoque.

– Gaudin veut mourir tranquille, alors il ne bouge ni sur les affaires, ni sur la ville. Je pense qu'en fait il m'aime bien. Mais il est comme ma mère : il me traite comme un gamin.

Pour se maintenir en place, le maire discute avec Jean-Noël Guérini ou Eugène Caselli, du camp d'en face.

– La majorité municipale tient à une voix. Le maire est contraint de négocier, regrette Lou Ravi. Avec Bruno Gilles, nous sommes les seuls à le dénoncer.

Muselier est en lutte contre le système. Désireux de l'assainir pour faire place nette en vue de conquérir la mairie. Dans l'intérêt de Marseille aussi, sans doute, cette ville dont il parle avec la même passion qu'Alexandre ou Jean-Noël Guérini. Faire place nette, au risque de jouer contre son propre camp. Lou Ravi est un pyromane à qui je dois faire répéter les anecdotes qu'il me livre à chacune de nos rencontres, tant elles me laissent incrédule.

– À droite, certains ont été achetés pour voter contre moi. Tant pis, tout doit sortir !

L'un de ses proches, élu à la CUM, a bien essayé de le calmer :

– J'ai dit à Renaud de faire gaffe. Dans certains dossiers, il y a des hommes à nous.

Président de la Communauté urbaine jusqu'en 2008, Gaudin essaie lui aussi de tempérer ses ardeurs. À l'entrée d'un conseil municipal lors duquel Muselier entendait placer les affaires au cœur des débats, le maire l'a prévenu : « Tu n'es pas chez toi ici. Pas de vagues ! » Les rouleaux, pourtant, s'apprêtent à déferler.

– Vous devriez regarder qui a acheté la maison d'Argy, m'a conseillé l'éminence grise de Jean-Claude Gaudin un jour de l'été 2009.

Entre nous, la règle du jeu est bien rodée. Je peux reprendre des citations mais son nom ne doit jamais apparaître. Ses informations sont aussi précises qu'ardues à vérifier, donc à publier. C'est souvent frustrant : disposer de l'information avant les confrères mais devoir se retenir, même si je sais que ce qu'il dit est vrai, même si je le crois sincère et qu'il ne m'ait jamais enfumé, même si d'autres confrères ne prennent pas ces précautions, préférant écrire au conditionnel.

– Argy ?

– Oui, le patron de FO.

– Ah oui.

Penaud, je m'efforce de me remémorer le livre de Michel Peraldi et Michel Samson, *Gouverner Marseille. Enquête sur les mondes politiques marseillais*, où de longues pages sont consacrées au rôle central du syndicat dans la ville.

« Majoritaire ». À Marseille, le mot colle au sigle FO. Le syndicat domine en effet l'administration publique. Son influence repose sur deux bastions qui représentent les plus importants pourvoyeurs d'emplois de la ville et du département : l'Assistance publique des hôpitaux marseillais (APHM) et les Territoriaux, surnom des membres la fonction publique territoriale, qui regroupe elle-même les fonctionnaires de la ville et de la Communauté urbaine. Des milliers de bras fidèles qui sont mis à contribution lors des campagnes municipales, législatives ou cantonales. Trois institutions qui se trouvaient aux mains de la droite jusqu'en 2008, du temps où Jean-Claude Gaudin cumulait la fonction de maire (11 500 agents), la présidence de Marseille Provence Métropole (4 000 emplois) et celle des hôpitaux publics marseillais (11 000 postes non médicaux). Afin d'éviter les grèves, de remporter les élections et d'assurer la paix sociale, le maire gérait l'administration conjointement avec Force ouvrière. Quitte à laisser le secrétaire général du syndicat se faire sacrer vice-roi de Marseille.

La voix éraillée par un cancer, la rondeur bonhomme, la moustache poivre et sel, Élie-Claude Argy aime à parader. Ses attributs parlent pour lui. Au titre de directeur des équipements sportifs de la ville, il gère le Palais des sports (7200 places), le Dôme (8 500) et le Vélodrome (60 000). Ses responsabilités s'accompagnent de leur lot d'invitations ou d'emplois occasionnels lors des soirées de gala. L'homme supervise en outre une armée d'obligés : 6 500 adhérents à FO sur les 16 000 fonctionnaires territoriaux, cela pèse lourd. Très lourd. Carrières ou promotions, rien ne se décide sans lui. Argy est l'héritier d'une histoire ancienne dont les racines remontent à la Marseille d'après-guerre. FO est un rouage essentiel de la ville, qui parvient à dicter sa loi aux politiques. On le suppute, on le murmure sans pour autant disposer d'autres témoignages que de ceux du rival syndical, la FSU de Roger Aymard. Bien que vindicatif, celui-ci rechigne néanmoins à jouer le rôle de « balance ».

En 2008, le basculement à gauche de la Communauté urbaine a encore accru l'influence d'Élie-Claude Argy. Au Pharo ou à l'hôtel du département, celui-ci obtient de la gauche ce que la droite municipale lui refusait. Et inversement. Le vice-roi gravit les marches vers le trône au gré de l'impéritie des politiques. Aux municipales de 2008, FO a ostensiblement accompagné la campagne de Jean-Claude Gaudin. Le syndicat a joué un rôle décisif dans l'affrontement final entre Jean-Noël Guérini et Renaud Muselier dans les IVe et Ve arrondissements. Comme son frère Alexandre, Jean-Noël a compris l'intérêt qu'il y avait à se rapprocher d'Argy. Reste à trouver la preuve de l'opération de séduction.

– Argy s'est fait racheter sa maison par l'Office HLM du conseil général, précise ma source. Il n'arrivait pas à la vendre et son prêt-relais allait s'achever. Guérini lui a sauvé la mise.

La confidence est trop mince pour me permettre d'aller tamponner au bluff le patron de FO, le président de l'Office HLM ou Jean-Noël Guérini. Mais elle suffit à me troubler quand, au sortir de notre rendez-vous, je flâne dans la rue Saint-Ferréol, l'artère commerçante et piétonne qui relie la Canebière à la préfecture. Les filles haut perchées parlent fort, les gamins des cités viennent mater les boutiques et les familles acheter des vêtements. Cocktail marseillais.

En avril 2010, le pouls de ma ville s'accélère. Les vannes s'ouvrent concernant l'enquête sur les Guérini. Un trésor atterrit dans ma boîte aux lettres. Un journaliste local me transmet des documents que sa rédaction s'avère réticente à utiliser. Rechignant de s'attaquer à FO, les médias régionaux jouent la prudence. Tombés du ciel, l'acte de vente de la maison d'Élie-Claude Argy, les dates de ses crédits, le montant de la vente, la signature du président de l'Office HLM... Tout ! Le reste relève de la routine : rédiger l'article puis « faire la bonne foi ». Prendre contact avec les personnes visées pour recueillir leur réaction.

Jean-François Noyes, le président de 13 Habitat, ne retourne ni mes appels, ni mes courriels. Je continue ma tournée téléphonique auprès des personnes citées. Au bout du fil, ce n'est pas Élie-Claude Argy qui me répond mais le Palais des sports de la ville. On prend mon message. Mais l'intéressé ne me rappellera jamais. Certes, l'achat n'est pas illégal mais le calendrier de l'opération intrigue tout de même. Il laisse à penser qu'une faveur a été accordée à un leader syndical au détriment d'une institution locale. Et pas n'importe laquelle. Marseille manque en effet cruellement de logements sociaux.

Le 30 juillet 2009, le *home sweet home* d'Argy, perché au sommet de la Canebière, a néanmoins trouvé preneur après trois années de vaines recherches. L'acheteur a allongé 370 000 euros pour cette propriété bâtie « consistant en un immeuble élevé sur cave, d'un rez-de-chaussée, d'un étage et d'un deuxième étage mansardé avec garage ». Pour Argy, la vente est une aubaine. Le principal leader syndical marseillais a en effet sur le dos un prêt bancaire pour l'achat d'une autre bâtisse à 460 000 euros, piscine incluse, dans le cossu IXe arrondissement. La cession de sa propriété lui retire une colossale écharde du pied. Son bienfaiteur n'est autre que l'Office HLM des Bouches-du-Rhône. Bien entendu, il ne faut y voir aucune arrière-pensée de la part de Jean-Noël Guérini, lui-même longtemps placé à la tête de l'Opac et toujours prétendant à la mairie de Marseille. Dans la ville, le loyer moyen d'un logement social est d'environ 300 euros. Même louée à 1 000 euros, un prix qui n'a plus rien de social, la maison d'Argy ne rapporterait rien à l'Opac. Mon papier paraît le 30 avril 2010. Son titre : « À Marseille, il faut ce qu'il FO. »

Dans un premier temps, rien ne bouge. Aucune reprise de Bakchich. Même l'AFP ne bronche pas. Calme plat. Élie-Claude (Argy) tutoie Jean-Claude (Gaudin), déjeune avec Eugène (Caselli) ou Franck (Dumontel), son directeur de cabinet, s'entretient avec Alexandre (Guérini), a fait la paix avec Jean-Noël (Guérini)... Aucune nomination dans l'administration n'échappe à sa vigilance. Nul ne veut s'attirer les foudres du vice-roi de Marseille. Les élus locaux me félicitent mais brillent par leur mutisme. Une petite porte s'ouvre néanmoins dans le monde syndical. Les éternels rivaux de FO, la SDU, la CGT et SUD, réunis en intersyndicale pour peser face au mastodonte, font circuler l'article.

Mais Argy ne change rien à ses habitudes. Il adresse une lettre à Eugène Caselli pour lui recommander d'embaucher la fille d'un de ses amis. Tient un discours pour mettre fin à une grève malgré le refus de ses troupes. Impose son épouse à la tête de la « police de la propreté », une brigade de la Communauté urbaine tout juste créée. Sa nomination expresse, le 22 février 2010, est assortie d'une promotion comme fonctionnaire de catégorie A. Un passe-droit, carrément hors la loi. La goutte qui fait déborder le vase de la FSU, laquelle attaque la décision devant le tribunal administratif le 27 mai suivant. Je passe un coup de fil à Roger Aymard, même s'il est très tard.

– Argy, on s'en fout ! C'est le système FO qu'on vise.

Mais la tête de la pieuvre est indissociable de ses tentacules. Malgré les menaces du cabinet de Caselli et les pressions diverses pour l'inciter à retirer sa plainte, le syndicat tient bon. Encore une fois, les médias locaux occultent l'info. Ma boîte aux lettres déborde.

10.
Le milieu, entreprise publique

La nouvelle tombe pendant le week-end. C'est une longue dépêche de l'AFP datée du 6 juin 2010. L'été a gagné Marseille, pas encore Paris, et l'info provoque un coup de chaud. La police a fait une grosse prise dans les Alpes-Maritimes, à Golfe-Juan, près d'Antibes. Dans ses filets, une sommité du Tout-Saint-Tropez, Alexandre Rodriguez, constructeur et vendeur de yachts de luxe, mais aussi des entrepreneurs marseillais du BTP à la réputation sulfureuse, les frères Michel et Gérald Campanella – dont le second est recherché depuis cinq ans. À leurs côtés, une vieille connaissance : Bernard Barresi.

Son nom hante la ville depuis vingt ans, lorsqu'il a entamé une longue cavale après qu'un braquage lui a été attribué. C'était en 1990, à Mulhouse. En 1994, un tribunal le condamne par contumace à vingt ans de réclusion. Malgré sa disparition, son nom revient inlassablement dans les affaires de racket ou de machines à sous. La police lui attribue le contrôle du milieu marseillais, des bars du quartier de l'Opéra et aussi de quelques marchés publics. Mes informateurs prétendent qu'il est au mieux avec les hommes politiques de la ville tout en ayant ses entrées à « l'Évêché », le commissariat central de Marseille. On dit qu'il vivrait paisiblement dans la région.

Son frère aîné, Jean-Luc, agent de joueurs et ami du député Renaud Muselier, fait parfois la une de l'actualité au détour d'articles consacrés à l'influence du milieu au sein de l'OM. Le benjamin, Franck, n'a plus fait parler de lui depuis la fin des années 1990. La famille Barresi, cette ombre à laquelle Marseille a fini par s'habituer, passe dans la lumière. Depuis deux ans, j'attends de pouvoir publier la fiche de gendarmerie de Bernard, stockée sur mon ordinateur en compagnie de celles de ses deux frères. Une relique qui remonte au 3 janvier 1980, après un cambriolage dans un garage et un vol de voiture à Digne, dans les Alpes-de-Haute-Provence. Né le 17 novembre 1962 à Toulon, Bernard Barresi mesure 1,73 m. De « race pâle », il a le cou « court », une corpulence « mince », les épaules « tombantes » et le « dos rond ». L'homme « se ronge les ongles », il a la voix « grave », l'accent « méridional », un parler « correct » et les yeux « bleus ». Bernard Barresi, c'est pour moi la promesse de nombreux papiers à suivre. Vite, mettre la main sur les documents retraçant sa traque, son arrestation, les motifs de son incarcération ! À l'horizon, j'entrevois une recomposition des équilibres du grand banditisme dans la ville. Une nouvelle ère s'annonce. Un pan d'histoire.

Soixante-douze heures plus tard, un coup de fil change la donne.

– Un mec qui refuse de donner son nom veut te parler.

On est venu me chercher dans la petite cour du 121, rue de Charonne, le coin fumeur de la rédaction. Va pour le coup de fil, la cigarette attendra. Je me dirige vers le bureau du fond.

– Monsieur Monnier ?

La voix est âgée, lente, un peu chevrotante, avec l'accent du pays.

– Vous devriez regarder quels contrats a signés la société Alba Sécurité de Mme Serrano, la compagne de Bernard Barresi.

Celle-ci a été arrêtée en même temps que le voyou en cavale. Sur les écoutes, Bernard était désigné par ses acolytes sous le pseudonyme de « Jambon », un hommage potache à Madame.

– Vous voulez parler des contrats concernant les marchés publics ?

– Oui, ceux liés au conseil général des Bouches-du-Rhône.

– Je peux avoir un numéro où vous rappeler ? ou votre nom ?

– Non.

– Je vous laisse mon portable alors ?

– D'accord. À bientôt.

L'adrénaline me fait oublier l'appel de la nicotine. Un lien entre la politique et le milieu, entre Barresi et Guérini, entre le crime organisé et le monde politico-financier ! Un fantasme jusqu'alors agité par les ennemis d'Alexandre et Jean-Noël sans jamais fournir la moindre preuve tangible. La vérification ne me prendra que quelques heures. Le propre des marchés publics, c'est justement d'être publics. Un simple travail de recherche et de vérification sur Internet suffit. Les listes sont publiées : appels d'offres, commanditaires, bénéficiaires...

Alba Sécurité emploie cent quarante-trois employés. Son dernier bilan, en 2008, affiche quatre millions d'euros de chiffre d'affaires. L'entreprise fournit des stadiers à l'OM tout en bénéficiant de nombreux marchés publics auprès de l'office HLM du conseil général, 13 Habitat, mais surtout de l'institution elle-même. Ceux-ci concernent des sites « déconcentrés » (notamment les archives départementales), des manifestations (à l'instar de Terroir 13, célébrant les produits provençaux) mais aussi l'hôtel du département lui-même. Des millions d'euros sont ainsi raflés par la société sise à Gardanne, 845 petit chemin d'Aix, l'une des planques de Bernard Barresi.

Certains contrats remontent à 2004. D'autres, nombreux, courent encore. Les preuves sont disponibles sur le Web, accessibles à tous. L'OM refuse de répondre à mes sollicitations. Le conseil général également. Je ne prends pas la peine d'appeler 13 Habitat. Les éléments ne laissent plus de place au doute. Les contrats ont bien été passés.

L'information ne va pas tarder à fuiter. Je dois la sortir vite, sans me préoccuper des conséquences, des réactions ni des sources qui vont se carapater. Glisser entre deux verres qu'il existe des liens entre politiques et truands, ça ne prête pas vraiment à conséquence. L'imprimer, c'est différent. Mais le démontrer, preuves à l'appui, est vu comme une trahison. Le titre claque : « Le contrat qui lie le caïd à Guérini. » J'éprouve un léger frémissement au moment d'appuyer sur la touche « publier ». Le matin au réveil, une traînée de poudre.

Les amis de Marsactu ont embrayé. « Bakchich à Marseille ? C'est comme *Voici* : tout le monde le lit, tout le monde rigole, sauf ceux qui sont dedans, mais personne ne le dit », écrit le site d'information en reprenant notre papier. *La Provence* creuse, tout en nous citant. *Le Point* évoque nos trouvailles. Mon téléphone n'arrête pas de vibrer. Des élus, des contacts, des amis... Moult exclamations, oscillant entre des « Enfin ! » soulagés et des « T'es un grand malade ! » rigolards, en passant par un « Faites attention, tout de même ! » paternaliste. Un beau 10 juin, avec un seul regret : Alexandre Guérini a cessé de retourner mes appels. J'en comprends la raison.

– Je ne supporte pas qu'on s'attaque à mon frère, qu'on veuille le salir, m'a-t-il maintes fois répété.

J'ai franchi le Rubicon. La bouderie persiste encore aujourd'hui.

Mon nouvel informateur, qui n'a ni visage ni nom, me rappelle régulièrement. Il me sert de boussole dans le brouillard qui s'épaissit. Les documents que j'ai pu récupérer retracent le périple du grand bandit, depuis la Corse jusqu'à Marseille. En septembre 2010, Bakchich raconte l'odyssée de « La maison maudite du bandit Barresi ».

L'ex-épouse de Bernard Barresi possède une maison en Haute-Corse. En 2008, de lourds travaux éveillent la curiosité de la gendarmerie locale. Au cours de l'enquête préliminaire, on s'étonne du train de vie « anormal de Carole Costagliotti, divorcée de Bernard Barresi ». La mère des enfants du fuyard apparaît en effet dans diverses sociétés immobilières où elle côtoie une figure de la vie aixoise, Pierre Alfonsi, propriétaire du restaurant La Belle Époque, sur le cours Mirabeau. Surtout, notent les gendarmes, Mme Costagliotti « s'est engagée en 2007 à réaliser d'importants travaux de gros œuvre, d'aménagement de confort et de décoration alors qu'elle serait toujours non imposable ». La bâtisse de 247 m^2 est construite dans le petit village de Calenzana, un nom qui, à Marseille, rime avec Guérini.

Antoine et Mémé, les parrains du milieu d'après-guerre, en sont originaires. Tout comme Alexandre et Jean-Noël, même si le frère cadet est né à Marseille. Leur père s'appelait Antoine, sans lien de parenté avec l'autre.

– Au village, tout le monde s'appelle Guérini, se défendent-ils.

L'ex-épouse de Barresi réside donc à Calenzana, village d'origine des Guérini. Sans doute un hasard. Marseille elle-même n'est qu'un village dont la Corse est un des quartiers.

Deux mois plus tard, dans une enquête fouillée, l'AFP dévoile que deux proches de Bernard Barresi ont été arrêtés fin octobre 2010. Ces gérants de sociétés de BTP sont suspectés d'avoir servi de blanchisseurs au voyou, lui permettant de rafler de nombreux marchés publics de construction dans les Bouches-du-Rhône et en Haute-Corse avant d'exfiltrer l'argent vers l'Espagne, le Luxembourg, le Delaware ou d'autres contrées à l'exotisme avant tout fiscal. Leurs entreprises françaises sont souvent enregistrées à la même adresse : petit chemin d'Aix, à Gardanne. Leurs noms fuitent : Patrick Boudemaghe et Damien Amoretti. *A priori*, d'illustres inconnus. Sauf pour Alexandre Guérini. ABT, la société des deux hommes, a travaillé sur la décharge du Mentaure, près de La Ciotat, elle-même gérée par la SMAE d'Alexandre. Amoretti, actionnaire unique de la SMAD, est par ailleurs actionnaire à 49 % de SMA la Vautubière, l'entreprise d'Alexandre qui gère la décharge éponyme dans l'arrière-pays marseillais, près de Salon-de-Provence. Le lien est direct. Un autre détail est jusque-là passé inaperçu : le transfert du siège de la SMAD vers le 171 *bis*, chemin de la Madrague, en face du marché aux puces. À la même adresse que les entreprises de Jean-Luc Barresi, frère de Bernard, agent de footballeurs et ami de Renaud Muselier. Nouvelle coïncidence fâcheuse. À moins qu'il ne s'agisse d'un système. Droite, gauche, milieu…

– Monsieur Monnier, vous êtes sûr de vos infos ?

La voix du député Muselier est inquiète. Il m'appelle après la parution de l'article intitulé « Le chaînon manquant politiques-voyous », qu'il a lu jusqu'à la dernière ligne.

– ... je croyais que Jean-Luc était brouillé avec son frère.

– La famille reste la famille, non ?

– Parce que là, c'est pas pareil.

Et voguent les rumeurs. Celle qui veut que Renaud Muselier soit à l'origine de l'enquête sur les Guérini. Celle selon laquelle l'enquête sur les Guérini a provoqué incidemment l'arrestation de Barresi. Ou encore celle qui postule que le combat de Muselier contre Jean-Noël Guérini a provoqué la chute du frère de Jean-Luc, ami de ce dernier.

Le 21 novembre 2010, le député des Bouches-du-Rhône profite du passage à Marseille de Brice Hortefeux, ministre de l'Intérieur, pour l'avertir.

– Si tu ne veux pas que Stéphanie *[la femme de Renaud Muselier, nda]* lise mon oraison funèbre la prochaine fois que tu descends, fais quelque chose pour me protéger !

Moins de trois semaines après cet appel, Renaud Muselier est placé sous protection policière. Bernard Barresi, Alexandre Guérini et les Campanella ont été réunis.

À l'ombre.

11.
La chasse aux Guérini est ouverte

Une fin de semaine en famille. Comme d'habitude lors de mon passage mensuel à Marseille, mes parents n'aperçoivent qu'une silhouette furtive qui sillonne sa ville pour mieux la comprendre. En ce mois de novembre 2010, ma future belle-mère est venue de Kinshasa pour négocier la dot et les conditions du mariage. Un choc des cultures inévitable entre la femme d'affaires africaine et les fils de colons à qui elle est venue demander d'« acheter » sa fille. Je ramasserai les éclats plus tard. Pour l'heure, direction les quartiers Nord, puis le centre-ville, même s'il pleut tellement que les rues sont transformées en torrents. Marseille ne sait pas vivre sans soleil. Les conducteurs perdent leur sang-froid dès que tombe la pluie.

– Tu ne vas pas nous laisser quand même ! implore ma mère.

– Si. Le boulot.

– Fais attention ! clament en chœur les deux mamans.

Malgré l'hiver qui s'annonce, le fruit est mûr. L'affaire a explosé depuis un an. Le Vieux-Port attend que justice passe. Reste à savoir quand.

Le café se trouve sur le Prado, près du cinéma. Trois jeunes m'attendent. Ils ont mon âge, ont lu mes papiers, veulent m'informer, se renseigner. Ils forment la jeune garde socialiste au sein de la maison-mère de Guérini, l'Opac (Office public d'aménagement et de construction du conseil général), devenu 13 Habitat. Le père d'Alexandre et Jean-Noël a travaillé là toute sa vie durant. Alex a remporté ses premiers marchés publics avec l'Office. Jean-Noël, lui, l'a présidé pendant onze ans avant de prendre la tête du département puis de s'y maintenir.

– Ils le contrôlent encore, me décrit l'un des jeunes. Jean-François Noyes, le président, est son ancien directeur de cabinet. Antoinette Camiglieri, son ancienne secrétaire, fait office de dir'cab de Noyes. Ce sont les yeux et les oreilles de Jean-Noël à l'Office.

Mes interlocuteurs m'apportent des précisions inédites sur l'organigramme de l'institution, des pistes sur les faveurs accordées. Subitement, un nom claque :

– Madame X... Elle, c'est une proche des Guérini. Elle a des marchés à l'Opac.

Un jour, cette dirigeante d'entreprise m'avait glissé :

– Ah oui, c'est toi que Jean-Noël appelle « le petit con ».

Mais elle est aussi la mère d'un ami.

– Désolé mais elle, je n'y touche pas. C'est comme la famille, je n'enquête pas dessus.

– Les anciens nous ont dit qu'Alexandre avait commencé en débarrassant les caves, en vidant la merde des tuyaux. Il est venu de rien, poursuivent les jeunes loups du parti à la rose.

Ce ne sont ni des revanchards, ni des antiguérinistes, seulement des jeunes ambitieux qui veulent se faire une place au soleil. L'un d'eux se rêve même en maire de Marseille.

Au moment de prononcer le prénom d'Alexandre ou Jean-Noël, une lueur d'admiration brille dans leurs yeux.

– Alexandre a encore des contrats avec l'Opac, via sa société SMAE, m'annonce le plus timide des trois.

Des marchés publics, pour quelques centaines de milliers d'euros par an, que j'exhumerai dans les listes d'appels d'offres rendues publiques chaque année. En 2009, il y avait trois marchés, pour un montant annuel maximum de 320 000 euros chacun.

Le lundi est ensoleillé, la pluie a cessé. Au lever, ce 29 novembre, les fragments d'un rêve. Alexandre est arrêté. *Le Journal du dimanche* a annoncé le coup de filet pour le lendemain, mardi. Un ancien flic m'attend au Bar Pierre, en face de la préfecture, pour une histoire de petits détournements de fonds et d'une association dont les statuts n'ont pas été respectés. J'ai seulement avalé deux cafés. Il m'en manque un troisième pour me montrer pleinement attentif. Mon téléphone vibre. On m'a laissé un message.

– Ce qui devait se passer mardi s'est passé ce matin.

Je dois prendre congé et vérifier ça illico.

– Je comprends, m'assure l'informateur éconduit.

Le procureur Dallest, en pleine réunion, confirme.

– Oui, Alexandre Guérini est en garde à vue depuis ce matin.

L'accompagnent la fidèle Antoinette Camiglieri, Jean-François Noyes, directeur de cabinet de Jean-Noël Guérini, ainsi que le directeur de la communication de l'élu socialiste. Au total, pas moins d'une vingtaine de personnes. À chaque numéro composé, j'obtiens de nouvelles précisions, suffisantes pour dicter un papier au téléphone à la rédaction de Bakchich. Attendre la publication, puis filer vers la caserne de gendarmerie Beauvau, proche du Stade vélodrome. Non pas pour y recueillir des informations – rien ne filtrera. Plutôt pour prendre position et discuter avec les confrères avant de filer au centre-ville faire la tournée des cabinets d'avocats. Les sources, désormais, débordent. Je dois faire vite avant qu'elles ne se tarissent de nouveau.

En réalité, Alexandre n'a pas été arrêté. Les gendarmes n'ont pas trouvé ce lève-tôt à son domicile. C'est lui-même qui s'est rendu à la caserne.

– A-t-il été prévenu ? Y a-t-il eu un deal pour éviter des photos de presse ? s'interroge dans un sourire mon éminence grise de la droite marseillaise. Qu'importe après tout ! Alex est un bosseur, pas du genre à fuir. Pour lui, préserver son image est important.

À Marseille on porte beau, on se toise.

– Les gendarmes étaient tirés à quatre épingles, les locaux superbes. On avait l'impression qu'ils voulaient faire reluire les affaires de déchets, s'amuse, cabotin, Michel Pezet, vice-président du conseil général, ennemi des Guérini et alors avocat de Michel Karabadjakian, l'un des prévenus.

Le premier cercle de Jean-Noël Guérini, lui-même en voyage en Pologne, ressortira au bout de quatre heures d'interrogatoire. Dès potron-minet, la section de recherches s'est déplacée jusqu'au Vaisseau bleu, le siège du conseil général, histoire de signifier le caractère urgent des convocations. Les bureaux étaient encore vides mais le message a été entendu.

– Peut-être même ont-ils convoqué Gilbert Gaudin pour empêcher Jean-Noël de communiquer, se hasarde le proche de l'autre Gaudin, Jean-Claude. À moins qu'ils n'aient voulu interroger le communicant sur ses effectifs pléthoriques…

La fille de Bernard Squarcini, le patron de la DCRI, occupe un poste de chargée de mission à la communication au sein du conseil général. Un soir, « Le Squale » – surnom de Squarcini – m'a envoyé un émissaire.

– Qu'est-ce que tu cherches sur la fille de Bernard ?

– Rien. Je sais où elle travaille mais je ne touche pas à la famille des gens.

Les membres du conseil général et de 13 Habitat sont finalement relâchés. Mis en examen, Alexandre, lui, est transféré à la maison d'arrêt de Luynes. C'est un sentiment étrange de voir une personne que l'on a fréquentée prendre la direction de la prison. Je lui écrirai une fois, sans obtenir de réponse. Quelques mots d'encouragement, des nouvelles de mon mariage et la copie de mes derniers papiers dans Bakchich. Son portrait notamment, où j'expose qu'il n'est pas un voyou. Éventuellement un patron marron, un fraudeur fiscal, mais pas un grand truand. Juste un rouage au milieu de la grande mécanique marseillaise. Voire même un fusible. Veolia et Suez, les géants de la propreté, n'ont pas été malmenés durant l'enquête. Malgré leur présence sur les écoutes judiciaires, les grands patrons de ces entreprises ne sont pas entendus. Ils ont pourtant engrangé des centaines de millions d'euros. En comparaison, Alex fait office de premier communiant. C'est pourtant lui qui sera crucifié.

– Syndrome de Stockholm ! se marre Simon à la rédaction.

Peut-être bien. Je suis à Paris lorsqu'un ami d'Alex me contacte. Gérant de la société Queyras, Éric Pascal a passé, lui aussi, l'été en prison.

– On accuse Alex d'être incontournable et omnipotent. Alors pourquoi ses sociétés n'ont-elles que 8 % du marché total des déchets – soit 500 millions d'euros – dans le département ? questionne-t-il. Pourquoi ne récupère-t-il que 30 % des ordures ménagères du département ? Pourquoi les autorités, et notamment les préfets, n'ont-elles jamais rien trouvé à redire à son travail ?

Depuis la capitale, j'observe. « Monsieur Frère » est en prison. Les avocats ont fait leur entrée dans le dossier. Le ballet des journalistes d'investigation peut commencer. De l'investigation avec un grand « C », comme « Cabinet ». D'avocat, de juge d'instruction, de ministre ou de député. Là où se cueillent procès-verbaux d'auditions et rapports d'enquêtes. Bientôt se déverseront des flots d'articles sur Marseille, sur Alex, sur les Guérini, sans que jamais leurs auteurs les aient rencontrés.

Je sens poindre un sentiment de dépossession mâtiné d'un soupçon de jalousie. Cette fois, je ne serai pas le premier servi. France 3-Marseille est le premier média à tirer. Ce n'est que justice. Jean-François Giorgetti n'est pas seulement un ami, c'est le meilleur enquêteur de la ville. Dès le vendredi, il a fait état des comptes rendus d'écoutes entre Alexandre Guérini et Henri Proglio. Entre le patron de déchetterie et le futur P.-D.G. d'EDF, du respect, du vouvoiement et un dialogue dont ressort un élément déjà connu : Guérini a mis en place le cabinet du président à la Communauté urbaine – notamment Franck Dumontel, le directeur de cabinet, « un ami intime ». Je l'avais moi-même écrit dès juin 2009. Cet article, intitulé « Les Soucis de Nono Guérini », avait mis en rage le président du conseil général. C'était avant la tempête.

Très vite, des copies du dossier judiciaire circulent de main en main, ou plutôt de clé USB en clé USB. Le viol du secret de l'instruction vire à la tournante. Absent de Marseille, je suis servi après les autres. J'envoie un contact récupérer une clé USB pour mon compte avant de me transmettre les documents via le serveur d'un ami. Dans ce gigantesque flux, il y a à boire et à manger. Je passe mes nuits à éplucher les centaines de cotes disponibles, espérant y dénicher la perle qui permettra au journal de buzzer, que ce soit sur le Net ou dans son édition imprimée hebdomadaire.

J'ai un net avantage sur mes confrères : je connais l'affaire. Tandis que défilent sur mon écran rapports de synthèse, comptes rendus d'écoutes ou de filatures, mon appartement vibre au son de Jacques Brel, Damien Saez, Mano Solo ou David Bowie – *We can be Heroes, just for one day.* J'ai la satisfaction de constater que, même sans bénéficier de documents judiciaires, j'ai décrit correctement ce qui s'est tramé. Les pièces que j'ai obtenues depuis confirment l'entrisme d'Alexandre Guérini à la Communauté urbaine de la ville ou au conseil général, présidé par son frère. Son influence sur les marchés publics et dans le paysage politique local. Sa propension à en imposer...

Un massacre s'annonce. Les gendarmes ont affublé leur dossier d'un nom de code prémonitoire : « Guernica. » Les médias recrachent le contenu des procès-verbaux. « De source judiciaire », il se dit qu'Alexandre a fait héberger des pontes du grand banditisme dans les HLM du conseil général, qu'il habiterait lui-même un logement social, qu'il menace à tout-va au téléphone, que son emprise sur les fonctionnaires locaux relève de la terreur...

Sur les relevés d'écoutes judiciaires, le ton de « Monsieur Frère » – vulgaire parfois, grande gueule souvent – me semble familier. C'est le même qu'il avait avec moi. Je ne me suis jamais senti menacé. Ses coups de pouce, justifie-t-il, relèvent du piston de comptoir, quand les fonctionnaires qui ont cédé invoquent devant les gendarmes son lien de sang avec le président du conseil général. Alex Guérini s'adresse à la directrice de cabinet du président de

13 Habitat ou au président lui-même comme s'il s'agissait de ses propres employés, ainsi qu'en témoignent les écoutes judiciaires.

– Mais je veux qu'il habite dans le IVe-Ve *[...]*. Dans le IXe, ça ne m'intéresse pas, assène-t-il sans complexes.

– Alors je vais chercher et je vous dirai, hein, lui répond Antoinette.

Monsieur Frère donne ses rendez-vous au conseil général. L'énergique militant socialiste s'assure que ses protégés reçoivent bien les subventions prévues. Il se plaint de « ces connards » d'administratifs qui renâclent à payer, avant d'exiger (et d'obtenir) « des paiements flash ». Au summum de la grâce, le voilà éructant que « malgré des versements de 1,4 million d'euros par an » à une association, « on est maître de mes couilles ».

« Ma façon de m'exprimer me désavantage, parce que je vais droit au but et sans fioritures », concède Alex lors de sa garde à vue. Dans ces institutions où il n'est censé jouer aucun rôle, il ne rencontre nulle opposition. À droite, à gauche, chez les géants industriels ou du côté des policiers, chacun aurait donc ignoré un si vaste système. Les journalistes ne creusent pas à propos des noms qui fusent lors des conversations téléphoniques. Pourtant, plusieurs d'entre eux m'interpellent. Alexandre Guérini place ses obligés dans les logements sociaux. Le patronyme de la première épouse de Bernard Barresi, Costagliotti, se dégage. Reste à savoir où Alexandre comptait la loger et s'il est parvenu à lui obtenir un accessit. Autant de vérifications qui prennent beaucoup de temps ou nécessitent de bons contacts. Il me suffira de trois ou quatre jours. Un lot de documents arrive dans ma boîte mail. Et quelques baux bien ciblés.

Quarante-quatre mètres carrés habitables pour quatre-vingt-dix de surface utile, à 238 euros par mois. L'appartement se situe à la croisée de l'avenue des Catalans et de la rue du Capitaine-Dessemond. La Bonne Mère pour vigie, la Méditerranée comme horizon. À quelques pas, le Cercle des nageurs de Marseille. L'adresse est bien connue d'Alexandre. Dans les années 1980, il a lui-même habité là. Sa compagne, Jeannie Peretti, également. Le croque-mitaine des poubelles marseillaises dispose lui-même d'un logement social à cinquante mètres de là, attribué par la ville à son défunt père pour 474 euros par mois. La mairie n'y trouvera à redire qu'après le déclenchement de l'affaire. À Marseille, on ne rompt pas comme cela la paix des braves.

L'agent Guérini ne se contente pas de loger la famille Barresi. Dans le même temps, Alexandre prend soin de réserver un appartement pour le fils de Lisette Narducci, la fidèle maire des 2e et 3e secteurs, le quartier où a commencée l'ascension politique de son frère Jean-Noël. Le syndicat majoritaire n'est pas oublié. Alexandre demande à la directrice de cabinet du président de 13 Habitat d'appeler Patrick Rué, alors nº 2 de Force ouvrière.

– Alors vous allez lui dire que je vous ai appelé pour vous mettre d'accord, que s'il veut des appartements, qu'on voie ensemble.

Réponse sans fard du syndicaliste à mon coup de fil :

– Vous savez, je suis administrateur de 13 Habitat *[ex-Opac 13]* et je m'occupe de la branche sociale du syndicat. Aussi j'interviens sur certains dossiers d'attribution, je ne vais pas m'en cacher. Mais je ne savais pas que M. Alexandre m'avait recommandé. Je sais qu'il aime rendre service…

FO a beaucoup œuvré à la réélection de Jean-Claude Gaudin en 2008. Patrick Rué s'est alors montré actif dans le secteur-clé des IVe et V^e arrondissements, là où Renaud Muselier a fait chuter Jean-Noël Guérini. Rué est un homme susceptible de servir des ambitions politiques.

Pendant sa garde à vue, Alexandre Guérini dévoile la recette secrète du fonctionnement de la ville : le rôle pivot joué par Force ouvrière, l'ombre tutélaire de Gaston Defferre sur la politique marseillaise, les accords qui se nouent naturellement, banalement, sincèrement, entre camps adverses… Ce ne sont pas les mots d'un homme pris en faute. Plutôt les explications d'un Marseillais rompu à la nage en eaux troubles. « C'est bien connu : depuis 1953, date où Gaston Defferre est devenu maire de Marseille, c'est toujours le syndicat majoritaire FO qui a proposé, les nominations de fonctionnaires, déclare-t-il. De Gaston Defferre à Jean-Claude Gaudin en passant par Robert Vigouroux, c'est toujours le syndicat majoritaire qui aura, seul, la possibilité de proposer les nominations. »

Michel Karabadjakian sera interrogé dans les mêmes locaux, caserne Beauvau. L'ancien responsable de l'éclairage de la ville a été promu directeur des déchets à la Communauté urbaine par l'entremise du cadet des Guérini, qui lui a fait passer ses entretiens d'embauche. Il est mis en examen pour corruption passive. « Je sais qu'à plusieurs reprises avant ma prise de fonctions, Alexandre a rencontré Élie-Claude Argy, qui est le secrétaire général du syndicat FO, et que celui-ci est intervenu au minimum pour accélérer les délais et obtenir le poste. » Un coup de pouce, bien appuyé. « J'ai eu connaissance que Jean-Noël Guérini était lui-même intervenu auprès du président Caselli pour appuyer ma nomination […] au cours d'une réunion politique à laquelle assistaient Patrick Mennucci, Eugène Caselli […]. La position tenue par Jean-Noël Guérini ne tient qu'aux seuls intérêts de son frère. »

FO exerce sa mainmise sur le Vieux-Port, de la mairie au conseil général en passant par la Communauté urbaine. L'historique maire de Marseille, Gaston Defferre, lui a offert les clés de la cité. Ni le maire UMP, Jean-Claude Gaudin, ni le président socialiste du conseil général, Jean-Noël Guérini, ni même le président de la Communauté urbaine, Eugène Caselli, ne les lui ont retirées. Les héritiers du Vieux Lion n'ont eu de cesse de choyer Force ouvrière, quitte à abandonner la ville au syndicat.

La presse ne s'émeut guère de cette mise en lumière du rôle de FO. Pas plus que les magistrats d'ailleurs, qui n'interrogent aucun responsable syndical. Les politiques se terrent. La justice a fait sauter le couvercle du système marseillais, désormais étalé aux yeux de tous. Mais l'heure est au journalisme de cabinet et à la chasse aux Guérini. Il ne me reste plus qu'à me lancer sans filet, hors du terrain balisé de la procédure.

Aux craintes de Gaudin s'ajoute la frilosité de l'état-major de la gendarmerie. Une violente dispute a eu lieu entre le juge Duchaine et le général Marc Mondoulet, commandant des gendarmes de la région. Pris d'une envie de retirer certains enquêteurs mobilisés par la Juridiction interrégionale spécialisée, le pandore se fait tirer l'oreille par le juge Duchaine, qui lui tient à peu près ce langage : « Soit vous me donnez les effectifs que je souhaite pour enquêter, soit je dessaisis la gendarmerie avant de renommer moi-même les gendarmes avec qui je souhaite bosser. » L'ambiance est à la défiance, d'autant que le 20 novembre 2010, l'officier de la gendarmerie a inauguré la caserne du Rousselet en présence de Jean-Noël Guérini. Neuf jours seulement avant l'arrestation d'Alex.

En audition, la compagne d'Alexandre affirme que « le général de la gendarmerie Provence-Alpes-Côte d'Azur en a été informé *[de la cabale anti-Guérini, nda]* par M. Jean-Noël Guérini lors de l'inauguration d'une gendarmerie la semaine dernière ». Teneur de la rencontre ? « De simples échanges professionnels et conviviaux », assure-t-on du côté des militaires. Le conseil général finance une bonne partie des travaux de réfection des gendarmeries. Je relate ces entraves dans un article intitulé : « Marseille, l'enquête hoquette. » Un an plus tard, le général affirmera au magistrat qu'en fait le rendez-vous s'est fort mal déroulé. Nono l'aurait accusé d'instrumentaliser la justice, de ne pas tenir ses hommes, de bosser pour la droite...

– Vous êtes sûr de ce que vous avez écrit ? s'inquiète Renaud Muselier.

Dans sa voix, je sens poindre l'angoisse que le soufflé retombe. Au sein de la droite marseillaise, le sénateur Bruno Gilles et le député Renaud Muselier se retrouvent esseulés alors qu'une deuxième déflagration secoue la ville. Un événement tellement attendu qu'il m'a été confirmé dès la veille au soir.

Le 2 février 2011 à l'aube, l'état-major de la Communauté urbaine est cueilli par les gendarmes. La blanche chevelure de son président, Eugène « Brushing » Caselli, est à peine visible dans la voiture qui l'emmène en garde à vue. Homme lige des Guérini, l'ex-premier secrétaire du Parti socialiste a été poussé à la tête de l'institution par Alexandre en personne. Franck Dumontel, son directeur de cabinet, un intime d'Alex, est également convoqué. Me Olivier Grimaldi, l'avocat qui le défend dans l'affaire des subventions détournées de la Région, est interrogé à son tour par les gendarmes à propos de son rôle d'avocat de la

Communauté urbaine. La galaxie guériniste défile. Tous en ressortent indemnes.

– Parce que certains se sont mis à table hors PV, m'assure un grand flic parisien qui suit l'affaire de près.

Le rôle singulier joué par Bakchich dans le déclenchement de l'affaire s'estompe peu à peu, recouvert sous les tonnes d'articles qui recopient les extraits de PV. Un journaliste me décrit la scène de la distribution des clés USB. La deuxième fournée a eu lieu en février 2011. Deux journalistes locaux et un troisième d'un média national, qui ne connaît rien au dossier, ont été réunis par une même source, de droite.

– Je la leur ai rendue en me moquant d'eux, me raconte l'un des deux journalistes marseillais. Ils l'avaient caviardée, j'en avais plus qu'eux. Mais tous les autres sont partis bille en tête, publiant des retranscriptions d'écoutes dès le lendemain.

Le juge Duchaine a prévenu son entourage : nul ne sera épargné, et surtout pas « ceux qui ont laissé faire ». À droite comme à gauche.

12.

Arnaud « Rastignac » Montebourg en campagne

– Ils m'ont supplié de venir les voir à Marseille, de les aider et d'alerter Martine Aubry sur la situation.

En avril 2011, c'est ainsi qu'Arnaud Montebourg m'expose les raisons de son irruption dans les rangs des socialistes locaux. En difficulté pendant la campagne des primaires, le secrétaire national à la rénovation du PS dénonce depuis quelque temps les errements de ses camarades de parti marseillais, comme s'il espérait trouver là un tremplin pour le vote interne. Le rapport sur la fédération des Bouches-du-Rhône qu'il a remis à la direction du PS a mis le feu rue de Solférino. D'abord circonscrit au département, l'incendie est vite devenu national, tandis que l'affaire Guérini se métamorphosait en slogan de campagne. Arnaud Montebourg ressort du placard le costume de Monsieur Propre qui l'a rendu célèbre. Rien de très neuf dans son discours mais sa voix porte. Dévoilé par *Le Point* le 2 mars 2011, son rapport reprend ce qui s'écrit depuis plusieurs mois. Clientélisme. Verrouillage du système au profit d'un homme, Jean-Noël Guérini, avec l'appui de son frère, Alexandre, personnage incontournable. Relents de grand banditisme, dont le secrétaire du PS à la rénovation parfume sa copie. L'archange anticorruption s'attaque à Marseille avec panache.

Je l'avais imaginé plus fluet, un poil plus grand. Pour l'arrogance, en revanche, je ne m'étais pas trompé. L'ancien avocat s'écoute parler, scandant avec emphase une plaidoirie aux allures de réquisitoire. Sa mèche commence à m'agacer. La largeur excessive de son pantalon m'amuse.

Je lui ai demandé une entrevue à contrecœur, prétextant un projet de documentaire sur la ville. Sa compagne d'alors, Audrey Pulvar, me poursuit en diffamation pour une vieille brève parue dans Bakchich *, un journal qu'en privé il qualifie lui-même d'extrême droite. Ce matin d'avril 2011, je mets la rancœur en veilleuse. C'est dans un studio du XIe arrondissement parisien que j'interviewe le sieur Arnaud. Sa vision du clientélisme à la marseillaise est lumineuse.

– Le clientélisme est ce qui appauvrit les territoires. En favorisant des intérêts uniquement politiques et électoraux, on n'utilise plus les fonds publics pour des projets de développement qui peuvent sortir des zones de la pauvreté, on ne crée pas d'emplois pertinents, on maintient des féodalités.

Pertinent tant qu'il en reste aux généralités, incisif sur Guérini, le député de Saône-et-Loire va pourtant se ridiculiser sur Marseille, qu'il semble profondément méconnaître.

Les sources de son rapport témoignent d'une rare transparence. Arnaud Montebourg n'a passé qu'une seule journée dans la ville, en juin 2010, où il a rencontré Patrick Mennucci, le maire des Ier et VIIe arrondissements, et Henri Jibrayel, député des quartiers Nord. Les deux élus socialistes

* Le tribunal de grande instance de Paris et la cour d'appel l'ont déboutée.

ont été façonnés par Jean-Noël Guérini avant que ce dernier ne leur coupe les vivres. Le reste de ses informations – « un carton de documents envoyé à Martine Aubry, qu'elle m'a retourné avec accusé de réception », glose-t-il hors caméra – provient des procédures judiciaires en cours.

Je le laisse dérouler son argumentaire, exposer son combat et vanter son courage, me limitant à quelques questions simples. À ma remarque sur le soutien qu'il apporte aux socialistes locaux issus du « système Guérini », que pourtant il dénonce, il m'offre une perle, en plein dans l'actualité.

– C'est comme en Tunisie : on ne peut faire tomber le pouvoir qu'en utilisant des anciens du premier cercle, des transfuges.

Les politiques, ça ose tout, c'est même à ça qu'on les reconnaît ! Comparer la lutte des démocrates tunisiens contre Ben Ali au combat discret des socialistes marseillais contre celui qui les a faits... Courage et résistance d'un côté. Mais de l'autre ? Des souvenirs encore frais me reviennent en mémoire. C'était quelques semaines plus tôt.

Le 27 mars 2011, au soir du second tour des cantonales, une réunion de factieux se tient au cabinet de Michel Pezet, rue Grignan, à cinquante mètres à peine de la rue Montgrand où la fédération socialiste est en train de célébrer sa victoire. Patrick Mennucci, Sylvie Andrieux, Marie-Arlette Carlotti et Eugène Caselli retrouvent là Michel Pezet, l'ancien premier adjoint de Gaston Defferre. L'ordre du jour de ce conclave de conjurés, soutenu par Arnaud Montebourg, est simple : comment empêcher Jean-Noël Guérini d'être réélu président du département quatre jours plus tard. À l'issue de la réunion, aucune décision n'est prise. En revanche, des inimitiés ressurgissent. À propos de

Patrick Mennucci, l'un des factieux lâche que « ce n'est pas à 50 ans qu'il va se découvrir des couilles ». Marie-Arlette Carlotti passe son temps à regretter ses indemnités de parlementaire européenne, perdues par la faute de Guérini, qui l'avait remplacée par Vincent Peillon lors du dernier scrutin européen, en 2009.

Au matin du 31 mars, le jour où le président du conseil général doit être élu, Sylvie Andrieux, Eugène Caselli et Patrick Mennucci, le regard tourné vers la primaire socialiste, lancent un appel à soutenir Dominique Strauss-Kahn en vue de la présidentielle. La première sera renvoyée en correctionnelle pour détournement de fonds publics. Le deuxième a passé trente-six heures en garde à vue dans la procédure Guernica. Quant à DSK, il entamera bientôt son chemin de croix érotico-judiciaire.

– Vous n'avez pas l'impression de rejouer les Daltons ?

Ma question fait à peine sourire Patrick Mennucci.

– Non. Sylvie est une fille honnête. Eugène n'a rien à se reprocher. Nous avons lancé cet appel parce que nous ne sommes pas élus au conseil général.

Dans l'hémicycle du Vaisseau bleu, je patiente, pendant que mon cameraman engrange des plans d'illustration. Je croise une ex, une journaliste dont je connais les sympathies pour le PS. Les gradins débordent. La séance s'ouvre, sans grande perspective de suspense. Jean-Noël Guérini a été investi seul candidat par le parti. Un par un, les conseillers généraux descendent de leur pupitre sous le crépitement des flashs des photographes. En tribune, Samia Ghali et son époux, Franck Dumontel, sont venus faire la claque avec Charles-Émile Loo, 90 ans, baron historique du PS local et ancien lieutenant de Gaston Defferre. Sylvie Andrieux, elle aussi, a fait le déplacement.

Condamnés volontaires, les élus marchent lentement vers l'isoloir, ouvrant le bal du renoncement. Henri Jibrayel évite les caméras. Marie-Arlette Carlotti fuit le micro. Sans l'avoir prévenue, Arnaud Montebourg l'a désignée sur Canal+ comme l'une des principales opposantes au système Guérini. Dans une fédération encore largement acquise à Jean-Noël, la voilà exposée à un *outing* dont elle se serait bien passée.

– Ah ben, merci Montebourg ! me lâche-t-elle, effrayée.

À gauche, malgré de nombreux appels du pied venus de la droite ou d'Arnaud Montebourg, aucun candidat ne se présente contre le président sortant. À l'extérieur de l'hémicycle, Renaud Muselier et le sénateur Bruno Gilles n'ont pas ménagé leurs efforts pour fragiliser la candidature Guérini. Ils ont même assuré Michel Pezet de leur soutien si celui-ci relevait la tête. Un plan auquel Jean-Claude Gaudin a mis son veto, prenant personnellement son téléphone pour tancer les élus de droite qui seraient tentés de diviser l'adversaire.

Michel Pezet descend sans entrain de la tribune pour glisser son bulletin dans l'urne.

– Si j'avais sorti la tête, on me l'aurait coupée, m'explique-t-il pour se justifier.

Chronique d'une lâcheté politique annoncée.

L'issue du scrutin est sans appel. Trois voix de droite s'ajoutent même à celles de la gauche pour reconduire à la présidence Jean-Noël Guérini, qui n'avait jamais été élu aussi confortablement. Après son triomphe, le premier geste du président du conseil général sera de serrer la main de Michel Pezet. Son premier discours est d'une violence assumée contre les médias, contre l'UMP et contre ses détracteurs au sein du Parti socialiste. Un tic m'interpelle. Avant de lancer ses salves les plus sévères contre la droite et contre la campagne de calomnies dont il se dit l'objet, Jean-Noël penche légèrement la tête en passant sa main sur sa gorge. Puis il se lance. « Si le clientélisme, c'est aider les pauvres, les vieux, les chômeurs à trouver un emploi, un logement, de la nourriture, alors oui, j'assume le clientélisme au nom de ma majorité ! » Enthousiaste, l'auditoire l'acclame. Un échec cinglant pour ses contempteurs.

Dans les couloirs de l'hôtel du département, un intime de Guérini vient me saluer. C'est d'ailleurs le seul parmi ses proches qui assume de me connaître.

– Vous aviez raison, ce sont tous des lâches, me glisse cet ancien flic en me serrant la main. Mais je ne m'attendais pas à ce degré de couardise, rajoute-t-il.

Ce sont ces hommes qu'Arnaud Montebourg, devant moi, compare aux rebelles tunisiens à peine un mois plus tard. Sur les plateaux télé ou devant ma caméra, le candidat à la candidature attaque violemment Martine Aubry pour son silence sur le cas Guérini, dénonçant les liens entre le socialiste marseillais et le grand banditisme. Il s'attirera plusieurs plaintes pour diffamation – publique comme privée – et pour violation du secret de l'instruction de la part de Jean-Noël Guérini. Incommodant pour un ministre. Moins pour un candidat en campagne.

Au moment de notre entrevue, l'homme plane encore.

– Vous devriez descendre à Marseille ! Vous comprendriez la peur qui y règne, le courage de ces résistants.

J'ai du mal à cacher un petit rictus. Seul Montebourg intéresse Arnaud. L'élu est si imbu de lui-même qu'il n'a pas pris la peine de me demander mon nom ni de vérifier un peu mon cursus et mes centres d'intérêt. J'en profite.

– Vous avez vous-même fait cause commune avec Guérini quand vous souteniez tous deux Ségolène Royal lors de la primaire de 2006…

– Oui mais… Guérini n'avait pas encore cette dimension ni ces affaires !

Le justicier se défausse. Jean-Noël Guérini, sénateur depuis 1998, a été élu pour la première fois président du conseil général en 1998. Il est devenu le grand ordonnateur de la fédération à la même époque. En 2003, dans l'arrière-salle d'un restaurant aixois, le Nouveau parti socialiste de Vincent Peillon, Arnaud Montebourg et Benoît Hamon était venu négocier son pourcentage de voix auprès de Patrick Mennucci, émissaire de Guérini, en vue du Congrès de Dijon.

– On a beaucoup parlé de vos liens avec la droite locale, notamment Renaud Muselier…

– C'est faux. La seule fois où j'ai été en contact avec M. Muselier, c'est quand je l'ai fait condamner pour diffamation et que je lui ai envoyé une assignation afin qu'il paie.

Je ne peux m'empêcher de faire un peu de mauvais esprit.

– Pourtant vous avez assisté au mariage d'Hervé Gattegno, le journaliste du *Point* célébré à Marseille par Renaud Muselier. Je crois même que son témoin était Denis Trossero, le journaliste de *La Provence*.

– Ah, vous savez, un mariage, quand vous y allez, vous ne savez pas qui d'autre sera invité.

Il est en revanche plus facile de vérifier qui l'a célébré. Or Renaud Muselier a insisté pour célébrer celui-là avec Arnaud Montebourg, à qui il a même prêté pour l'occasion son écharpe tricolore.

L'entretien s'achève. Le député de Saône-et-Loire comprend trop tard le pedigree de son intervieweur.

– Ton journaliste est taquin, glisse-t-il à mon producteur.

Quelques mois plus tard, le futur ministre du Redressement productif goûtera personnellement au « courage » des socialistes marseillais opposés à Jean-Noël Guérini. Le 29 septembre 2011, aucun élu local ne l'aidera à trouver une salle adéquate pour le meeting qu'il doit tenir à Marseille. Montebourg sera contraint de faire campagne dans un lieu bien trop grand, les Docks des Suds, sous escorte du GIPN.

D'Arnaud Montebourg, ce « Rastignac qui prend les caméras pour des miroirs et les micros pour des sucres d'orge », selon le bon mot de Jean-Noël Guérini, je n'attendais pas grand-chose, si ce n'est une confirmation. Comme les médias, les politiques suivent un but précis. Abattre Guérini. C'est plus rentable que de sauver Marseille.

13.
Gaudin, héritier de Defferre

Une voix guillerette au téléphone.

– Monsieur Monnier, vous n'allez pas me croire mais j'ai fait une erreur de manipulation. Enfin... disons... mon communicant. Au lieu d'envoyer *Le Ravi* à quelques personnes, il a adressé le mail à l'ensemble de la Communauté urbaine !

Le ton de Renaud Muselier est badin. Pourtant ce raté n'a pas fait rire l'entourage du maire Jean-Claude Gaudin. En ce mois de mai 2011, le sénateur vieillissant squatte en effet la couverture du *Ravi*, le mensuel satirique marseillais « qui ne baisse jamais les bras ». Avec un titre sans ambiguïté : « L'affaire Gaudin. Dans le tumulte politico-judiciaire marseillais, le maire est le gardien du temple de la continuité. Et de l'immobilisme ? Enquête sur un système... »

Six pages sont consacrées au décryptage de la méthode mise en œuvre par le premier édile pour squatter l'hôtel de ville depuis dix-sept ans. Un tir à contre-pied au moment où un déluge de procédures vise le conseil général, le conseil régional, la Communauté urbaine et le PS.

Cette enquête sur Gaudin, que m'avait commandée le mensuel, m'a fait replonger dans mes carnets. J'ai passé quelques nuits à relire mes notes d'entretien et mes agendas, à radiographier les procédures, à compiler les piques. De Jean-Noël Guérini à Jean-Claude Gaudin, bien plus que d'un système, il s'agit d'un héritage. Le second, mieux formé, l'a géré en bon père de famille, chaussant les pantoufles usées du defferrisme, tandis que le premier l'a investi dans un réseau quasi clanique. Différences de méthode et de résultats, du moins sur le plan électoral et médiatique. Le dossier publié par *Le Ravi* rééquilibre un peu la balance médiatique, notamment en ce qui concerne les liens tissés avec le syndicat majoritaire, Force ouvrière, passé du statut d'esclave à celui de maître entre l'ère Defferre et l'ère Gaudin.

– En 1995, quand Gaudin est devenu maire, on a senti une hésitation de la nouvelle équipe vis-à-vis de FO, qui était jusque-là l'interlocuteur privilégié des maires de gauche, se souvient Pierre Godard, ancien éboueur CGT passé à la CFDT puis à la FSU, qui s'est souvent retrouvée face à FO lors des grèves. On aurait pu croire qu'avec la droite à la mairie, le lien deviendrait plus distant. Mais cette hésitation n'a pas duré longtemps. Ils se sont rendu compte des avantages électoraux qu'ils pouvaient retirer d'une alliance exclusive avec ce syndicat. Et ça n'a pas fait un pli.

Même scénario en 2000, au moment de la création de la Communauté urbaine. Les transferts de compétences, notamment en ce qui concerne la propreté et les transports, conduisent à un transfert de personnel vers l'institution installée au palais du Pharo. Une fenêtre de tir idéale pour desserrer l'étau de FO sur la fonction publique territoriale marseillaise.

– L'ambiance à la CUM était alors différente de celle qui régnait à l'hôtel de ville, se remémore Roger Aymard, un vieil opposant au syndicat majoritaire. Au moins, pendant les premières années il était possible de discuter, d'engager un dialogue avec la direction, qui ne discutait pas qu'avec Force ouvrière. Mais ç'a été un feu de paille et la relation exclusive de FO avec l'administration a repris.

Analyse confirmée par Bruno Gilles, sénateur et maire UMP des IVe et Ve arrondissements.

– C'est vrai. En 1995, après avoir remporté la mairie, on a hésité. Quand on a vu la puissance de Force ouvrière, on s'est dit qu'il valait mieux l'avoir avec nous que contre nous, il faut avoir l'honnêteté de le reconnaître. Alors on a poursuivi l'alliance.

Tout en donnant des gages. François Moscati, l'ancien no 1 du syndicat à la mairie, est élu sur les listes Gaudin en 1995 et en 2001 avant de devenir, en 2008, candidat sur les listes de l'UMP Jean Roatta dans le 1er secteur, qui sera remporté par la gauche. De même, André Camera honore de sa présence depuis 2001 les bancs du conseil municipal. Lui aussi encarté à FO, il figure parmi les représentants du personnel à la Caisse primaire d'assurance-maladie des Bouches-du-Rhône, après avoir été le secrétaire général du comité d'entreprise de ce bastion syndical. Désormais, il pointe comme adjoint au maire chargé des voitures publiques *(sic)*. Entre 2001 et 2008, il est passé de la place de 27e adjoint à celle de 19e adjoint. Une belle promotion.

En 2008, se rappelle Roger Aymard, de la FSU, « Patrick Rué a annoncé qu'avec Guérini à la mairie, le "fini parti" prendrait fin. » Pour tous les salariés de la propreté – publique ou privée – adhérents de Force ouvrière, c'était une incitation explicite à voter contre le socialiste, quasiment une invitation au combat. Entre les deux tours apparaissent des tracts de FO en faveur du maire sortant, vantant la gestion du personnel municipal par Jean-Claude Gaudin, énumérant les avancées sociales réalisées sous son mandat, affublant Jean-Noël Guérini du titre de « Monsieur Grève ». Un surnom prémonitoire.

Lors de son dernier grand meeting de campagne, Jean-Claude Gaudin peut compter sur une assistance conquise d'avance. Des dirigeants de Force ouvrière siègent sans se cacher dans la salle Vallier.

– C'est vrai que leur apparition a lancé un signal, dans un contexte d'élection difficile, sourit Bruno Gilles. S'ils ne sont pas en mesure de faire élire un maire à eux tout seuls, il est difficile d'être élu maire sans leur soutien.

Flanqué de ses plus proches adjoints, Gaudin a lui-même assisté, en mars 2003, au congrès des territoriaux de FO au cours duquel Élie-Claude Argy a ravi le secrétariat général – son bâton de maréchal. Grâce à son titre de directeur des équipements municipaux, le patron dc FO a la haute main sur le Dôme et sur le Palais des sports, tout en visant la partie rénovée du Stade vélodrome. Une manne appréciable, surtout au moment de distribuer des billets de spectacle aux affidés. Et un immense levier de pression – un de plus ! – sur la mairie.

– Quand Defferre recevait le boss de FO, ce dernier l'écoutait. Il n'était pas en terrain conquis, croit se rappeler le socialiste Michel Pezet.

Patrick Mennucci pousse plus loin la métaphore :

– Gaudin n'est pas Defferre. Defferre était le patron du syndicat, qui se couchait devant lui. À présent, c'est le maire qui se met à plat ventre devant FO.

Un petit détail pimente le dossier du *Ravi*. La mention d'une rencontre qu'aucun journaliste jusque-là n'avait souhaité éventer, alors même que les preuves sont gravées sur les clés USB qui circulent dans toute la ville. Il s'agit du déjeuner entre Jean-Claude Gaudin et Michel Campanella, l'un des hommes arrêtés avec Bernard Barresi en juin 2010, que la presse, la police ou les magistrats décrivent comme un parrain de la ville spécialisé dans l'immobilier, le BTP et les machines à sous.

L'aîné des frères Campanella se fait un plaisir de « traduire » au juge Dorcet, chargé de l'instruction qui a conduit à son arrestation, l'un des nombreux comptes rendus d'écoutes téléphoniques qui jalonnent son dossier, en date du 5 février 2010. Devant les demandes de précisions du magistrat, l'homme ne marque pas même une hésitation : « Il s'agit d'aller rencontrer un élu pour une déballe *[une décharge, nda]* à Vaufrèges. C'était un vieux projet de la ville de Marseille dont j'avais parlé avec le maire, M. Gaudin, et M. Loisel. Je précise que je me suis adressé à lui comme entrepreneur en bâtiment et que je l'ai croisé par hasard au bar de La Boucle où il venait souvent déjeuner entre midi et deux. »

Le maire de Marseille s'est donc retrouvé tranquillement attablé avec un ponte présumé du milieu pour discuter d'une décharge publique. Sollicités, les proches de Jean-Claude Gaudin minorent l'importance de ce repas. Ils répondent que feu Henri Loisel, secrétaire général adjoint de la ville, avait organisé ces agapes. La rencontre exhale une odeur que le maire souhaiterait ventiler discrètement. Celle du soufre. Celle des années Defferre, quand hommes politiques et grands bandits masquaient à peine leurs sympathies mutuelles.

Dès sa première victoire aux municipales, en 1995, Jean-Claude Gaudin a cherché à se démarquer de ses prédécesseurs. À l'occasion d'un dîner avec des proches, dans la luxueuse salle à manger de l'hôtel de ville, le nouveau maire esquisse une belle promesse : « Vous voyez tout ce luxe, tout cet or ? Il faudra changer tout ça ! C'est l'héritage d'avant. Vigouroux n'a pas voulu changer, ni rompre avec Defferre, mais moi, je le ferai. » Seize ans plus tard, le convive qui m'a raconté la scène en sourit encore :

– Je crois que Vigouroux s'est beaucoup plus éloigné du système Defferre en six ans que Gaudin en seize ans !

Tout Marseille cultive encore le souvenir du « Vieux Lion ». Dans le bureau de Patrick Mennucci à la mairie du 1er secteur, où de larges fenêtres éclairent les étagères, un livre sort du lot. Sa couverture est positionnée de face, quand les autres ouvrages sont plus soigneusement rangés. Impossible de rater cette biographie de Gaston Defferre. Au neuvième étage du conseil général, l'hommage de Jean-Noël Guérini se veut plus discret – plus pagnolesque aussi. Sur une étagère, derrière son fauteuil, un santon à l'effigie de Gaston. L'historique maire de Marseille pèse encore sur la politique marseillaise au-delà du Parti socialiste, dont les leaders se rendent religieusement, chaque année, sur sa tombe, se disputant le bras de sa veuve, Edmonde Charles-Roux, ou défendant son héritage.

Fraîchement débarqué à Marseille, le préfet de police Alain Gardère me confie son étonnement en constatant l'influence qu'exerce encore un homme décédé vingt-six ans plus tôt.

– Même à droite !

Jean-Claude Gaudin lui doit sa première élection au conseil municipal, en 1965, sur une liste centro-defferriste. Il a appris la politique à ses côtés. Et l'illustre disparu a contribué, à titre posthume, à son accession à la mairie en 1995. De son vivant, l'ancien résistant n'a jamais désigné d'héritiers. Ses successeurs se sont déchirés à sa mort, en 1986, puis lors des élections de 1989 et 1995. La droite en a profité logiquement. Cette histoire, je l'ai lue dans les livres. Né en 1981, je suis trop jeune pour avoir assisté au crépuscule du règne.

Le dossier du *Ravi* explique à la fois la mansuétude manifestée par Jean-Claude Gaudin envers les « affaires Guérini » et son immobilisme, raillé de tous côtés.

– Gaudin, c'est comme le Dr Flaissières, ce maire de Marseille qui refusait le tout-à-l'égout parce qu'il pensait que les habitants allaient hurler contre le changement, peste un élu de droite aux vues de plus en plus affirmées sur la mairie. Gaudin veut que tout reste figé. Que rien ne bouge.

À l'image, peut-être, des Marseillais, ce peuple de rebelles qui, pourtant, n'aime rien moins que la révolution. « L'opinion dominante à Marseille était que le meilleur gouvernement est celui qui laisse aux spéculateurs le plus de liberté d'action. » Dans ses *Mystères de Marseille*, Émile Zola avait saisi la philosophie de la ville.

Jean Claude Gaudin forme toujours un couple aussi inséparable que politique avec son directeur de cabinet Claude Bertrand. Ils n'ont, au contraire de nombreux autres, jamais cherché à me rencontrer. Leur proche, mon contact gaudinien, me sonde parfois. Sans doute connaissent-ils la curiosité que j'éprouve pour les goûts architecturaux de la mairie. La préférence insistante du maire en faveur de deux architectes qui rafflent à intervalles réguliers les appels d'offres m'intrigue particulièrement.

– Quand je suis arrivé à la présidence d'Euromed, j'ai dû me battre pour que les grandes entreprises de BTP viennent concourir, me confie Renaud Muselier. Ils pensaient que tout était joué d'avance.

Joué d'avance au profit d'un duo : Roland Carta et Didier Rogeon. Gendre de Jean Chélini – le père spirituel et mentor politique de Jean-Claude Gaudin –, docteur en théologie, coauteur avec le maire d'un *Dictionnaire de Marseille*, Roland Carta fait en quelque sorte partie de la famille. Sa femme dirige le palais du Pharo. Un brin méfiant quand il reçoit ma demande d'entretien, il demandera à connaître les questions à l'avance, histoire de baliser le terrain.

Didier Rogeon se montre plus ouvert. Le 29 février 2012, il accepte de me recevoir dans son étude de la rue Thubaneau. La quarantaine avenante, la coiffure encore brune, apprêté, l'architecte se fait un peu prier avant de dérouler son parcours. Pour recevoir, il faut donner. Je lui expose l'ambition de mon livre : décrire tout à la fois la beauté de la ville et les malédictions qui la hantent. C'est l'une des raisons qui me conduisent à le voir, pas forcément la principale. Le dialogue s'installe timidement.

– Alors, vous allez raconter quoi dans ce livre ? Comment puis-je vous aider ?

– J'y réfléchissais justement en venant vous voir. L'architecture de la ville, le côté par lequel on la découvre déterminent ses différentes facettes.

– C'est-à-dire ?

– Par exemple, quand on arrive à Marseille par le sud, on passe par la Gineste, la forêt de Luminy, puis les quartiers aisés, balafrés par La Rouvière, la plus grande copropriété d'Europe.

– Tout le monde sait que Defferre avait besoin de fonds pour ses campagnes électorales, s'amuse-t-il, sous-entendant clairement que les permis de construire ont également servi au financement politique du Vieux Lion.

J'ai réussi à engager la conversation. En confiance, je continue.

– Par contre, quand on arrive par l'est, en venant d'Aubagne, rien ne rappelle Pagnol. On a droit à des entrepôts, des centres commerciaux et pas une seule touche de bleu. En passant par le nord, on contemple les vestiges de la Marseille industrieuse avant de s'engouffrer dans les entrailles de la ville. La plus belle porte d'entrée, selon moi, c'est d'arriver par la mer, donc par l'ouest. Avec ses falaises calcaires, Marseille montre alors toute sa splendeur.

– C'est très vrai ce que vous dites. Moi, j'ai grandi au Maroc. Je n'aimais pas Marseille. C'est grâce à la mer que je l'ai découverte et que j'ai appris à l'aimer.

Ma longue tirade a fini de détendre l'architecte. Charmé par la discussion, il se laisse aller à formuler des critiques locales.

– Je me fais plus plaisir sur des projets hors de Marseille. Ici, rien n'est organisé, ou plutôt coordonné.

À l'instar de la Villa Massalia, l'une de ses œuvres les plus ostentatoires. Un hôtel de luxe avec vue sur l'hippodrome Borély, dans un style gréco-provençal. L'entrée, qui imite un temple, donne sur un rond-point orné de deux stations-service et d'un kebab.

– Une aberration ! Mais que voulez-vous que je vous dise ?

L'architecte aime évoquer ses réussites. La bibliothèque de l'Alcazar, sur le cours Belsunce, réalisé avec Adrien Fainsilber. La station d'épuration, dont les supporters de l'OM peuvent admirer la géode sur le chemin du Vélodrome. L'ancienne cafétéria Casino, transformée en superbes appartements, face à la réplique du David de Michel-Ange. Des HLM dans les quartiers Nord.

– Si je gagnais moins, je postulerais pour un appartement là-bas. La vue y est imprenable !

Et Didier Rogeon de défendre son grand projet en cours : la réfection du Stade vélodrome. Un budget initial de 120 à 160 millions d'euros lors de son premier passage devant le conseil municipal, en 2009, qui a grimpé à 270 millions lors de la signature avec le groupement GFC, piloté par Bouygues, en 2010. Aymeric Zublena a dessiné le stade. Rogeon s'est chargé du nouveau quartier qui le bordera.

– Vous croyez vraiment que cela va se terminer à 270 millions d'euros ? m'ont prévenu de nombreux élus de droite.

Les politiques marseillais n'ont pas osé voter contre. Des grands prix d'architecture se sont étranglés en voyant passer la note, équivalant à la construction d'une nouvelle enceinte flambant neuve. La commission d'un architecte tourne généralement autour de 7,5 % du montant d'un projet.

– Vous devez comprendre que c'est une vraie transformation et que la ville ne paie pas tout, se défend Rogeon. C'est un partenariat public-privé.

Certes. Le principe peut paraître séduisant. Le groupement privé avance une partie des fonds en échange de la gestion de l'enceinte pendant trente-cinq ans, comme le précise l'accord passé avec la Ville. L'enceinte devra rapporter environ 23,5 millions d'euros par an à GFC. Soit près de 822,5 millions d'euros de recettes publiques abandonnées en vue d'effacer les 100 millions avancés. Un taux d'usurier auquel il faut encore ajouter les investissements des collectivités : 40 millions d'euros de la ville ; 20 millions de la CUM ; 30 millions venus du conseil général ; 30 autres millions versés par l'État ; et 20 millions offerts par le conseil régional. La facture globale tutoie le milliard d'euros.

L'entretien touche à sa deuxième heure. Le temps est venu d'abréger.

– Quelles sont vos relations avec la mairie ?

– J'y ai des amis, des appuis, qui pourtant m'interdisent certains marchés.

De l'art de botter en touche.

Sa proximité avec le maire a été discrètement dévoilée dans un polar : *Alerte aux plombs*, d'Henri Gentet. Ancien commissaire, longtemps proche du RPR, l'auteur a intégré le premier cercle de Jean-Noël Guérini au milieu des années 2000. Légèrement autobiographique, son récit est un roman à – grosses – clés. L'histoire d'un enquêteur vivant, comme lui, sur le port, dans un superbe appartement, qui croise dans ses aventures le très pieux maire du Panier ou un architecte si proche du sénateur de la ville, chargé des investitures du parti, que « toute la gentry marseillaise se l'arrache ».

Il est compliqué d'aborder le sujet sous cet angle. Autant le taquiner sur la cérémonie qui s'est tenue au palais du Pharo en 2004, lors de laquelle il a reçu l'ordre national du Mérite des mains du ministre de la Culture, Renaud Donnedieu de Vabres, en présence du président Jacques Chirac et de Jean-Claude Gaudin.

– C'était à se tordre de rire ! s'amuse un architecte présent ce jour-là. Dans son discours, Gaudin a commencé par raconter sa première rencontre avec Rogeon, dans sa jeunesse. On aurait dit Dalida chantant *Gigi l'amoroso* !

– Ah, vous êtes au courant de ça, souffle Rogeon.

Le poulain du maire n'a pas blanchi, même si sa moue semble trahir un léger embarras. Il cherche une photo, me montre la médaille. L'entretien s'achève sur l'incinérateur de Fos-sur-Mer. Suez l'a choisi pour piloter son projet. Grand favori, le géant français de l'environnement n'en est jamais revenu de ne pas avoir été choisi. Didier Rogeon non plus.

– Cela reste un mystère, conclut-il.

Vainqueur de l'appel d'offres, l'entreprise espagnole Urbaser avait un atout maître dans sa manche. Un petit homme gris que j'ai commencé à mentionner dans mes articles dès 2009, avant les affaires et le déchaînement médiatique. Polytechnicien, Jean-Marc Nabitz est un ancien de la Société des eaux de Marseille dont le travail dans les déchets a convaincu Alexandre Guérini de l'envoyer en poste chez son frère, au conseil général.

– C'est l'architecte financier du système, m'a répété en boucle ma gorge profonde dans l'entourage du maire. Très intelligent, très compétent mais soumis aux desiderata des frères.

Alexandre et Jean-Noël useront de leur proximité avec Henri Proglio, patron de Veolia, pour tenter d'en faire le président de la Société des eaux marseillaises (SEM), la puissante filiale du géant de la propreté. En vain. Nabitz n'aura jamais le job. Son dernier poste officiel sera celui de directeur général de 13 Développement, une société d'économie mixte du conseil général chargée du développement et de l'aménagement du territoire, qu'il a contribué à créer. Nombre de ses marchés seront attribués à des entreprises proches du grand banditisme, notamment celles de Bernard Barresi. Le polytechnicien se pique également de toucher aux déchets.

Début 2010, l'homme disparaît. Le vent des enquêtes l'incite à se mettre au vert en Israël.

– Renaud, je voulais te dire : mon voisin ne donne pas de nouvelles depuis des mois…

Attablé à la terrasse de la Brasserie du Golfe, j'écoute la conversation entre Renaud Muselier et cette dame à l'âge avancé.

– Excusez-moi, Monsieur Monnier, mais au moins, j'ai une info pour vous. On a perdu Nabitz. Vous le connaissez ?
– Un peu, oui.

Cet homme-clé réapparaîtra aux derniers jours de l'été 2011, après d'intenses négociations avec le juge Duchaine. Son retour en France donne lieu à plusieurs mises en examen et à sa propre incarcération dans une prison de Valence, loin des pressions qu'il pourrait subir dans les geôles provençales où Alexandre Guérini et Bernard Barresi – ses anciens commanditaires, sans doute fâchés de le voir se mettre ainsi à table – dorment encore.

Devant les enquêteurs, Jean-Marc Nabitz donne chair au système, décrivant la mainmise d'Alexandre et Jean-Noël Guérini sur les marchés publics, présentant comme des ordres les recommandations qui lui étaient faites de privilégier telle ou telle entreprise lors des appels d'offres. Fin 2006, en échange de ses bons et loyaux services, Alexandre a versé 2,25 millions d'euros sur un compte de Nabitz à Panama. Un pourboire pour l'avoir aidé à remporter la délégation de service public de la décharge du Mentaure, à La Ciotat ?

Dans son audition du 21 septembre 2011, le revenant confirme aussi les liens existant entre Patrick Boudemaghe, Alexandre Guérini et « M. Gilles » – l'alias de Bernard Barresi. « M. Gilles m'a été présenté par Boudemaghe Patrick. Guérini Alexandre m'a expliqué qu'il était son ami et qu'il fallait veiller à protéger ses intérêts sur les marchés qu'il obtiendrait plus tard. Boudemaghe Patrick était le dirigeant de la société. [...] J'ai compris que cela voulait signifier tenter de faire obtenir les marchés à ABT ou veiller à leur bonne exécution dans l'intérêt d'ABT. »

Et Jean-Marc Nabitz d'expliquer doctement qu'il a découvert la véritable identité de « M. Gilles » quand ce dernier lui a demandé d'embaucher sa fille, dont le patronyme – Barresi – l'a effrayé. Fin 2008, il démissionne pour œuvrer désormais « bénévolement » à la Communauté urbaine. Mais sa société de conseil, 3N, perçoit tout de même 574 000 euros de la part d'Urbaser, gestionnaire de l'incinérateur de Fos-sur-Mer, avec une mission précise : convaincre le président de la CUM, Eugène Caselli, de ne pas revenir sur la mise en service de l'incinérateur et d'accepter un avenant de 107 millions d'euros au marché public. La combine sera dévoilée *in extremis* fin 2011.

À la suite de son arrestation, on retient surtout ses saillies anti-Guérini. Pourtant Jean-Marc Nabitz ouvre de nouvelles pistes aux pandores et au magistrat, à l'instar des recrutements opérés au sein de 13 Développement. Un nom, en particulier, est livré en pâture : celui de Jean-Baptiste Squarcini, le fils du patron de la DCRI, Bernard Squarcini, lui-même devenu un ami de Jean-Noël Guérini depuis qu'ils ont fait chambre commune lors de leur rééducation cardiaque. Selon Nabitz, le fils du « Squale » a été embauché, puis augmenté, sur la recommandation de Guérini, pour complaire à son père – que le juge Duchaine soupçonne d'être à l'origine des fuites relatives à son enquête au profit du président du conseil général. L'enquête préliminaire lancée par le parquet pour violation du secret de l'instruction et prise illégale d'intérêts sera classée sans suite après une audition discrète de Bernard Squarcini, en juin 2012. Au grand regret de Jean-Noël Guérini et du propre avocat du « Squale ». « Il est dommage que les gendarmes n'aient pas creusé la piste des emplois de 13 Développement », assure ainsi Me José Allegrini.

L'insinuation est transparente. Elle vise Patrick Mennucci. Ancien porte-parole du candidat Guérini aux municipales de

2008, « le gros » a profité de l'enquête judiciaire pour prendre – tardivement – ses distances avec lui. Désormais vice-président de la Région, député maire du 1er secteur, Mennucci ne cache ni son ambition pour les municipales de 2014, ni sa volonté de mettre fin au système Guérini. Patrick Mennucci n'a pas toujours eu à se plaindre du président du conseil général des Bouches-du-Rhône. De 2002 à 2008, ce dernier l'a même fort bien traité. Durant ces six années, Mennucci a bénéficié de trois contrats au sein de 13 Développement, la société d'économie mixte du département. Tour à tour chargé de développement (de 2002 à 2005), directeur de l'aménagement (de 2006 à 2007) puis chargé de mission « aménagement » (d'avril à novembre 2008), l'élu socialiste a perçu 311 726,10 euros au titre de son travail à 13 D.

« C'était une recommandation de Guérini », explique Nabitz aux gendarmes. « Sans doute Guérini a-t-il été prévenu de ma candidature », suppose quant à lui Patrick Mennucci. « Mais j'ai fait acte auprès du président de la SEM, Antoine Rouzaud, et de Jean-Marc Nabitz. J'ai les diplômes qu'il faut pour occuper ce genre d'emploi. Si on me demande des explications, je les donnerai avec plaisir. » Le temps pour cela n'est jamais venu. Pas plus que ne se sont dissipées les fumées de l'incinérateur de Fos-sur-Mer.

Décidé en 2006, construit à partir de 2008, en service depuis 2010, cet incinérateur anime les débats politiques d'un bout à l'autre de l'échiquier politique depuis bientôt cinq ans. D'abord parce que le PS, initialement opposé au projet, a finalement rallié la cause de la droite en 2008, sous l'impulsion de Jean-Noël Guérini. Ensuite, parce que le gestionnaire du site, l'Espagnol Urbaser, a eu la bonne idée de refiler un contrat de traitement de ses rejets à Veolia, Suez et… à Alexandre Guérini, patron de décharge, frère de « Nono », et épicentre du dossier Guernica. Enfin, parce que l'attribution de la construction et de l'exploitation de l'incinérateur est restée en travers de la gorge de l'un des soumissionnaires, Suez, initialement persuadé de l'emporter.

Jean-Marc Nabitz livre un éclairage passionnant sur l'attribution du marché au géant espagnol des déchets, révélant, selon les PV publiés par *Le Canard enchaîné*, un pacte de corruption généralisé et transparti. Sitôt le scandale révélé, une levée de boucliers politique et médiatique vient l'étouffer. *La Provence* évoque de folles rumeurs.

– C'est amusant de voir que Nabitz est parole d'évangile quand il met en cause Guérini, et gaga quand il parle de Gaudin, relève un avocat marseillais.

C'est le moins qu'on puise dire.

Ce volet de l'enquête provoque des tensions entre le parquet et le juge Duchaine. Ce dernier clôt le débat en considérant qu'il n'a pas besoin d'un réquisitoire supplétif du procureur pour enquêter sur ces nouvelles découvertes. Mais le dossier n'avance pas. Et l'attention se focalise à nouveau sur le seul Guérini. J'ai l'impression de tourner en rond. D'assister à un acharnement. Et je ne prends pas à la légère l'hypothèse, maintes fois évoquée, d'une « cabale politique et judiciaire » contre Jean-Noël Guérini.

On peut être tout à la fois paranoïaque, coupable et victime d'un complot. Qu'il s'agisse de la mainmise de Jean-Noël sur le conseil général, de sa méthode de gestion de la fédération, de l'importance de son frère ou de ses relations sulfureuses, nul n'ignorait les arcanes du « système Guérini ». Éventuellement les détails. Encore qu'en 2006 un haut magistrat parisien avait été averti des dérives commises à Marseille par Alexandre, son cadet. Dès 2008, un avocat socialiste alors au mieux avec Jean-Noël est informé par un entrepreneur de la présence de Bernard Barresi dans les affaires d'Alexandre.

– Je lui avais dit que cela risquait de toucher Jean-Noël et qu'il fallait agir plus tôt, me confie ce témoin-clé des procédures Guernica. Pourquoi n'ont-ils rien fait ? Je l'ignore.

Fin 2008, après que la présidence de la Communauté urbaine lui a échappé, Renaud Muselier alerte le ministère de l'Intérieur, celui de la Justice et jusqu'à l'Élysée à propos de l'omniprésence du système Guérini.

– C'est vrai, nous avons discuté avec Michèle Alliot-Marie et Rachida Dati de ce qui se tramait à Marseille fin 2008, me susurre un intime du député. Mais elles n'ont pas réagi.

Pas immédiatement en tout cas. Le lobbying de Muselier finit par arriver aux oreilles de Bernard Squarcini.

– En 2008, Patrick Ouart, le conseiller justice du président, m'appelle pour me dire que Muselier raconte que je vais bloquer une enquête de police sur Guérini, me glisse le préfet. Dans mon souvenir, il y avait un rapport Tracfin.

Dès 2008, une enquête de police est lancée. Le dossier Guernica ne sera pourtant ouvert qu'en février 2009, après réception d'une lettre anonyme de onze pages. Les investigations sont alors confiées aux gendarmes, comme le préconise l'auteur de la missive.

– On avait commencé à enquêter, me confirme Christian Lothion, directeur central de la police judiciaire. Puis Dallest nous a enlevé le dossier pour le confier aux gendarmes. Cela m'avait franchement énervé, d'autant que je connais bien Dallest.

Un autre élément m'intrigue. Les déclarations, en garde à vue, d'Alexandre Guérini et de sa compagne. Tous deux évoquent l'action, au point de départ de l'enquête, « d'un conseiller juridique » qui aurait notamment joué un rôle dans l'envoi de la fameuse lettre anonyme. Selon Madame, ce « conseiller juridique a fait dire à M. Alexandre Guérini qu'il se dégageait de toute responsabilité » après le lancement de l'affaire « car il avait suffisamment de problèmes actuellement ». Ce faisceau de déclarations m'oriente encore vers Patrick Ouart, l'ex-conseiller de Nicolas Sarkozy pour les affaires de justice.

À l'évocation de cette histoire, l'homme botte en touche :

– Je n'ai rien à voir avec cette affaire, orientez-vous vers le procureur.

Lequel procureur avait justement été nommé sous les bons offices de Patrick Ouart.

– C'est vrai, Ouart a été un peu plus attentif à nos problèmes, confirme le premier cercle de Renaud Muselier. Au début de l'enquête, nous n'avons pas aidé le juge mais nous avons protégé son action, précise-t-il.

Patrick Ouart s'est montré d'autant plus attentif que l'ancienne éminence du président Sarkozy pour les questions judiciaires nourrit des liens étroits avec Suez, qui cherche à grappiller des parts sur le marché marseillais aux dépens de Veolia. Plus sensible encore, une violente inimitié a surgi entre le droitier juriste et un intime d'Henri Proglio, Alexandre Djouhri. Le Guernica marseillais ne serait-il qu'une résultante du conflit des géants de l'eau et de la lutte entre des hommes d'influences qui ont choisi la deuxième ville de France comme champ de bataille ?

– Évidemment ! assure un grand flic, tout en souriant. Et le propre des généraux est de ne sacrifier que la piétaille.

Henri Proglio et les divers représentants de Veolia et Suez ne seront jamais auditionnés. Pas plus que Patrick Ouart. Et ce n'est qu'au terme de deux ans d'enquête que Jean-Noël Guérini se retrouvera pour la première fois dans le bureau du juge.

14.
Libre comme Guérini

La première fois que j'ai parlé à Jean-Noël Guérini, c'était en septembre 2009, avant les enquêtes et le déferlement. Pour préciser un détail. Il venait d'être nommé second président de la Société coopérative de manutention (Socoma), une petite entreprise à la longue histoire, et accessoirement le fournisseur historique d'emplois du parti socialiste local. Une tache de rose sur la toile rouge du port autonome. Mon portable retentit dans le métro parisien, sur le quai de la station Bonne-Nouvelle.

– C'est Jean-Noël Guérini, que puis-je pour vous ? prononce une voix nasillarde.

– Me confirmer que vous êtes bien devenu président de la Socoma.

– J'ai accepté après réflexion, et j'ai acheté cent parts contre 22 300 euros.

– Est-ce qu'on peut interpréter cela comme un coup de poignard dans le dos de Sylvie Andrieux ?

Le père de la députée a créé la société. Elle pensait en hériter. Le blanc dans la conversation ne dure pas.

– Andrieux, je m'en contrefous ! Ce n'est ni mon problème, ni celui de la Socoma, ni celui de son président Charles-Émile Loo, tranche Guérini.

Fin de la conversation. La suivante n'aura lieu que deux ans plus tard. C'est une confrontation au siège marseillais du parti, rue Montgrand, le 20 mars 2011, au premier tour des élections cantonales. Pour lui, un soir de victoire. L'attachée de presse, une blonde aux yeux de chatte, a poliment tâté le terrain, sondant la bête curieuse que je suis. Pourquoi ai-je tenu à venir ? me demande-t-elle. Pourquoi ai-je écrit tout cela. Je lui retourne ses questions.

– Cela fait de l'expérience d'être à la comm' de la fédé' en ce moment. Et puis le bon côté des affaires, c'est que cela nous fait connaître.

Pour ça, elle a été servie. La campagne s'est en effet déroulée au rythme des révélations. Pas une prise de parole sans mention du dossier Guérini. Sur ce, Jean-Noël fait son entrée au siège de la fédération socialiste, encadré par des malabars au crâne rasé et à la mine bourrue. Un visage connu vient me saluer. C'est Henri Gentet, le flic-écrivain proche de Guérini, le seul à me serrer la main ce soir-là. Jean-Noël le suit de près. La blondinette nous présente.

– Monsieur Guérini, voici Monsieur Monnier…

– Ah, Monsieur Monnier ! Vous voyez, avec vos amis cela fait deux ans que vous voulez me tuer et pourtant, je suis encore là.

Cela fait bien plus longtemps que je suis son parcours. Au moins depuis 2008. La rectification me brûle les lèvres. Mais c'est une autre réponse qui sort.

– Regardez ce que j'ai écrit sur « mes amis », peut-être comprendrez-vous…

– Je regarderai.

– Je voudrais vous parler.

– Pas question !

Au moins l'aurai-je approché. Le petit Corse au costume rayé a l'air fatigué. Il y a dans son regard la lassitude d'une bête traquée. Mais aussi une petite flamme revancharde qui ne demande qu'à grandir.

Même lieu, une semaine plus tard. Les ballons sont sortis, la sono est à fond. Toujours aussi bien entouré, Jean-Noël Guérini fait une arrivée de rock star. Le second tour des cantonales a sauvé sa majorité. Tous les fidèles sont venus faire acte de présence. La sénatrice Samia Ghali, son époux Franck Dumontel, la maire du Panier, Lisette Narducci, et jusqu'à Patrick Mennucci et Sylvie Andrieux, qui discutent sur le trottoir. Guérini parade devant les nombreux militants rassemblés. Il plastronne et savoure l'instant présent. Une occasion en or pour l'approcher.

Face à moi, à l'étage, quelques minutes après son discours, Jean-Noël joue les magnanimes.

– Monsieur Monnier, comprenez-moi : j'ai beaucoup de respect pour les journalistes mais ce que vous avez fait…

– Je n'ai fait que rendre compte d'une enquête qui existe bien. Ce n'est pas moi qui l'ai lancée.

– Oui mais vous avez fait du mal.

– Écoutez, vous saviez qu'Alexandre me voyait. Je veux rencontrer les gens sur qui j'écris, leur donner la parole, vous donner la parole. C'est ça, mon boulot.

– Mais vous avez écrit que j'étais un voyou, que mon frère était un voyou…

– Jamais. Relisez tous mes papiers, je n'ai jamais écrit ça.

– Écoutez… d'accord, on verra pour l'interview.

Des paroles uniquement prononcées pour clore la discussion. Puis le match a commencé. OM-PSG, un but partout pour l'instant. Je suis dans les temps pour voir le second but d'André Ayew dans un pub du Vieux-Port. Score final : 2-1. Belle soirée. L'OM disputera à nouveau la Ligue des champions.

Le prochain rendez-vous avec Jean-Noël Guérini attendra l'été. À Paris, ce 4 juillet 2011, une foule se presse devant le petit tribunal d'instance du XIXe arrondissement. Jean-Noël Guérini poursuit Arnaud Montebourg pour diffamation privée. En cause, son rapport sur la fédération des Bouches-du-Rhône.

L'exiguïté de la salle facilite le contact. Une rangée devant moi, « Nono » Guérini sourit et serre la main que je lui tends.

– Vous saluerez votre propriétaire. Vous allez lui coûter de l'argent avec les procès qui s'annoncent ! lance-t-il en triturant une photocopie de mon dernier article dans Bakchich.

– Et pour se voir alors ? Vous savez bien que j'ai toujours cherché à vous joindre avant d'écrire.

– D'accord, on va se voir.

L'audience est reportée au 16 septembre. Pas notre rendez-vous. Un SMS tombe une heure plus tard. « Venez prendre le café. » Je le retrouve à La Closerie des Lilas, le rendez-vous du Tout-Paris maçonnique, politique, médiatique. Terrasse ensoleillée et végétale. Les avocats de l'aîné des Guérini, Mes Dominique Mattei et Patrick Maisonneuve, sourient, cigarillos entre les dents, ravis de la tournure prise par les événements.

– Mes avocats auront tout un après-midi pour interroger Montebourg. Un café ?

– Volontiers.

Madame, avocate elle aussi, sourit.

– Attendez, il faut que j'aille saluer Yvette Roudy, s'excuse Guérini.

L'ancienne ministre socialiste des Droits de la femme passait par là. Un peu plus tard, ce sera Roland Dumas, poing levé, canne tendue.

– Tiens bon, Jean-Noël ! Je suis avec toi !

Puis Guérini reprend.

– Vous n'avez pas l'impression de vous acharner sur moi ?

– Pas vraiment. Je n'ai pas inventé l'enquête. J'en ai fait état, et c'est mon boulot.

– Mais vous me traitez de mafieux, de voyou !

– Jamais.

– Ah, je relirai ! Mais vous n'êtes pas tendre avec moi.

Pas seulement avec lui. Jean-Claude Gaudin, Renaud Muselier, Patrick Mennucci, Sylvie Andrieux, la classe politique marseillaise dans toute sa diversité a animé les colonnes de Bakchich. Jusqu'aux grandes entreprises de ramassage des ordures, qui ont le don de passer à travers les mailles des enquêtes judiciaires.

– C'est vrai. Je l'ai lu, ce papier. Ça m'a étonnée que vous le fassiez, s'amuse Madame.

– Je fais bien de vous parler, glisse Jean-Noël. Même si vous m'avez massacré, vous m'avez l'air honnête…

Le coup de l'honnêteté ! Une pommade pour l'ego, appliquée avec la même dextérité que son petit frère avant lui.

– … mais vous vous trompez : je n'ai jamais pris un euro, pas même un centime, c'est pour cela que je peux marcher la tête haute.

Et la lettre anonyme qui a déclenché les procédures judiciaires ayant conduit son frère Alexandre en prison pendant six mois ?

– Des malveillances venues de mon propre camp et de mes ennemis politiques.

La presse ?

– Aux ordres. Et parfois, quand elle va trop loin, je l'attaque.

Mais tout de même, elle n'invente pas les faits ni les écoutes judiciaires, à l'instar de celle où Jean-Noël prévient son frère qu'une enquête sera bientôt lancée.

Regards vers ses avocats. Un petit signe du menton.

– Avertir son frère d'une possible enquête n'a rien de répréhensible, plaident ses conseils.

Face aux questions trop précises, « Nono » louvoie et se défausse sur ses avocats.

En 2004, le conseil général des Bouches-du-Rhône a voté deux délibérations contradictoires relatives à la décharge du Mentaure. L'une pour préempter un terrain voisin pour des raisons écologiques, l'autre pour financer des travaux d'extension de la communauté d'agglomération d'Aubagne sur ce même terrain. Cette dernière attribuera finalement la gestion de la décharge à Alexandre Guérini.

– C'est plus compliqué que cela, voyons ! Il a été demandé de préempter, clament les avocats.

Une demande du préfet alors en poste, Christian Frémont, qui deviendra le directeur de cabinet de Nicolas Sarkozy.

À l'évocation des sociétés contrôlées par le grand banditisme qui ont raflé des contrats avec le conseil général ou ses satellites, Jean-Noël Guérini reprend la parole.

– Je n'en savais rien. Et d'ailleurs, j'ai appris que si je ne connais pas moi-même la famille Barresi, certains de mes adversaires, eux, la connaissent bien.

L'allusion à Renaud Muselier n'est même pas voilée. Fer de lance du combat anti-Guérini, le tout nouveau patron de l'Institut du monde arabe (IMA) n'a jamais caché son amitié pour Jean-Luc Barresi – frère aîné de Bernard, parrain présumé du milieu marseillais et patron occulte des entreprises qui ont bénéficié de largesses de la part du conseil général.

– Vous avez été l'un des seuls à l'écrire, d'ailleurs... Merci pour le coup de brosse, Madame Guérini.

Légèrement titillé, Jean-Noël aborde le domaine politique. Et il lâche des noms.

– Tous ceux qui m'attaquent aujourd'hui, les Montebourg, Mennucci, et même Muselier, je les ai aidés à un moment dans ma vie. Voilà comment ils me remercient. J'étais même proche de Montebourg quand nous soutenions Ségolène Royal.

Ces attaques, selon lui, ont une seule motivation.

– Ils pensent tous que je veux la mairie. Mais il n'y a que des pieux à prendre là-bas, tout comme à la Communauté urbaine. À ma place au conseil général, je suis tranquille. Là où je suis, je suis libre, ronronne le sénateur.

Quant au clientélisme ?

– Oui, je fais du clientélisme. On en fait tous. Mais avant moi, il y avait qui ? Et il faut savoir que je ne suis resté que quatre mois à la tête de la fédération.

Responsable mais pas coupable, en quelque sorte. Pas le seul coupable en tout cas. À l'évocation de ses ouailles socialistes, Guérini pouffe ou s'esclaffe. Mennucci ?

– Il ne va pas me donner de leçon de clientélisme, celui-là ! Andrieux ?

– Je lui ai dit ce que je pensais d'elle, et cela a été relaté dans *Le Canard enchaîné*.

Henri Jibrayel ?

– Ho, tu te rappelles, Rémy, la grève de la faim qu'il a voulu faire devant mon bureau !

Un épisode relaté, cette fois, dans Bakchich.

– ... Jibrayel, je l'ai même soutenu face à François Hollande au moment des législatives de 2007. Hollande ne voulait pas qu'il se présente, pour pouvoir laisser la circonscription aux communistes. J'ai dit à François : « Écoute, d'accord pour qu'Henri ne soit pas investi mais je me présente, moi, à la députation. » Finalement, Jibrayel a été élu. Hollande a été un bon premier secrétaire, tout comme Martine Aubry, qui a bien œuvré au rassemblement. Et je dis ça alors que je ne l'ai jamais soutenue dans un congrès.

Un soutien gratuit et désintéressé en somme.

– Je n'ai pas de regrets. Vous savez, j'ai appris la politique avec Defferre. Pas comme bras droit, hein ! J'ai commencé comme son porte-serviette. J'ai appris la politique avec lui et je la terminerai comme cela.

Je publie le détail de l'entretien la veille de sa mise en examen pour association de malfaiteurs, prise illégale d'intérêts et violation du secret de l'instruction, qui aura lieu le 8 septembre 2011. En apparence, les charges semblent explosives. Mais quand on entre dans le détail, après deux années d'enquête judiciaire, la montagne semble avoir accouché d'une souris. Jean-Noël Guérini est en réalité soupçonné d'avoir arrangé le coup à son frère cadet afin qu'il évite de payer une redevance de 500 000 euros à l'Agglopole de Salon-de-Provence. S'il y a bien eu tentative, celle-ci a échoué. Reste l'imbroglio du terrain de la décharge du Mentaure, une histoire qui remonte à 2004 et pour laquelle ses avocats invoquent la prescription. Quant à l'association de malfaiteurs, aucun élément n'atteste ses liens avec Bernard Barresi. Aucune trace non plus d'un compte à l'étranger. « Je sais que vous n'êtes pas un homme d'argent », lui aurait dit le juge Duchaine lors de son audition.

Tout ça pour ça ?

À partir de février 2012, nos rencontres deviennent plus fréquentes, sans pour autant que j'arrête d'écrire sur les affaires qui le visent. Rue Grignan d'abord, dans le bureau de son avocat marseillais, Me Dominique Mattei. Puis au Café de la place, à un jet de pierre de son logement de fonction, rue des Tyrans. Au soleil, en terrasse, les barrières s'estompent peu à peu. Guérini accepte la confrontation. En tout cas sur Marseille, le système, l'importance de FO.

– Vous savez très bien pourquoi je n'ai pas été élu en 2008.

Oui, il a fait campagne sans bénéficier du soutien du puissant syndicat.

La lâcheté de la classe politique locale ? Les casseroles de la droite ? Ses anciens adeptes qui lui tournent désormais le dos après lui avoir mangé dans la main ?

– Ah, Xavier, vous savez… la nature humaine ! Certains me critiquent dans les médias et viennent me voir après, au conseil général, pour me demander un service.

Malgré la déferlante et les injonctions à démissionner proférées par des conseillers généraux, Guérini demeure président. Nul ne parvient à le mettre en minorité lors des votes. Auparavant, ses opposants socialistes disaient attendre que justice passe. Désormais, ils en appellent à Paris, au président François Hollande. Pendant ce temps, Guérini accueille à Marseille le Premier ministre Jean-Marc Ayrault. Il discute avec Marylise Lebranchu de la réforme des collectivités locales.

– Je sais bien que vous n'êtes pas l'alpha et l'oméga des problèmes de Marseille. On a profité de l'affaire pour vous faire tomber tout en sauvant le système. C'est contre ça que je continue d'écrire.

Mon discours est sincère. La discussion s'interrompt fréquemment, lorsque passent des gens qui l'assurent de leur soutien. « Tout Marseille, qui connaît cette histoire, n'a pas assez de coups de chapeau pour cet homme adroit », écrivait Zola. Il parlait de négociants qui, après avoir escroqué la ville, se sont maintenus à sa tête et ont gagné son respect. C'était au XIXe siècle.

Malgré l'interdiction médicale, « Nono » fume toujours. Et il fulmine, tandis que je reste là, à discuter avec lui du clientélisme, le mal qui ronge la ville et dont il a lui-même usé et abusé – en pensant bien faire, dit-il. Dans la course à la mairie, l'homme se sait hors jeu. Je hasarde une question.

– Qui pourrait sauver la ville et la sortir de l'ornière ?

– Avec la classe politique actuelle, la ville n'est pas sauvable. À moins de la mettre sous tutelle.

– Vous savez bien que cela n'arrivera pas.

Il sourit. Se voit-il comme un recours ? Possible. Ne connaît-il pas les petits secrets des uns et des autres ?

– Ils ne pourront rien faire sans moi. Alors si un bon projet voit le jour, je le soutiendrai. Mais si je ne suis pas d'accord, alors... Ce que je veux empêcher, c'est que ceux que j'ai aidés et qui ont de l'ambition cherchent à faire « pire » que ce que j'ai fait. Si j'ouvre la boîte de Pandore...

Je le provoque :

– Ouvrez-la, qu'on en finisse ! Et qu'on essaie au moins de sauver Marseille.

Mais ce que je lui suggère reviendrait à formaliser son testament d'élu. L'équivalent d'un suicide politique, pour ce catholique fervent qui asperge son bureau d'eau bénite.

15.

Quartiers Nord, *terra incognita*

Un enfant des quartiers Sud n'avait rien à faire là. Longtemps, je n'ai aperçu ces quartiers que depuis les autoroutes qui les traversent et que nous empruntions pour nous rendre à Aix ou Marignane. Un transit rapide, le temps de voir défiler leurs noms sur les panneaux bleus : Aygalades, Sainte-Marthe, Saint-Antoine, La Cabucelle, Les Crottes... Durant les longues années où j'ai pratiqué le handball, j'ai découvert quelques-uns de leurs gymnases quand nous devions disputer un match à Haïti, La Martine ou Saint-Jérôme. Nous arrivions une heure avant pour l'échauffement et repartions une demi-heure après le coup de sifflet final, selon l'état des douches. Visites éphémères.

Les cités les plus chaudes sont bien identifiées : La Castellane, La Busserine, Font-Vert, La Paternelle, Air-Bel... Ce sont des forteresses presque imprenables, à en croire un haut gradé de la police marseillaise.

– Impossible de planquer là-bas, nous serions repérés immédiatement. Même l'architecture des lieux est idéale pour les trafiquants. Des grandes tours, des centaines d'appartements, des voies d'accès facilement contrôlables... Ils ont l'avantage du terrain, ils ont de l'argent pour payer les guetteurs, ils nous voient arriver de loin. Depuis des années, ils jouent à domicile. Quand on tape un réseau, un autre prend sa place dans l'après-midi. C'est sans fin.

Des jeunes de 8 à 12 ans se chargent de surveiller les allées et venues. En cas de besoin, ils alertent le « charbonneux », un peu plus âgé – entre 16 et 22 ans –, celui qui deale. Un plan drogue par cité, un revendeur par pied d'immeuble, des cités qui en annexent d'autres et des luttes de territoire qui provoquent des flinguages. Un processus violent, vieux comme le monde.

– Ce sont des furieux, ils tirent à la volée, poursuit le policier. Mais la façon dont ils ont procédé lors de certains mitraillages montre une évolution. Voitures brûlées avec les armes à l'intérieur, abandonnées loin des lieux du crime ou dans une cité voisine. On n'est pas face au petit caïd de cité mais devant des bandes organisées, avec sans doute des contacts dans le milieu traditionnel.

Un pied d'immeuble peut rapporter 10 000 euros par jour. Pour les plus gros centres, entre 30 000 et 40 000 euros. L'argent circule à ciel ouvert.

– En faisant du porte-à-porte, j'ai croisé des dealers, liasse à la main, se remémore la députée socialiste Sylvie Andrieux. Ils m'ont saluée mais ils ne se sont pas arrêtés pour moi. Ils ne se cachent même pas !

Et certaines légendes urbaines de ressurgir. Par exemple, cette soirée où l'équipe d'une cité aurait fêté son premier million d'euros en faisant couler une fontaine de champagne. À Marseille, l'exagération compte autant que l'histoire.

Ce sont les pages des faits divers qui m'ont conduit à m'aventurer sur ces terres. Drogue, armes, règlements de comptes, misère… Un regard policier, anxiogène, posé depuis le Sud sur ce Nord lointain dont je ne connais rien. Cette Marseille oubliée, dissimulée et crainte. Il me manque l'essentiel. Je dois parcourir cette *terra incognita*, la sentir, la faire parler un peu. Les XIIIe, XIVe, XVe et XVIe arrondissements de Marseille n'ont jamais connu d'âge d'or. Depuis cinquante ans, les communautés migrantes s'agglutinent dans ce périmètre coupé du centre-ville sans en être vraiment éloigné. L'autoroute met le Vieux-Port à dix minutes des quartiers populaires. Comoriens, Maghrébins, Ouest-Africains, Centrafricains s'entassent là. Une immigration pauvre qui a succédé aux vagues espagnoles, italiennes, polonaises ou même corses. Un quart de la population de la ville : 260 000 habitants.

Dans ma ville, il est rare qu'on appelle par son nom le lycée Saint-Exupéry. Lycée Saint-Ex', parfois. Lycée Nord, la plupart du temps. Cet après-midi d'octobre 2011, j'ai garé ma voiture à deux pas de l'établissement, devant une barre d'immeubles. Des lycéens joyeux, bruyants et colorés prennent leur pause-déjeuner autour des trois snacks alentour. Même voilées, les filles parlent fort. Les garçons les observent, amusés. Passé l'établissement, un Abribus délabré fait office de belvédère. Une cabine téléphonique vandalisée a été laissée à l'abandon. Les poubelles dégueulent un peu, des sacs plastique volettent. Pourtant, le paysage n'inspire aucune désolation. Un léger mistral a déblayé le ciel. Un spectacle inédit se dévoile. La beauté qui s'offre aux quartiers Nord s'étend à perte de vue. Depuis ces hauteurs, le regard embrasse la splendeur ouvrière de Marseille, des bassins du Port autonome à ceux de l'Estaque. La mer en toile de fond. Des cargos pour animer la scène. En contrebas, des cités « sensibles » baignées de soleil. Les quartiers Nord admirent de loin la beauté de la cité.

Une claque. Je reste bouche bée devant le spectacle. Seule la majesté du fleuve Congo pourrait rivaliser avec cet horizon. Quand je l'admirais depuis la rive, à Kinshasa, incapable de décrocher le regard, le grand fleuve d'Afrique me plongeait dans cet état de fascination. La force, la puissance et l'immensité de l'ex-Zaïre. Sa légende. Les livres de Joseph Conrad. Et aussi le sentiment d'un immense gâchis. Cette énergie qui demeure vaine, dans une ville largement soumise aux privations d'électricité, annihilée par la paranoïa de dirigeants qui refusent d'aménager ses abords, effrayés par ce trésor sauvage, indompté. Alors, ils laissent le cours du fleuve n'obéir qu'à ses propres lois. Tout comme les dirigeants marseillais ont délaissé les quartiers Nord.

Ils m'attendent là, guillerets, adossés à leur voiture. Ces trois éclaireurs originaires des anciens bidonvilles de l'Estaque, désormais installés dans des cités en dur, doivent me guider dans ces territoires inexplorés. Ça les a fait sourire que je les aie surnommés Riri, Fifi et Loulou : un sanguin au regard baladeur, un discret et un petit futé. De leur côté, ils me baptisent *Tintin au Congo*, en référence à ma femme, originaire du Congo-Kinshasa.

Première halte au Grand Littoral. Et deuxième claque. À peine avons-nous pénétré sur le parking de l'immense centre commercial que trois policiers déboulent tandis que nous refermons les portières.

– Contrôle d'identité Messieurs. Si ça se passe bien, on ne fouillera pas la voiture. Sinon, on s'expliquera au poste.

Démarche de cow-boys, lunettes de marque, ton agressif. Ils sont sur leurs gardes, craignent que ça dégoupille. Mes trois accompagnateurs sortent poliment leur carte d'identité tout en vouvoyant les fonctionnaires. Fifi admet devant les flics qu'une de ses poches contient peut-être une boulette de shit. Riri blague avec le plus charpenté des pandores :

– Dieu vous a bien gâté !

– Alhamdoulillah ! répond le policier.

« Je l'ai connu quand il faisait la sécurité dans les soirées que j'organisais », me racontera Riri un peu plus tard.

À l'écart, le policier le plus véhément me fait la morale :

– Vous faites quoi avec eux ?

Ma carte de presse le fait un peu redescendre de son Olympe. L'urbanité dont nous faisons preuve achève d'apaiser la tension. Ils ne trouvent aucun stupéfiant. Une dernière remarque tout de même.

– Merci Messieurs. Vous voyez, tout s'est bien passé mais on est obligé de surveiller. Le boulot est compliqué. Vous allez faire quoi ?

– Manger un bout, discuter...

– Pensez à nous ! On a faim.

« On a faim. » Une expression typique en Afrique centrale pour réclamer un bakchich. Marseille en est là. Loulou leur offrira une boisson en ressortant, à leur grand étonnement.

– Ils font leur boulot. Pour eux non plus, la vie n'est pas simple.

La baie vitrée du centre commercial donne sur le quartier de l'Estaque, magnifié par les films de Robert Guédiguian. Un bain de lumière sur un horizon bleu.

– Tu vois : trois Arabes et un Blanc dans une voiture, ça fait quatre Arabes !

Aux yeux des flics, oui. Mais sûrement pas dans les cités. Mon passage par La Paternelle me revient en mémoire. C'est une petite cité coincée entre l'ancienne école de formation de la police et le Marché d'intérêt national des Arnavaux. Une seule rue la traverse. Avec ma Twingo, j'y suis passé deux fois de suite, m'attirant suffisamment de regards appuyés pour comprendre qu'un troisième passage deviendrait trop suspect.

– C'est sûr qu'il vaut mieux qu'on t'emmène, nous. Mais tu sais, la plupart des dealers ou des guetteurs sont de braves mecs. Un peu inconscients mais pas méchants. Ils prennent la seule porte qu'on leur ouvre. C'est à la survie qu'elle mène, pas à la vie.

Je reste un petit Blanc. Un gamin né du bon côté de la Canebière, étranger à cette Marseille-sur-Congo où ils promènent leur Tintin.

Aux Micocouliers, des jeunes dealers sont tombés. La bande d'une cité voisine a repris le business. Les revendeurs traînent sur leur scooter.

– Ils ne sont pas d'ici, m'assure Loulou.

Un petit local a été aménagé en buvette. L'interdiction de fumer est respectée. L'écran de la télé crache un match.

– La plupart des gens ici sont tombés pour trafic. Mais tu vois, ils ne sont pas méchants.

Loulou a grandi là. Sourires, retrouvailles, les bises claquent. On s'échange les nouvelles de la famille, du quartier, des responsables du commerce, nouveaux comme anciens. Notre périple sillonne la carte des faits divers. Busserine, Font-Vert, La Castellane ou Les Micocouliers n'ont droit de cité, dans les journaux, qu'en cas de mort violente ou d'affaire de stups.

Quelques semaines plus tard, seuls Riri et Fifi, la grande gueule née dans le bidonville Saint-Joseph et le placide organisateur de soirées, m'accompagnent dans la Twingo. La veille, une jeune fugueuse a été retrouvée dans un appartement de la cité Félix-Pyat, dans le quartier Saint-Mauront, où elle a été violée trois jours durant. La voiture trouve tranquillement sa place en face du maraîcher planté au cœur de la cité. Tours salies, chaussée défoncée, entre terre et béton. Une drôle d'impression alors que cinq cents mètres plus bas, le centre islamique sent le neuf. Les commerces vendent surtout des cartes de téléphone prépayées à prix cassés à destination du Maghreb, des Comores ou d'Afrique subsaharienne.

Notre balade nous conduit vers un terrain de foot coincé en bordure d'autoroute. Cinq gamins noirs de 12 à 16 ans se défoncent là en silence. Riri leur tient un discours de vieux con bienveillant.

– C'est jeudi après-midi, t'as pas l'impression de gâcher ta vie en fumant des joints au lieu d'aller à l'école ?

– Gâcher quoi ? Tu crois pas qu'elle est déjà gâchée, notre vie ?

Pas d'agressivité dans la voix. Un constat froid et désabusé. Débarque un éducateur social inquiet.

– Vous venez de la mairie ? Vous avez des problèmes avec les jeunes ?

– Non, ne vous inquiétez pas.

Riri décrit notre tour des quartiers.

– Ah, je me disais aussi. Les politiques, on ne les voit que pour les élections. Là, c'est encore un peu tôt.

– Oui, on sait. Ils nous ont tous trahis. Quand je vois ces jeunes, on ne peut pas leur jeter la pierre. On n'a rien permis à leurs parents, on ne leur offre rien, sauf de rester là à se retourner le cerveau.

Des bruits d'esclandre nous parviennent du commissariat situé à l'entrée de la cité. Des policiers s'engueulent avec les habitants. Le ton monte, sans menaces apparentes. On doit pouvoir lire sur mon visage que j'ai l'impression d'avoir changé de planète.

– Tu te sens un peu étranger là, non ? s'esclaffe Riri.

– Ça me rappelle des choses, des coins d'Afrique : Dakar, Libreville, Kinshasa... plus que Marseille.

Le tiers-monde. Dans toutes ces villes, j'ai trouvé mon bonheur. Une certaine douceur de vivre. Des habitants qui sourient pour peu qu'on leur témoigne un peu de respect et qu'on les laisse parler. Des jeunes attachants. Ici aussi, les gens s'arrêtent dans la rue, entament des discussions à même le trottoir, renvoient le bonjour lancé par un inconnu. Et flotte l'impression que toute cette bonhommie peut céder la place en un instant à un drame.

Nulle animosité sur notre passage. Tout juste un peu de méfiance. Avant de pénétrer dans la cité de La Castellane, prudents, mes deux guides interrogent le visage du guetteur, sondent s'ils connaissent le revendeur ou un membre de sa famille et roulent doucement. La voiture s'engouffre dans le labyrinthe des tours. Sept mille habitants, un centre social, une crèche, des échoppes en vase clos.

– Vous avez besoin de quelque chose ?

Le minot, 14 ans maximum, le visage grêlé par la puberté, s'approche poliment de la portière. Les « chouffeurs » viennent au renseignement. Lui n'est même pas masqué. Sur Barnier, la grande avenue qui descend vers l'Estaque, ses aînés se dissimulent derrière des foulards, à la manière des combattants. Riri m'explique.

– Ils se font beaucoup d'argent mais ils en redistribuent. Ils tiennent l'économie de la cité, donnent du boulot aux gens... Tout est très bien organisé : la pause, les horaires, le déjeuner qui leur est servi. Les équipes se relaient, je me demande même s'ils prennent des congés !

J'ai du mal à le croire jusqu'à ce que j'assiste au fameux ballet, par un après-midi ensoleillé. Entre les tours, à vingt mètres du plan de vente, au pied d'une petite colline où discutent deux mamans voilées, un snack fait l'angle. Le dealer prend sa pause-déjeuner, on vient de lui apporter son casse-croûte. Les acheteurs viennent se renseigner pour savoir quand le commerce reprendra.

– Il revient dans vingt minutes, on vous appelle.

Fifi roule discrètement un joint avant qu'un guetteur ne le prévienne.

– Pas ici. Il y a des mères de famille.

– Aucun problème.

Il se tourne vers moi.

– Tu vois, ce respect existe encore dans les quartiers. Il faut arrêter de dire que ce sont tous des sauvages. Des codes demeurent malgré la misère.

Un sifflement, un petit chant, suivis d'une légère agitation. La pause est finie. Une file se forme. Se pressent un père de famille blanc, son gamin sur les bras, ainsi qu'un sosie défraîchi de Sylvie Andrieux. Le commerce se tient dans le calme. Un certain ordre rythme la vie de la cité.

– Attendez !

Une poussette passe. Une fois qu'elle s'est éloignée, le business peut reprendre.

Dès que je descends à Marseille, j'ai pris l'habitude d'appeler Riri, Fifi et Loulou pour venir aux nouvelles. Ce dimanche de février 2012, nous nous retrouvons à la terrasse de l'Estaque-Plage. Je reviens d'une pêche aux oursins du côté de Cassis. J'ai dû m'arracher des galets en cette chaleur printanière – 20 °C, peut-être 25 °C – et enfiler les lacets de la Gineste avant de traverser Marseille. Les arbres ont repoussé depuis le grand incendie de mon enfance. Dans les années 1990, la garrigue, la pinède, tout était parti en fumée. Vingt ans à attendre que la végétation repousse, avant un nouveau feu, parti cette fois de Carpiagne, la base militaire, lors d'un exercice de tir. L'horizon est resté sublime. Des massifs de Luminy à l'Estaque se succèdent des collines aux flancs rongés par les habitations, où percent des touches de vert et de calcaire. Un cirque lumineux où la montagne se déverse dans la Méditerranée.

– T'y as vu ? Ça vient de tirer aux abords des bijouteries de la rue d'Aix, annonce Loulou. On a cru que c'était toi, que tu voulais ramener un cadeau à ta femme.

Accueil rigolard. Ainsi moquée, la violence quotidienne s'éloigne.

– Tu sais bien que j'ai déjà payé la dot, plus besoin de cadeaux !

En leur décrivant mes trois mariages avec ma femme (traditionnel, civil et religieux), je les ai franchement bluffés.

– T'es un malade ! Mais c'est vrai qu'elles sont belles les Congolaises, sourit Riri, le plus prompt à se retourner au passage des beautés locales.

Une fois les cafés servis, une discussion s'engage avec le patron sur le maniement des armes.

– Ces gamins, ils ne savent pas tirer. Ils mitraillent tellement mal qu'ils tuent même leurs collègues. Les Kalach', c'est de la merde. Qu'ils prennent des Uzi ou des Famas, ça bouge moins !

Loulou approuve avec l'expérience des hommes qui ont dû côtoyer les balles, au service militaire ou dans leur quotidien.

– Alors, tu les sens comment les élections ? m'interrogent-ils de concert.

La politique les passionne. Ils suivent pas à pas les manœuvres des candidats aux législatives. À droite, les quartiers Nord sont considérés comme une « terre de mission ». Une défaite honorable suffit à ses candidats malheureux pour s'attirer les louanges du parti. Le maire n'y traîne que rarement. La gauche a toujours régné sur ces zones. Communiste auparavant, socialiste à présent, le rouge a progressivement pâli. Les deux circonscriptions législatives ainsi que les deux mairies garnissent l'escarcelle du PS.

Ici, la rose est truffée d'épines. Entre le député Henri Jibrayel et la maire de secteur Samia Ghali, tous deux socialistes, les insultes volent bas depuis des années. Les plaintes également. Menaces et dénonciations calomnieuses s'enchaînent au sein du même parti, même si les procédures sont classées sans suite. En décembre 2011, après une réunion publique sur les transports, des représentants des commerçants ont déposé des mains courantes contre la sénatrice maire pour menaces. La campagne des législatives semble bien lancée.

Samia Ghali entend prêter main-forte à tous ceux qui se présentent contre Jibrayel, investi par le PS. Elle a proposé son aide à un dissident socialiste, au frère de son propre chauffeur, qui se présente lui aussi, et même à la droite locale.

– Avec elle, c'est « tout sauf Henri ! » résument Riri, Fifi et Loulou, qui par ailleurs n'apprécient pas beaucoup Jibrayel.

En fait, peu d'élus trouvent grâce à leurs yeux. Ils les connaissent par cœur. Ils ont même œuvré à leur élection ou réélection aux législatives de 2007 et aux municipales de 2008. Le temps de comprendre leur façon de fonctionner.

– Ici, c'est la Tunisie sous Ben Ali. Emploi, logement, subventions, tout est contrôlé par les élus. Mais attention ! Si tu discutes avec l'un, tu ne peux pas parler avec un autre, sinon on te coupe les subventions pour ton association, ou bien on te refuse des projets. Soit tu te soumets, soit on essaie de te casser. Voilà la réalité. Ils n'essaient pas de développer les quartiers, mais seulement de gagner des voix ou de les acheter.

La tirade part en rafale. Je l'alimente en munitions. Députée socialiste des quartiers Nord, Sylvie Andrieux a été mise en examen pour détournement de fonds publics. Citée dans l'affaire, Samia Ghali, elle, n'a pas été inquiétée. Une autre procédure vise le terrain de jeu de Samia Ghali et Henri Jibrayel. L'alerte a été donnée par les services du conseil régional, devenus méfiants. Des associations fictives détourneraient des subventions publiques. Relents de corruption, de clientélisme, d'achat de voix. Deux mille dossiers de la région et du département ont été signalés aux services de police, qui doivent les dépiauter.

– Après les élections de 2007 et 2008, leurs larbins nous ont proposé de nous rémunérer avec l'argent public en créant une association, racontent Riri, Fifi et Loulou, qui m'assurent qu'ils seraient prêts à en témoigner devant la justice. Mais nous en avions déjà une, réelle celle-là, pour les gamins des quartiers. On les emmenait faire du kayak ou du VTT. On ne voulait pas manger l'argent des enfants, on voulait les sortir d'ici.

Les élus, de leur côté, en sont déjà sortis. Henri Jibrayel habite au Sud. Sylvie Andrieux possède un « cabanon » dans l'anse de Malmousque – en fait, une maison de plusieurs étages en contrebas de l'hôtel 4 étoiles du Petit Nice. Quant à la villa dénichée par Samia Ghali deux ans après son élection, entre Perrier, Vauban et le Roucas-Blanc, elle est lovée au creux des collines huppées. Le vendeur lui a même fait une fleur : un prêt à taux zéro sur 350 000 euros. La sénatrice maire dispose également d'un appartement. L'ensemble du patrimoine immobilier du couple Ghali-Dumontel est valorisé à 1,7 million d'euros.

Les souvenirs de campagne s'égrènent. Riri se souvient de cet ami d'enfance envoyé par un parlementaire afin de lui mettre la pression physiquement. Après lui avoir envoyé ce messager, le parlementaire lui a donné rendez-vous. L'entretien s'est résumé à une tape sur l'épaule et à un avertissement. « Tu l'as, ta subvention. Mais ne te manque pas ! Il faut que tu me rapportes des voix. » C'est ce qu'a dit cet élu de la République à Riri, écœuré par ces manœuvres devenues banales.

– Ce n'est pas le projet que tu portes qui est décisif, ce sont les voix que tu peux leur ramener. Si je peux lui vendre cent voix, alors j'aurai mes sous, me traduit-il.

Promise avant le scrutin, la manne censée assurer le fonctionnement de son association sera débloquée une fois le candidat élu.

– Ils se détestent tous, ils craignent pour leur gamelle. Alors ils veulent l'assurance que tu es exclusif ; que si tu tapes à leur porte, tu ne vas pas taper à une autre.

Sinon gare.

– On avait bossé dans le sillage des deux élus du même camp, ils ne nous l'ont pas pardonné. Peu à peu, on a entendu des rumeurs sur nous, nos rendez-vous ont sauté, les subventions ont été coupées, le bureau mis à notre disposition du temps de la mairie communiste nous a été retiré.

La soumission ou l'exclusion. Une manne d'argent public pour acheter les consciences en période d'élection. Des mœurs de République bananière, un schéma d'asservissement digne du tiers-monde. Marseille se laisse glisser. La Porte du Sud ne s'ouvre plus sur les colonies, elle les a rejointes.

– On a pas voulu choisir la facilité, on ne s'est pas rendus. Certains se gavent, tu nous entends ! Ils se gavent et se moquent de nous parce qu'on refuse les subventions. « Moi, au moins, je mange », qu'ils disent ! Mais recevoir une subvention de la part de tous ces élus, pour nous, c'est une insulte.

Loulou semble connaître la moindre rue du Nord. Nul n'est meilleur indic qu'un éboueur. Il connaît les adresses d'élus, de leurs familles, les petits boulots et les subventions qui sont distribuées par les politiques à leurs obligés.

– Tu vois, il remonte jusque dans le cul des gens. Il sait tout ce qui se passe dans la zone, s'amuse Riri.

La voiture s'est arrêtée devant la maison de Karim Zéribi, le président de la Régie des transports marseillais (RTM), invité récurrent des *Grandes Gueules* sur RMC, ancien chevènementiste passé par le PS avant d'enfiler la tenue des Verts. L'homme est un affidé d'Alexandre Guérini.

– Et ce mec-là veut nous représenter ! soufflent-ils, sciés d'avoir vu fleurir dans le secteur, à Noël, les affiches de quatre mètres sur trois du candidat à la députation.

– Tu peux me dire où il a trouvé le pognon pour ça ?

Des affiches « 4 par 3 » en politique, ça aussi ça me rappelle l'Afrique : les campagnes présidentielles congolaise, gabonaise ou sénégalaise. Les législatives françaises, un peu moins.

Les affaires politico-financières n'ont pas seulement sali l'image de Marseille et rendu les populations méfiantes envers les politiques. Elles ont décrédibilisé une large partie du tissu associatif local.

– La politique et le clientélisme ont fait beaucoup de mal aux quartiers. Pendant que des gens sont entretenus par le système sans travailler, le chômage et la misère progressent dans la ville. Si tu n'entres pas dans le jeu, ils cherchent à te briser. Tu ne trouves pas de travail, pas de logement et tu ne peux pas développer de projet. Comment veux-tu que ça ne dérape pas ? Tu as vu l'exemple qu'ils donnent ! Que ce n'est pas en respectant les règles qu'on s'en sort.

Le maillage des associations a longtemps pallié le retrait des services de l'État et le désintérêt de la mairie centrale. Progressivement déréglée par le clientélisme, la soupape s'est usée, laissant libre cours au trafic de drogue, à l'argent facile, à la violence et à la désintégration sociale.

– Ils ne travaillent pas pour la population mais pour des lobbies. Ils font tout pour maintenir la dépendance. L'économie souterraine rapporte tellement plus que l'économie réelle que les jeunes ont vite fait de choisir. C'est plus digne que de rouler pour quelqu'un.

Un constat qui fait l'unanimité. « En déversant des subventions pour son élection, il/elle a tué le tissu associatif qui permettait de maintenir une cohésion sociale » se désolent en chœur les élus de ces quartiers, blâmant le jeu néfaste de leur voisin. Aucun dessein de reconquête des cités ne se trame dans les projets des élus, si ce n'est quelques touches de bleu dans les rues. Des flics pour régler un problème social. « La mairie et l'État nous ont abandonnés, geignent-ils. On manque de policiers nationaux et municipaux dans nos quartiers. » Ils attendent une divine surprise. De leurs discours suinte un aveu d'impuissance face à l'immensité du mal. Ils ont renoncé à se battre, accompagnant l'effondrement de leurs quartiers avec pour seul objectif le maintien de leur mandat. Pour parvenir à leurs fins, ils emploient la seule méthode qu'ils connaissent : le clientélisme, quand bien même celui-ci participe de l'appauvrissement de leurs administrés. Une lâcheté criminelle, partagée.

– Le Nord est notre part de feu, assume l'un des plus proches adjoints du maire. Nous les avons sacrifiés. Le maillage associatif a été perverti par la gauche, puis délaissé par la droite. Le clientélisme ne peut pas répondre au besoin de lien social qui s'exprime. Les associations doivent servir à tisser ce lien, or actuellement il se délite à cause d'elles. Souvent, les élus considèrent que le plus important, ce n'est pas que les habitants aient un travail : c'est qu'ils votent pour eux. On est dans une logique de potentats méditerranéens.

Avocat pénaliste, cet élu au sourire carnassier a de solides amitiés policières, de Marseille à Paris en passant par l'île de Beauté. La liste de ses clients constitue un véritable bottin mondain du milieu, anciennes et nouvelles générations confondues, de l'héroïne de la French Connection au shit des « go-fasteurs » qui abreuvent les quartiers Nord. Dans son cabinet, les cités passent au tamis politico-judiciaire. Sa plaidoirie est sèche.

– Le système des trafiquants est devenu très lucratif. Il a sa cohérence et s'inscrit dans la permanence. Règlements de comptes et incarcérations ne fragilisent pas la structure du trafic, elles permettent seulement un renouvellement. Et les magasins du centre-ville en bénéficient. Les boutiques de luxe s'agrandissent et ce n'est pas vraiment la même clientèle qu'avant.

Au bout de la rue où il a établi son cabinet, l'enseigne Louis Vuitton surnage au milieu des travaux. Bourgeoises du VIIIe et femmes des cités ont désormais en commun la marque de leur sac à main.

– L'État a failli dans l'éducation, poursuit l'avocat. Il ne fallait pas « dégraisser le Mammouth » mais le redéployer dans ces zones trop longtemps délaissées. C'est une guerre qu'il faut désormais conduire, avec des lois d'exception au niveau éducatif et répressif.

Pour mener ce combat, encore faudrait-il des volontaires… et une culture politique adaptée. Après trente-trois ans de defferrisme, le règne de Jean-Claude Gaudin touche à sa dix-septième année.

– La droite commence tout juste à prendre conscience qu'elle ne peut pas laisser sombrer ainsi une partie de la ville. D'autant que c'est le seul axe de développement de Marseille. Au Sud, les calanques sont intouchables. À l'est, les sites industriels empêchent l'expansion urbaine.

Le verdict tombe.

– Si on ne reconquiert pas le Nord, Marseille se retrouvera coupée en deux. Perdue. La ville montre ce que devient un pays sans État, alors qu'elle pourrait devenir le laboratoire de la République. Mais est-ce qu'agir est plus rentable électoralement que de tenir une association par les subventions qu'on lui verse ?

Chez l'avocat, le réalisme l'emporte sur le cynisme.

– Qu'est-ce qu'il faut faire pour qu'on nous entende ? s'énerve Riri. Aller brûler le Vieux-Port ?

Sanguin, le verbe fort, les gestes saccadés, c'est un combattant.

– Ils ont essayé de le briser, me glissent Fifi et Loulou. Mais il faut comprendre ce qu'on vit ici.

Après ce que j'ai vu, su, entendu et écrit, ce n'est pas moi qui les blâmerai.

16.

« Total Khéops »

Une terrasse, quai du Port, en novembre 2010. Notre-Dame-de-la-Garde en ligne de mire, la mairie à deux pas. C'est ma première rencontre avec ce haut gradé de la sécurité publique, encore juvénile, dont c'est la première affectation à Marseille. Mon stylo et mon carnet sont rangés, j'ai seulement sorti mes lunettes de soleil. L'automne s'achève mais la ville est encore inondée de lumière.

Au nord comme au sud, les cités chauffent. Les quartiers sensibles marseillais ne sont pas excentrés dans quelque lointaine périphérie, ils s'inscrivent dans la ville avec discrétion. Si l'odeur de brûlé n'a pas encore gagné les quais du Vieux-Port, elle a tout de même suffi à faire descendre de Paris le ministre de l'Intérieur, Brice Hortefeux. Le 21 novembre 2010, celui-ci vient humer l'air de la Canebière. Deux jours plus tôt, une rafale de kalachnikov est venue troubler le commerce de stupéfiants au sein de la cité Clos-La-Rose. Un jeune de 16 ans a été abattu, un minot de 11 ans a été blessé par une balle perdue. Émoi médiatique jusque dans la rédaction de Bakchich, qui me charge d'y consacrer un grand papier.

Accompagné du directeur général de la police nationale, Frédéric Péchenard, le ministre a annoncé des mesures « coup de poing ». C'est l'opération Brennus : des descentes de CRS quasi quotidiennes dans les cités.

– Ce matin, on a fait Air-Bel, me raconte le policier. On était deux cents pour bloquer les accès dès la matinée. On a saisi des armes blanches, des portes de voitures volées, des radios, mais ni drogue ni kalachnikov.

L'opération n'a pas été médiatisée.

– Dès qu'on est partis, on a vu un scooter reprendre son poste de guet à l'entrée de la cité, ajoute-t-il.

Je sens une pointe d'amertume dans sa voix. Mais ni agacement ni résignation, il est encore trop frais. L'homme présente bien et parle sans forfanterie. C'est un technicien qui aime son métier et qui croit en l'utilité de sa mission. Je ne pense pas qu'il aime les médias, où il n'apparaît jamais. C'est un soldat dévoué, loyal envers sa hiérarchie.

– Les opérations coup de poing ne sont peut-être pas les plus efficaces mais au moins permettent-elles d'engager une vraie guerre d'usure avec les trafiquants.

Le flic me décrit les forces adverses, les obstacles à venir.

– Les plus grosses cités – La Castellane, Busserine, Air-Bel, Font-Vert – annexent les autres. Les luttes de territoire mènent aux règlements de comptes.

À son arrivée dans la ville, la situation l'a surpris. L'ampleur des trafics et leur ancrage dans la vie des cités aussi.

– Leurs méthodes ressemblent à celles du banditisme traditionnel, en plus grossier. Pour faire disparaître les preuves, ils brûlent les voitures et les armes utilisées. Avec l'argent amassé, ils ont les moyens de se développer, d'aller racketter les commerçants, de s'organiser. Ils ne peuvent qu'avoir des liens avec le banditisme traditionnel. Reste à savoir si ce sont des liens de collaboration, de subordination ou d'affrontement. Pour l'instant, aucun mec du milieu traditionnel n'a été tué.

Cela viendra. Considéré comme le parrain des quartiers Nord, Saïd Tir est abattu en avril 2011, avant que des membres de sa famille ne suivent. D'autres figures des temps anciens tomberont elles aussi sous les balles : Souhel Hanna-Elias, dit « Joël le Turc », ancien bras droit de Francis le Belge, ou encore Roland Gaben, « le racketteur du Panier ». Des meurtres « propres », non élucidés. Des exécutions en règle.

– Ce qui nous manque, c'est le temps. Pour faire remonter les infos et frapper les réseaux à la tête, c'est un travail de longue haleine.

Un travail souterrain et inédit, pas forcément médiatisé.

– La PJ marseillaise n'a pas la culture des cités, ils n'ont pas l'habitude de bosser là-dessus. C'est moins prestigieux que le grand banditisme corse.

La discussion dérive vers la vie des quartiers, Nord et Sud confondus. Mon interlocuteur exprime son incompréhension devant « cette forme de démission des parents, qui laissent leur gamin tomber là-dedans ». Le matin même, un élu de la mairie centrale m'avait lui-même confié ses doutes.

– Franchement, si j'étais un gamin dans ces cités, entre m'accrocher à l'école pour essayer de m'en sortir, aller manger à la gamelle d'un politique avec une association ou tomber dans les trafics, je ne sais pas ce que je choisirais. Et je suis content de ne pas avoir à faire ce choix.

Dans la bouche d'un élu, la tirade trahit le sentiment de résignation qui imprègne la classe politique locale. Mais elle ne convainc pas le galonné.

– Ils sont trop jeunes pour entrer dans ce raisonnement. On parle de gamins entre 10 et 15 ans qui font le guet pour des trafiquants. Il y a une réponse à apporter. Il faut taper sur ces réseaux encore et encore. Ce n'est pas une fatalité.

Avant de me quitter, il lâche une dernière confidence :

– Le peu de violence urbaine que connaissent ces quartiers est étonnant. Il y a du racket de commerçants, des braquages, mais les voitures ou les poubelles ne brûlent pas dans ces cités. Les trafiquants ne sont pas dans une logique d'affrontement avec les forces de l'ordre mais d'affrontement entre eux.

De quoi nourrir le soupçon qui court dans Marseille depuis des années. L'abandon des cités par les pouvoirs publics est sciemment orchestré. On achète la paix sociale d'une manière qui n'est pas sans rappeler le *modus vivendi* entretenu entre la mairie et les syndicats locaux. En échange, on laisse les trafiquants gérer la vie des cités. Chaque fois que les banlieues françaises brûlent, le maire de Marseille se félicite que ses cités restent sages, donnant l'image d'une ville paisible malgré la misère. Les récents règlements de comptes font voler en éclats l'illusion dont les élus et les habitants se sont longtemps bercés.

Publié après ce rendez-vous, mon article est titré : « Les cités marseillaises livrées à elles-mêmes. » Il me vaut les félicitations d'un ancien magistrat marseillais encore très au fait de ce qui se trame dans la ville. Et aucune réprimande de la part du policier, avec qui une certaine fidélité s'établit après cette première prise de contact. Je l'appelle à chacune de mes virées à Marseille. Au hasard de nos discussions autour d'un café, j'apprends que ses équipes sont tombées sur une bande des quartiers Sud. Ce groupe s'est fait serrer après avoir quasiment lynché un homme, un médecin. Je lui fais répéter le nom du toubib. Le policier confirme, précisant que ce dernier a eu de la chance qu'un flic en civil passe par là. La victime se révèle être le père d'un de mes amis proches. L'agression établit un lien de proximité entre le flic et moi. Le lieu de nos rendez-vous ne variera jamais. Son discours, lui, évoluera à mesure que son imprégnation marseillaise s'accentue.

En ce mois de mai 2011, alertée par les visites successives des ministres de l'Intérieur, la presse commence à s'intéresser à la vague de règlements de comptes qui ponctuent l'actualité marseillaise.

– On a arrêté les frères Bengler, m'apprend ma source policière. Ils ont compté dans les cités, notamment dans les réseaux gitans. Mais cela n'a rien changé. Les règlements de comptes ne vont pas cesser avec les arrestations. L'opération Brennus a gêné les trafics mais elle ne les a pas arrêtés. C'est vrai qu'on manque un peu d'effectifs par rapport à ce qui a été annoncé mais l'important, c'est la façon de bosser. On a besoin de plus de temps. Les remontées d'information sont encore insuffisantes mais on nous demande du chiffre.

Ses mots trahissent un zeste d'irritation. À peine une heure plus tôt, j'avais rendez-vous avec l'une de ses supérieures, la chef d'état-major de la police marseillaise, Catherine Lenzi. Elle affichait un état d'esprit identique en évoquant le procès d'un réseau de stupéfiants de la cité Busserine, démantelé en 2010, qui se déroulait au même moment.

– L'après-midi même, ils ont été remplacés, s'étouffe-t-elle. Vous vous rendez compte ? L'après-midi même !

Dans la ville, Catherine Lenzi est une institution. La cinquantaine, les cheveux longs, sa gouaille et sa disponibilité en ont fait un personnage incontournable. Elle est en poste depuis une dizaine d'années. J'ai découvert par hasard qu'elle était la demi-sœur de ma voisine de classe en troisième. Quand je lui ai dévoilé ce lien modeste entre nous, elle a accepté de me rencontrer.

– Vous savez, pour démanteler le trafic dans les cités, les effectifs, ce n'est pas ça le souci. Mais même avec plus de policiers, on nous demande de vider la mer à la petite cuillère.

À l'Évêché, c'est en pantacourt – ma tenue d'été – que je m'étais présenté devant elle juste après un plongeon dans la Méditerranée, le cheveu encore mouillé. Un mois plus tard, ma tenue n'a pas changé au moment de m'attabler avec le policier de la sécurité publique marseillaise. Tandis qu'on nous sert les cafés, je prends des notes tout en essayant d'imaginer cet autre monde.

– C'est une véritable école du crime, la structure sociale est hallucinante. Le matin, des jeunes viennent voir s'il y a un boulot pour eux dans le trafic ! C'est le tonneau des Danaïdes, soupire le policier, dans les yeux duquel je crois lire, pour la première fois, de la peur.

Le nouveau ministre de l'Intérieur, Claude Guéant, descend dans le Sud le 29 novembre 2011. « Le climat de sécurité s'améliore à Marseille », ose-t-il. Sans doute veut-il parler des terrasses du port, où campent des cars de CRS. La veille, un policier a été touché au cours d'une fusillade. L'après-midi même où Guéant fait sa déclaration, un Bricodépôt des quartiers Nord est dévalisé. Le ministre promet aux policiers fusils à pompe et gilets pare-balles.

– Face aux Kalach', les gilets pare-balles ne servent à rien, d'autant que la tête n'est pas protégée, s'agace le policier.

La violence est en crue. Ici, un tir d'arme à feu sur la route où j'ai passé mon permis. Là, des règlements de comptes dans mon lieu de prédilection pour emmener dîner les filles. Au Sud, une exécution sur le parking où j'ai fait rire pour la première fois ma future femme, la Madrague-Montredon. Une vue splendide avant d'atteindre les cabanons de Callelongue. « C'est ici qu'on branche », lui avais-je lancé. « Et qu'on tue », avais-je oublié de lui préciser.

« Peur sur la ville » ; « Marseille sous la loi des gangs » ; « Nuit sanglante à Marseille »... Les gros titres anxiogènes rivalisent d'imagination autour des « règlements de comptes sanglants ». Les journaux tiennent les comptes. Assassinats, agressions, séquestrations sur fond de trafic de stupéfiants – souvent – ou de montée du cours de l'or, qui entraîne une recrudescence des vols de collier à l'arraché – parfois. Retranscrite d'une plume alerte, la saga meurtrière laisse coi. « De Marseille, la France ne connaît que Marius et le mistral », écrivait Albert Londres en 1926. La violence est venue compléter le tableau. Ce n'est que lorsque la fumée s'échappe de ses ruines que la France pose les yeux sur ma ville.

En parcourant la presse, je ne la reconnais pas. Au moment d'aller prendre un verre en terrasse, je n'ai pourtant aucune angoisse. Dans les bars de l'Estaque ou de l'Opéra, dans les cafés de la Pointe-Rouge ou de la Plaine, les mots volent bas, les verres aussi parfois. Les chaises plus rarement. Et les exécutions demeurent l'exception. En mai 2011, un scooter a stationné devant L'Unic Bar, un bar situé à l'achèvement du cours Jean-Ballard, quand démarre la rue Breteuil, une artère qui naît sur le Vieux-Port et grimpe vers les beaux quartiers, s'évanouissant sur la colline Vauban. Le conducteur a attendu, moteur allumé. Le passager a pénétré dans le bar sans même enlever son casque. Il a tiré et pris la fuite. Les tueurs courent toujours. Deux semaines avant le meurtre, j'avais fini ma nuit là-bas. Depuis cet épisode, le bar fait toujours le plein. Et je continue d'y terminer mes soirées à l'occasion.

La loge d'un gardien de gymnase a été mitraillée en novembre 2011. Les balles (vingt impacts) venaient de la cité voisine. Le concierge a déménagé après l'agression. La ville ne l'a toujours pas reclassé, laissant se propager la rumeur d'un conflit pour une affaire de stupéfiants. Le fonctionnaire porte un nom à consonance arabe. J'ai passé mon adolescence sur son terrain, à m'entraîner au handball cinq fois par semaine. Ces vestiaires, où je prenais mes douches avec l'équipe, étaient un peu comme ma salle de bains.

J'ai passé mon permis chemin du Lancier. Au même endroit, un jeune de 22 ans a été poursuivi avant d'être pris pour cible. Trois mois plus tard, il a été blessé au rond-point de l'Obélisque, à Mazargues, terre d'élection du maire, à cinq cents mètres à vol d'oiseau de l'appartement de mes parents.

– Ils lui ont tiré dans les jambes, ils voulaient le faire parler, m'assure Guillaume, un ami d'enfance devenu médecin, qui a réceptionné le blessé aux urgences de l'hôpital de La Timone. En ce moment, ça part dans tous les sens, ajoute-t-il. Entre l'hôpital et la maison, j'ai le sentiment de passer d'un monde à un autre.

La géographie y est étrangère : les balles pleuvent au nord, au sud ou à l'est. Le *modus operandi*, lui, est variable. Rafales d'armes de guerre, exécutions discrètes et calibrées, « barbecues » où les restes des victimes sont retrouvés dans des voitures calcinées…

– J'ai même reçu une formation pour opérer les blessures par balle, s'étonne Guillaume. Je me demande si c'était comme ça avant.

Avant qu'on grandisse et qu'on ouvre les yeux ?

– À Marseille, il existe une facilité du passage à l'acte qui m'a surpris.

– La tension, les agressions, la violence sont plus élevées ici. Marseille concentre toutes les formes de délinquance. Le foisonnement est assez ahurissant.

Les règlements de comptes n'ont pas commencé à son arrivée. À peine se sont-ils amplifiés entre 2008 et 2012. D'une année sur l'autre, les mêmes chiffres sortent, peu ou prou. Une quinzaine de morts annuels dans les rixes du milieu, petits et grands bandits confondus.

– Dans la ville, on ne tue pas plus que dans les années 1980, m'assure le procureur.

En revanche, on tue de plus en plus jeune – adolescents, jeunes adultes. Les rafales de kalachnikov à la volée laissent craindre des victimes collatérales.

– Les anciens truands ne maîtrisaient pas mieux leurs armes que les nouveaux. Cela relève de la mythologie du grand banditisme, insiste Jacques Dallest.

La figure romantique du bandit à l'ancienne a nourri la culture populaire en livres, films, bandes dessinées et séries télé. Dans les scénarios, chaussures bicolores et costards cintrés n'ont pas encore cédé la place aux joggings et aux jeans griffés.

Sur la scène marseillaise, un nouvel acteur fait désormais de l'ombre au procureur. Sur le théâtre des règlements de comptes, lors des descentes de CRS filmées dans les cités, pendant les conférences de presse, le préfet délégué à la sécurité, Alain Gardère, fait crépiter les flashs. Débarqué à Marseille en août 2011, cet ancien directeur de cabinet adjoint de Claude Guéant a été envoyé en mission dans une ville devenue le symbole de la faillite sécuritaire du régime Sarkozy. C'est le troisième préfet de police nommé à Marseille depuis ma première rencontre avec ma source policière.

– Si le président m'a nommé ici, c'est justement parce qu'il aime la ville, m'assure-t-il.

Ce grand gaillard au débit abondant a les traits tirés. Son impressionnant bureau Empire occupe presque la moitié du premier étage du bâtiment de la préfecture.

– Marseille est moins violente que Paris, je ne laisserai personne dire le contraire. J'ai dirigé 27000 hommes à Paris, je sais ce que c'est qu'une ville plus dure. Il y a six mois, je ne l'aurais pas dit. Maintenant que je connais, je peux.

Des représentants de la communauté comorienne endeuillés sortent tout juste de son bureau. Un minot de 21 ans abattu au pistolet-mitrailleur fait la une.

– C'est typique de ce qui se passe à Marseille. Un fait divers occulte tout le travail de la semaine, c'est injuste. Pourquoi la ville attire-t-elle cette médiatisation ? Parce que c'est une ville de fantasmes, alors qu'il n'y a pas plus de morts que dans d'autres villes d'un million d'habitants.

J'ai à peine le temps de respirer qu'il enchaîne une nouvelle salve.

– J'espère que vous n'allez pas faire un livre sur le thème « Marseille violente, pauvre, corrompue, ingouvernable » ! La ville mérite mieux que ça. C'est une cité attachante, attirante, mais qui ne sait pas se vendre, avec parfois des comportements d'enfant gâté.

Le fonctionnaire ne tient pas en place. Une fièvre l'anime : « lutter contre le fatalisme des hommes politiques et des Marseillais face à la violence » ; combattre « la nonchalance ». Droit dans ses bottes, chiffres et graphiques à l'appui, Gardère assure que la délinquance n'a pas augmenté de manière sensible, contrairement au sentiment d'insécurité. Classique discours de droite. Le préfet sera maintenu par la gauche pendant six mois.

– Marseille souffre d'un déficit de confiance en elle, d'un discours misérabiliste que des élus et des citoyens entretiennent afin d'en tirer parti.

Les mêmes maux que ceux dénoncés par Riri, Fifi et Loulou. Les mêmes symptômes que pointe le procureur Dallest.

– À Marseille, le passage à l'acte est démystifié, confesse le préfet Gardère. La désinhibition des criminels m'a surpris.

Un étage au-dessus de son bureau, la direction zonale du renseignement intérieur a installé ses bureaux.

– Ils travaillent également sur les armes, me précise-t-il.

Trois pôles sont soupçonnés d'approvisionner la ville.

– Les réseaux croates, les Tchétchènes installés dans la région niçoise et la Légion étrangère, installée à Aubagne.

À Marseille, la circulation des armes à feu est devenue un sujet lancinant. Des politiques ont même timidement critiqué l'action des policiers contre les filières d'approvisionnement.

– J'ai failli faire auditionner Samia Ghali quand elle a prétendu savoir où étaient les armes.

L'envie lui a passé.

– Ce n'est pas si simple de trouver des caches d'armes à Marseille.

Leur présence, toutefois, n'est pas récente. Il suffit de relire des textes vieux d'une quinzaine d'années. « Il venait d'ouvrir une caisse. Un vrai arsenal. Flingues en tout genre. Munitions pour tenir un siège. [...] Les armes c'était depuis six mois. Son boulot c'était d'en fourguer à quelques potes qui avaient vraiment des couilles. » La scène se déroule cité

Bassens, dans les quartiers Nord de Marseille, en 1995. Elle est issue du roman *Total Khéops*, de feu Jean-Claude Izzo, ex-journaliste à *La Marseillaise*, auteur de la trilogie Fabio Montale. Un connaisseur de Marseille qui avait sa petite idée – légèrement parano et complotiste – sur la provenance des armes de guerre et sur l'utilité d'en inonder les quartiers Nord. Le romancier pensait qu'elles étaient fournies par l'extrême droite, acoquinée avec la mafia, afin de créer un tel chaos dans la ville que les citoyens se jetteraient dans leurs bras.

Vers 19 heures, la lourde porte en bois de la préfecture se referme. En cet hiver 2012, la nuit est déjà tombée. Ma référence à Izzo a fait sourire le préfet délégué à la sécurité, apparemment amateur du romancier.

En revanche, elle avait laissé de marbre Kader Attia, que j'ai rencontré pour la première fois en novembre 2010, quand règlements de comptes et affaires politico-financières se conjuguaient dans l'actualité. Une jeunesse dans les cités, suivie d'une vie de militantisme associatif.

– Beaucoup de gens semblent découvrir qu'il y a des armes dans les cités. Mais il y a toujours eu des morts et des trafics.

Au lendemain de l'arrestation d'Alexandre Guérini, en novembre 2010, des tirs de kalachnikov fauchent un gamin de 11 ans. Aucun lien direct mais une étape est franchie dans le processus de détérioration de la ville.

– Dans les cités, vous avez le choix entre la misère, l'emploi aidé ou le deal. L'État a abandonné le terrain, les politiques l'ont laissé se ghettoïser et ont voulu en tirer une rente électorale. D'autres l'ont investi, notamment les trafiquants.

Un an plus tard, fin 2011, son analyse demeure pertinente. Dans le salon de sa maison de l'Estaque, Kader Attia fouille sa mémoire.

– Dans une cité comme le Petit-Séminaire, dans les années 1970, le taux de mortalité était aussi élevé qu'aujourd'hui. Tous ceux qu'on connaissait sont morts. Mais ce n'était pas médiatisé comme maintenant. Il y a même eu des corps calcinés dans des voitures, rien n'a été inventé. Personne n'a la mémoire de la ville.

En 1926, Albert Londres décrivait Marseille comme le « champ de bataille » de la « mystérieuse guerre de l'opium ». À l'époque, les escarmouches éclataient aux alentours du port. Leur géographie s'est déplacée depuis vers les quartiers Nord. Le principe, lui, a à peine évolué. Les cargaisons provenaient de Chine et de Turquie autrefois, d'Espagne et du Maroc aujourd'hui. Les trafiquants qui pilotent le trafic étaient corses hier, maghrébins aujourd'hui. Et leurs chefs logent toujours dans les beaux quartiers. Le cours de l'histoire de Marseille s'enlise.

– La violence la plus répressive est sociale, poursuit Kader Attia. Et elle s'accentue.

Pas moins de 30 % de Marseillais vivent sous le seuil de pauvreté. Une impasse reflétée par le voile de lassitude qui recouvre sa voix.

Plusieurs amis d'enfance de Redouane * ont été emportés dans les dernières tueries.

– Avec Roland *[Gaben]* ou Saïd *[Tir]*, on a grandi ensemble. Eux ont choisi une voie, moi une autre.

Il a grandi dans Le Panier. A assisté à l'éclosion politique d'Alexandre et Jean-Noël Guérini, dont il a organisé

* Le prénom a été changé.

quelques-unes des agapes. Désormais, il travaille dans le social tout en jouant le rôle officieux d'interface entre la police et les jeunes.

– C'est pour essayer d'en sortir certains de ces cités. C'est la casse du tissu associatif et de tout ce qui était social qui a tout déclenché. Les jeunes sont confinés dans leurs barres HLM. Le cloisonnement a fait naître quelque chose d'hyper-violent.

Redouane a assisté au passage de témoin.

– Les trafics ont peu à peu été repris en main par la génération des cités, avec des boss qui veulent en sortir.

Un nom me vient à l'esprit : Farid Berrahma, alias « l'Indien », « Dingo » ou encore « Farid le Rôtisseur », soupçonné d'avoir voulu régenter le business des bars, des machines à sous et des stupéfiants. Son ambition s'est éteinte en 2006 lors de la tuerie des Marronniers, déjà évoquée.

– Des Berrahma, me prévient Redouane, il y en a cinquante dans les cités maintenant.

17.
Rêve de minot

Le scandale Guernica, véritable feuilleton politico-financier impliquant les frères Guérini et le grand banditisme marseillais, étale la dépravation de la classe politique locale pendant que, dans la ville, la pauvreté gagne chaque jour du terrain. Malgré tout, les gens promènent une mine réjouie. Ce 28 novembre 2011, l'extase barre la une de *La Provence* : « Fierté retrouvée. » L'OM a écrasé (3-0) le Paris Saint-Germain, pourtant riche des millions du Qatar et leader du championnat. Après des mois de crise et un passage par la dernière place du championnat, le drame se lisait sur tous les visages. C'est désormais du passé. L'honneur est lavé. Le torse bombé. Ce matin, Marseille porte beau. Un sourire ne quitte pas mes lèvres. Si mon accent s'est évanoui à la suite de mon exil à Paris, j'ai conservé la manie de n'acheter le journal qu'au lendemain des victoires.

Café, clope, vue sur le port. Le soleil toise Notre-Dame-de-la-Garde tandis que les marchands de poissons rangent leur cargaison. Le cliché ravirait les télés. Pourtant, pas une caméra ne traîne. Par cette douce matinée d'automne, je flâne à la terrasse de la brasserie Samaritaine. Je me contente de lire et de relire les pages Sports du quotidien régional. Quand l'OM triomphe, Marseille rit. Ville de fadas. Ma ville. Notre folie.

La veille au soir, j'en étais, pèlerin parmi les pèlerins. Les jours de match à domicile, de longues processions serpentent à travers la ville. Une heure avant le coup d'envoi, les artères saturées de voitures se vident progressivement pour laisser place à des cortèges humains qui se déversent depuis les deux Prado, le boulevard Michelet ou les allées Ray-Grassi. De la petite blonde qui accompagne son père aux jeunes des quartiers Nord venus en groupe, en passant par une bande descendue de la cossue rue Paradis – mocassins obligatoires, petit pull négligemment jeté sur les épaules –, un emblème commun : le logo de l'OM. Maillots et drapeaux sont de sortie. Odeur de grillades, camions-pizza, voitures garées anarchiquement, cadavres de bouteilles de Pastis 51 sont autant de fleurs qui jalonnent le chemin jusqu'à l'autel – le Vélodrome –, vers lequel les Marseillais convergent pour l'office hebdomadaire. Deux heures durant, la cité restera figée, au stade ou devant une télé, attendant la fin de l'homélie. La circulation est réduite à néant. Les politiques sont injoignables.

Direction la tribune présidentielle, au cœur des gradins Jean Bouin. Un coin constamment conspué par les virages du stade pour son relatif manque d'entrain. Je suis invité. Tant pis pour la déontologie, elle ne pèse pas grand-chose face à ce rêve de minot. L'OM a guidé mes premières lectures. Ma décision de devenir journaliste a germé sur ce fantasme : être rémunéré pour assister gratuitement aux matchs. Près de trois décennies d'une attente puérile, maladive, incompréhensible pour qui n'a pas grandi ici, où il n'est pas question de « football » mais de « ballon » ; où l'on n'« assiste » pas à « une rencontre », « on va au Stade » ; où il n'est pas question de « club » mais de « l'OM ».

Et quel OM, ce soir-là ! Moribond et pourtant capable d'infliger une raclée à l'ogre parisien, ce nouveau riche promis à dominer le championnat, à la plus grande joie des 42 000 supporters présents – et de tous les absents. Trois buts, trois cris, trois râles pour effacer la déception d'un début de championnat raté, oublier un moment les règlements de comptes qui ensanglantent les cités, rompre avec l'actualité.

Diverses personnalités gravitent dans les travées. Chanteurs, sportifs, comédiens et élus, bien sûr. Les Jibrayel père et fils, respectivement député et conseiller régional des quartiers Nord, font le tour des travées. Franches accolades, rires, pas sûr qu'ils discutent de la violence qui étreint les cités. Une crinière blanche les salue tout en descendant prudemment les marches qui le conduisent au premier rang. C'est Eugène Caselli, le président de la Communauté urbaine de Marseille. Six mois plus tôt, il était en garde à vue face aux gendarmes. Une mésaventure à propos de laquelle son rival de droite, le député UMP Renaud Muselier, n'a pas manqué de gloser. Voilà trois ans que les deux hommes ferraillent, depuis l'élection surprise de Caselli à la tête de l'institution promise à Muselier. Toutes sortes d'attaques – sur leur probité, leur intelligence... – émaillent désormais les échanges entre ces voisins de stade, assis dans la même rangée, à dix mètres à peine l'un de l'autre, sans s'adresser un regard.

À la mi-temps, le salon présidentiel accueille d'improbables apartés. Un verre à la main, un petit-four en bouche, Eugène Caselli, prétendument fâché avec Élie-Claude Argy, l'homme fort de FO, le tout-puissant syndicat de l'administration marseillaise, tend l'oreille vers les demandes du militant, dont la voix a été rendue quasiment inaudible par la maladie.

Prudents, les dirigeants du club ne font qu'une courte apparition. Ils s'installent un peu plus haut, dans les loges.

– Pas question d'aller en tribune présidentielle pour se faire embarquer pas les politiques, résume le président Vincent Labrune. Dans le salon présidentiel, c'est pareil : trop de sollicitations.

En bisbille avec l'entraîneur d'alors, Didier Deschamps, le directeur sportif José Anigo suit les rencontres depuis son refuge du cinquième niveau. Seul le carré de la presse le surplombe. Au sixième étage, les gratte-papier côtoient l'emplacement réservé au conseil général, où Jean-Noël Guérini et son frère Alexandre viennent à l'occasion assister au spectacle, loin des juges qui les ont mis en examen.

Nul ne prête attention à moi. Certains m'ont reconnu, d'autres n'ont jamais voulu me rencontrer. Si mon visage ne leur est pas familier, mon nom l'est devenu au gré de ces six années passées à les titiller sur leurs petites et grandes combines, à contrarier leurs plans, à bousculer leur agenda, à éventer leurs ambitions, compromissions et rivalités. En bandoulière, un peu de culot, la liberté – sans pareille à Marseille – d'écrire pour le site Bakchich.info, l'avantage d'avoir grandi dans la cité.

Dans l'immédiat, j'ai rangé stylo et carnet. Dans quelques jours, l'effet euphorisant de la victoire s'estompera. Reviendront à la une les affaires, les braquages, la misère… Jusqu'au prochain match. Mais ce soir, l'OM a gagné. Dans la fumerie d'opiOM, je cède à l'ivresse collective. Une drogue dure, addictive. Malgré mes plongées dans les entrailles du club, je ne suis pas sevré. Enfant, je voulais suivre mon club. J'ai finalement rencontré ma ville.

18.
Corsican Connection

Du banditisme corse, je ne connais pas grand-chose. Outre l'histoire consignée dans les livres et les récits de Michel Debacq, l'ancien juge d'instruction, je ne l'ai approché qu'à travers mon enquête sur le Cercle Concorde. Autant d'éléments du passé, quand le journalisme s'écrit au présent et que les dossiers surgissent sans discontinuer, avec leurs révélations et leur géographie, qui décrit une insistante diagonale du crime : Paris-Aix-en-Provence-Marseille-Corse. Presque la trajectoire de ma vie – l'île de Beauté en moins, que j'ai seulement aperçue lors des matchs de hand de ma jeunesse. Notre équipe n'y a jamais connu la défaite, même si les parties étaient musclées. Dès la première minute d'une rencontre à Bastia, mon adversaire m'a littéralement attrapé à la gorge – le coup de la corde à linge. L'arbitre a sifflé un passage en force à mon encontre. Le ton était donné, sans qu'on y trouve à redire. En Corse comme ailleurs, le hand est un sport de contact, dur, physique, éreintant, surtout pour un gabarit aussi léger que le mien, dépourvu de qualités exceptionnelles en détente ou en vitesse. Tant que dure le match, la douleur n'existe pas. À l'échauffement, nous nous mettions les coups les plus violents, histoire d'effrayer l'adversaire. Durant la rencontre, la sueur et l'adrénaline anesthésient la douleur des chocs issus des contacts, des chutes ou des baffes. Celle-ci nous rattrape sous la douche, où les hématomes récoltés sont autant de trophées. Au sortir des matchs et des entraînements, les coups sont oubliés. Ils font partie du jeu. Tant qu'ils sont francs.

Pendant mon enquête sur le Cercle Concorde, j'ai passé huit jours de vacances en Corse, à Porto-Vecchio – ses plages, ses boîtes de nuit, ses paillotes. À mes amis, j'avais donné une consigne : « Pas de commentaires sur mon boulot ! » Un soir, l'alcool aidant, l'un d'eux a lancé une remarque sur mes articles. Le serveur s'est immobilisé : « Tu es journaliste ? » Nous avons rapidement sifflé nos verres avant de prendre congé.

Pour les natifs de l'île de Beauté, Marseille n'est pas vraiment une terre d'exil. Au fil du XXe siècle, elle est plutôt devenue une seconde patrie. Au milieu des descendants d'immigrés italiens, les patronymes en « i » passent depuis longtemps inaperçus. J'ai grandi en entendant mes camarades narrer leurs vacances « au village », affichant une fierté toute méditerranéenne à propos de leurs racines, de leur culture, de la splendeur de leurs montagnes ou de leurs plages. Sans parler de leur influence, parfois arrogante, dans la ville.

La cité a connu un maire corse, Simon Sabiani, avant la Seconde Guerre mondiale. Elle regorge d'insulaires devenus entrepreneurs, médecins, commerçants, avocats, notaires, politiques... ou voyous, bien sûr. La saga du milieu marseillais se décline autour de patronymes corses. Simon Sabiani, devenu l'adjoint des maires Siméon Flaissières puis

Georges Ribot avant-guerre, s'appuie sur Paul Carbone et François Spirito pour mettre la ville sous coupe réglée et la faire basculer dans la collaboration. À la Libération, les frères Antoine et Mémé Guérini, originaires de Calenzana, leur succèdent. La French Connection, ce vaste trafic international d'héroïne dont Marseille a été l'épicentre, s'avère surtout une Corsican Connection, comme le décrivent fort bien Jacques Follorou et Vincent Nouzille dans leur somme consacrée aux *Parrains corses*.

La naissance des juridictions interrégionales spécialisées (JIRS), en 2004, accentue encore ce lien. La JIRS de Marseille englobe en effet la Corse. Assassinats, trafics et rackets commis sur l'île se retrouvent désormais entre les mains de magistrats marseillais. Première ville corse de France devant Ajaccio ou Bastia, avec ses 270 000 insulaires, Marseille en est également devenue la capitale judiciaire.

– Vous savez, Monsieur Monnier, la Corse, c'est un peu comme le Sénégal au niveau du développement, me résume, un brin provocateur, un avocat originaire de l'île. Vous avez un peu d'immobilier, beaucoup de tourisme et de bars, et tout le monde se connaît.

– Oui, et comme au Sénégal, tout le monde a le même nom, ou presque.

Voici l'un des principaux écueils auxquels un novice est confronté dès qu'il entreprend de travailler sur la Corse : la généalogie. Les mêmes patronymes reviennent en boucle dans les dossiers. Le risque est grand de se ridiculiser à l'occasion. Pour m'en sortir, je fais le choix de me concentrer sur des affaires à peu près maîtrisées, dont le sillon me mènera progressivement vers d'autres enquêtes. Autant que possible, se garder d'écrire vite – un ascétisme frustrant –, avancer à tâtons. Au sortir de nos rendez-vous avec tel ou tel grand avocat, Simon, un collègue de Bakchich avec qui j'ai beaucoup travaillé, m'a souvent posé la même question :

– Tu comprends les histoires qu'il te raconte ? Je ne connais pas la moitié des noms qu'il a cités.

– Moi non plus. Je fais semblant, je recherche après.

La documentation que je récolte dessine des histoires parcellaires. Des pièces éparses pour reconstituer le puzzle du milieu, qui irrigue Marseille et son arrière-pays. L'influence de ces bandes dépasse de loin le cadre de l'île de Beauté. Elle s'étend sur ma ville et sur l'arrière-pays aixois, voire jusqu'à Paris. J'y croise la Brise de mer, le légendaire gang bastiais. Ses membres en sont venus à s'entretuer. Certains de leurs héritiers se sont alliés aux bergers braqueurs de Venzolasca, nom de scène du clan Federici, dont la montée en puissance s'est faite les armes à la main. Ou encore le clan du parrain Jean-Jé Colonna, ancien grand manitou de la Corse-du-Sud, qui s'effrite à la mort du chef, en 2006.

Mes articles circulent dans les commissariats, les cabinets d'avocats, les directions centrales de la police... Ces lecteurs avertis se manifestent parfois d'eux-mêmes, se prêtant volontiers à une rencontre. Que le standard de l'Évêché, le commissariat central marseillais, ne demande jamais l'identité de l'appelant ne laisse pas de me surprendre. Il me suffit dès lors de connaître le nom de l'enquêteur que je cherche à contacter, ce qui nécessite d'être attentif au moment d'éplucher les PV d'audition, avant de tenter le coup. Du journalisme de cabinet, certes – d'avocat, de juge, de flic... Une course au PV, à l'information documentée, au compte rendu d'écoutes téléphoniques permettant de nourrir un papier.

À l'été 2010, l'un des mis en examen me refait l'histoire du Cercle Concorde devant 700 grammes de viande saignante et un grand ballon de bordeaux. Derrière lui crépite la cheminée du restaurant La Côte de bœuf. Je n'ai pas le temps de prendre des notes. Pas l'envie non plus. L'ivresse monte.

Un peu fébrile, je l'ai attendu sur le cours d'Estienne-d'Orves, pas vraiment sûr qu'il allait venir. Vingt minutes d'attente, à m'amuser de l'incohérence du lieu. Au sortir de la guerre, le gouvernement a eu besoin de héros issus de tous bords politiques. Estienne d'Orves venait de l'extrême droite résistante. Or la place qui porte son nom accueille le siège et l'imprimerie de l'un des derniers quotidiens communistes de France, *La Marseillaise*. Un immeuble décrépi, voisin du très sélect restaurant des Arcenaulx, tenu par une mondanité marseillaise, Jeanne Laffitte. La place s'achève sur un restaurant de couscous que la rumeur populaire tient pour propriété de Zinedine Zidane, l'enfant chéri jamais rentré au pays. Une saison à l'OM, franchement, il aurait bien pu venir aider !

Mon hôte s'amuse de mes réflexions. Je l'ai vu arriver de loin. Je lui trouve une vague ressemblance avec Francis le Belge, en un peu plus rondouillard et l'accent en moins.

– Tu sais, à part le palais, Marseille je connais peu, s'amuse-t-il. À cause de gens comme toi !

Je sens bien que ce n'est pas une menace. Plutôt un accord de paix. Il est sorti de prison depuis un an et demi, il devra encore patienter avant son procès. Il a besoin de parler. Et moi, j'ai envie de comprendre. Comprendre, par exemple, la cavale de Paul Lantieri.

– Il était de notoriété publique que Paul connaissait de grands flics. Le préfet de police Squarcini passait parfois à La Rotonde, son restaurant, mais moins souvent que le patron de la PJ...

– Ces vieilles gloires autour de Lantieri, les Roland Cassone, Dominique Venturi, Jean-Jé Colonna… tu les as vues ? Tu sais pourquoi ces types le recevaient ?

– Non mais il en était proche. Je ne sais pas si Colonna avait des intérêts dans le Cercle mais Paul a été marqué par sa mort. Quant au « Vieux Monsieur », je ne sais pas s'il y avait des enveloppes pour lui.

Dans les écoutes du Concorde apparaissent régulièrement, dans la bouche de Paul Lantieri, des références à un « Vieux Monsieur ». Roland Cassone et Nick Venturi se renverront mutuellement cette désignation. Mon interlocuteur a assisté aux rencontres entre le directeur du Cercle Concorde et Roland Cassone. L'ascendant du second sur le premier était évident.

– Évidemment que Cassone l'engueulait : il lui demandait s'il avait volé de l'argent… Dans ces moments-là, le « grand Paul » se faisait tout petit.

Cassone, le retraité jardinier, en train de faire la leçon au géant Lantieri dans la villa construite de ses propres mains dans l'arrière-pays. J'essaie d'imaginer la scène.

– Les mois en prison ont fait beaucoup de mal à Cassone. J'ai beaucoup discuté avec lui à ce moment-là, décrit mon interlocuteur, lui-même ancien locataire des Baumettes. Il en voulait beaucoup à Paul de s'être enfui, de n'avoir pas assumé, de l'avoir mis dans ce pétrin.

Et concernant Venturi ?

– Pour ma part, je n'ai jamais vu Nick, m'assure-t-il avant de régler la note.

Nous nous reverrons souvent lui et moi pour parler du Concorde, ce Cercle des parrains disparus.

Une formule qui aurait pu offrir son titre au réquisitoire de l'affaire du Concorde daté du 13 octobre 2011. Ces cent trente-quatre pages qui marquent la clôture de l'instruction sur l'établissement de jeu parisien retracent le déroulement de la procédure dans un style souvent grinçant, œuvre du procureur Marc Rivet. Un amateur de bons mots, y compris lors des procès. « Votez-vous en Corse ? » lui a un jour demandé un nationaliste. « Pas que je sache », lui a rétorqué, cabotin, le magistrat.

Les associés du Cercle Concorde sont renvoyés devant le tribunal pour infraction à la législation sur les jeux, blanchiment en bande organisée et association de malfaiteurs. Les juges reprochent aux différents acteurs – qu'il s'agisse du duo Rouge-Lantieri, de Roland Cassone ou du clan Federici – d'avoir utilisé le Cercle pour sortir de l'argent liquide non déclaré. Qui pour financer le grand banditisme corse, qui pour frauder le fisc.

À l'écriture du papier, je ressens un léger malaise. À peu de chose près, j'aurais pu accoucher de ce réquisitoire, si proche de mes articles sur « L'incroyable saga du Cercle Concorde. » Ai-je épousé la thèse judiciaire, tel un journaliste passé au rang de greffier ? « Il faut faire attention à ne pas devenir un flic, Xavier. » Accent italien mâtiné de trente années de vie en Corse, le journaliste Enrico Porsia suit avec minutie le cours de l'actualité insulaire. Ses articles, rares et documentés, provoquent l'ire des grands clans de l'île, qui lui vouent une haine tenace, au point qu'un jour de l'été 2009, sa voiture a été plastiquée. Courageux et obstiné, il critique sans ménagement, mais à bon escient, mes papiers. Sur le Concorde, il trouve que j'ai fait du bon boulot. Simple, parfois, d'être rassuré.

Un peu plus d'un an après la fermeture ordonnée par la justice, l'établissement a reçu du ministère de l'Intérieur, fin 2009, l'autorisation de rouvrir ses portes. Sur les cendres du Cercle Concorde s'est donc ouvert le Cadet. À sa tête, un restaurateur de La Ciotat. Sur certains comptes rendus d'écoutes, ce dernier s'inquiétait de la mort du fils d'Ange-Toussaint Federici, Augustin – dit « Tintin ». Lors de son interrogatoire, il pâlira à la simple évocation du nom de Federici et niera maladroitement s'être jamais inquiété des incidences de la mort du fils du chef de clan. La commission rogatoire du juge marseillais Charles Duchaine n'ira pas plus loin.

Pendant ce temps, l'enquête de son ancien collègue Serge Tournaire, entre-temps muté à Paris, prospère. Elle porte sur le Cercle Wagram, un décalque quasi parfait de l'affaire du Concorde, que ce magistrat avait en partie instruite. Le Cercle Wagram traîne la sulfureuse réputation d'être aux mains de la Brise de mer. Sa gestion fluctue au gré de la tempête qui agite le gang bastiais depuis la mort d'un de ses meneurs, Richard Casanova. Coupable, aux yeux de ses comparses, de prendre un peu trop d'indépendance, ce dernier a été assassiné en 2008.

Accusé du meurtre de Richard « le Menteur », un homme se met à table. Il s'agit d'un lieutenant de Francis Mariani, Claude Chossat, mis en examen dans le cadre de l'enquête sur l'assassinat de Richard Casanova. « Tous les mois, un représentant du Cercle remettait à Richard ou à une personne envoyée par lui une somme d'argent en espèces. Chaque membre de l'équipe touchait entre 30 000 et 40 000 [euros] par mois. L'équipe de la Brise était constituée à cette époque-là de neuf personnes : les frères Guazzelli, Richard Casanova, Maurice Costa, Pierre-Marie Santucci, Alexandre Chevrière, Robert Moracchini et Francis Mariani. [...]

« À la mort de Richard, j'ai assisté à une discussion sur la plage de Pinarello, dans une paillote, entre Francis Mariani,

Francis Guazzelli et Pierre-Marie Santucci au sujet de la succession du Cercle. Les trois étaient furieux car Sandra Germani récupérait la part de son mari directement au Cercle. [...] En fait, le problème de la succession de Richard venait du fait qu'il existait une règle au sein de "la Brise de mer", à savoir : pas d'héritier. Cela voulait dire que, lors de la mort d'un membre, le nombre de parts sur les bénéfices diminuait. "La Brise" versait alors seulement 2000 euros par mois à la veuve. [...] Courant janvier, je ne sais plus la date, j'ai appris par des gens extérieurs à la prison que Jean-Luc Germani et ses proches avaient récupéré l'Eldo et le Wagram. »

La confession de Claude Chossat date du 11 août 2011. Bien après que j'ai eu vent du dossier Wagram.

La reprise en main évoquée dans le PV a eu lieu le 19 janvier 2011. J'en ai été informé deux semaines plus tard par l'un des enquêteurs, qui m'a mis au parfum autour d'un café, dans un arrondissement huppé parisien. J'ai attendu qu'il finisse son précédent rendez-vous avant de me signaler. Son interlocuteur, sans doute un indic, avait une vraie gueule. Il lui a suffi d'un regard pour me faire comprendre que je ne devais pas interrompre sa discussion.

Le policier qui me fait face ressemble un peu à Michel Neyret, le grand flic lyonnais tombé en disgrâce pour avoir trop copiné avec ses « tontons ». Belle gueule, veste en cuir, le port droit, des phrases franches, il ne tourne pas autour du pot.

– On a quelque chose sur le Wagram, m'assène-t-il d'entrée. On les a en direct.

Je déglutis, m'efforçant de digérer l'info et de faire baisser l'excitation devant cette promesse de scoop. Un coup de force s'est produit le 19 janvier 2011 au Wagram. Un

« commando » de voyous a chassé l'équipe dirigeante pour pouvoir mettre la main sur l'établissement. En termes juridiques, cela s'appelle une extorsion. Un téléphone, alors sur écoute, a enregistré la discussion houleuse entre les nouveaux venus et ceux qu'ils entendaient expulser du Cercle Wagram.

Ma source fourmille de détails sur les auteurs de l'opération et sur l'écoute judiciaire qui a permis aux policiers de suivre le coup de force en direct. L'enquête vise des faits de blanchiment antérieurs au 19 janvier, comme pour le Cercle Concorde.

– Avec ce dossier, on va pouvoir résoudre pas mal d'affaires d'assassinats en Corse et à Marseille, assure ma source.

Depuis 2006, les règlements de comptes foisonnent dans le milieu traditionnel corso-marseillais. Le signe que des bandes s'affrontent pour mettre la main sur les affaires les plus lucratives, parmi lesquelles les cercles de jeu. L'enquête sur les causes du changement de direction du Cercle Wagram permettra-t-elle de comprendre l'avalanche de meurtres, voire, sait-on jamais, de retrouver leurs auteurs ? Le flic y croit. À chacune de nos rencontres, je lui demande de me décrire chaque facette de la guerre du Wagram, de m'épeler les noms qu'il cite et dont je n'ai jamais entendu parler. Notre accord est explicite : pas une ligne avant que l'enquête ne soit bouclée et le coup de filet lancé. Ensuite, j'aurai accès à tout. Je le rassure :

– Mon boulot n'est pas de prévenir les truands ni de faire péter votre enquête…

L'instruction déborde largement du cercle parisien, étendant ses investigations vers Aix et Marseille. Des écoutes communes sont pratiquées par la PJ marseillaise, le Service central des courses et jeux, l'Office central de lutte contre le crime organisé (OCLCO) et l'Office central de répression de la grande délinquance financière (OCRGDF).

Magistrats et policiers soupçonnent Jean-Luc Germani, l'un des « repreneurs » du Wagram, établi à Aix-en-Provence, de régenter les boîtes de nuit locales. Le grand bandit se serait allié aux Federici pour prendre le contrôle de la nuit aixoise, où gravitent starlettes marseillaises, joueurs de l'OM et leurs agents. Une véritable manne financière pour le milieu. Ce jour de février 2011, entre le Wagram, les boîtes de nuit d'Aix et les agents de joueurs, j'entrevois la promesse de trois longues enquêtes, à condition de respecter la confidentialité promise.

Devant le salon du coiffeur qui me coupe les cheveux depuis que j'ai 10 ans, au sud de Marseille, quelques pins se battent en duel. Nous sommes en mai 2011 et un homme de la PJ locale me déroule la même histoire.

– On a quelque chose qui nous excite beaucoup. On a été saisi en même temps que les Parisiens. Eux bossent sur le Cercle, nous sur les bars aixois. On a des touches mais ça reste en deçà du niveau qu'on espère atteindre. Seuls les seconds couteaux apparaissant pour l'instant : les collecteurs de fonds.

Il n'a aucun document. À moi d'enregistrer la discussion en même temps que je la soutiens. Ne pas me vanter d'être au courant; cloisonner pour éviter les fuites, la méfiance. Et continuer de récolter avant d'écrire, en assurant à mon interlocuteur que rien ne filtrera sans son accord. Un pacte qui a ses limites, dans la mesure où je travaille avec l'angoisse de me faire griller par les confrères.

C'est justement ce qui arrivera. Le même mois, un papier du *Parisien* évoque des enquêtes sur les cercles de jeu sans nommer les établissements visés. Une photo du Wagram illustre l'article, à la fureur de la police. L'information a fuité, les voyous sont prévenus. Le coup de filet est avancé au début juin. La presse fourmille de papiers relatant la même histoire, sourcée chez les avocats et les hauts gradés de la police. Un vrai tir groupé. De mon côté, en respectant la parole donnée, je serai en mesure de raconter une saga dans le détail (« Les mystères du Wagram ») et d'annoncer que l'affaire n'est pas finie. En février 2012, une grande opération dans les boîtes de nuit aixoises permet en effet l'arrestation des seconds couteaux du clan Federici-Germani.

Au mois de mars suivant, un deuxième coup de filet intervient dans le dossier du Wagram. Les personnalités victimes de la reprise en main se voient accusées d'avoir blanchi l'argent de la Brise de mer. Moins de deux mois plus tard, l'un des pontes de la Direction centrale de la police judiciaire me reçoit dans son bureau parisien pendant trois heures. Au lendemain de l'installation d'un nouveau ministre de l'Intérieur, je n'imaginais pas avoir droit à autant d'attention. L'écharpe de l'OM accrochée autour de ses décorations me laisse à penser que ce grand flic – qui a la réputation de parler fort – supporte le plus grand club de foot au monde. Un seul coup de fil a suffi pour qu'il accepte le rendez-vous. L'homme a l'habitude des gratte-papier. Après une heure à discuter des mutations en cours dans la police ou des enquêtes passées, je dégaine sans sommations :

– Alors, cette enquête sur les joueurs de l'OM couvés par le milieu, ça avance ?

– Hein ?

– Ben oui : l'enquête qui découle du Wagram et du coup de filet d'Aix…

– Je vois que vous êtes bien renseigné.

La remarque fait son effet. Je suis reçu sans introduction ni recommandation chez l'un des grands patrons de la place Beauvau, qui rend hommage à mon boulot. Fierté mal placée...

– Ça en est où ?

– Ce n'est pas encore mûr.

– Vous savez, ce n'est pas pour un article. Enfin pas pour l'instant. Je souhaite juste avoir quelques confirmations...

– Lesquelles ?

– L'enquête porte bien sur Gignac et les Federici ?

– Oui.

– Qui est le juge saisi ?

– Azema.

– Quand est-ce que ça sera mûr ?

– Pas avant l'automne.

Deal acté. Mais l'information fuite à nouveau. En juillet 2012, une enquête pour extorsion liée aux joueurs de l'OM est dévoilée. Mais personne ne fait encore le rapprochement entre l'affaire du Cercle Wagram, le dossier des bars rackettés à Aix et l'enquête sur l'OM, pourtant imbriqués.

19.

Le milieu ratisse le terrain

Dans une maison blanche sur les hauteurs, le petit homme s'occupe de ses fleurs. J'ai galéré avant de trouver l'endroit, planté au bout d'un chemin sinueux de l'arrière-pays niçois. Je n'aime pas beaucoup la Côte d'Azur, ce bronze-cul de la France. Populeux sans être populaire, m'as-tu-vu sans être fier, riche sans être généreux – discours de Marseillais un peu borné.

En cet après-midi de février 2008, il fait un peu froid et humide. Le temps d'enlever ses gants et de ranger son sécateur, Étienne Ceccaldi m'offre un café. Au vu de son parcours, je l'imaginais un peu plus grand. Cet ancien juge d'instruction à Marseille est l'homme qui a dicté le communiqué du Syndicat de la magistrature après l'assassinat à Marseille du juge Michel, en 1981. Un assassinat en pleine ville, deux semaines après ma naissance. Un épisode qui a marqué sa carrière et lui a forgé une solide réputation de magistrat spécialisé dans la lutte contre le grand banditisme. Je viens le voir pour parler du milieu et de l'OM.

Ceccaldi a été l'un des nombreux présidents délégués du club, de septembre 2001 à juillet 2002. Dix mois agités pendant lesquels il s'est retrouvé flanqué d'un directeur sportif nommé par Bernard Tapie, a vécu une cohorte de transferts et côtoyé une ribambelle d'agents.

– On avait une cinquantaine de contentieux en cours concernant les transferts de joueurs, me résume-t-il. Certains agents me proposaient des joueurs, et quand je refusais, ils me disaient : « Dreyfus sera obligé. »

Un joueur, notamment, lui a été imposé. C'était un attaquant sans grand talent – ni buteur ni passeur –, acheté 5,5 millions d'euros et aujourd'hui au chômage. Le nom de l'agent traîne dans sa mémoire : Gilbert Sau, condamné avec Robert Louis-Dreyfus pour transferts frauduleux.

– Il travaillait beaucoup avec Jean-Luc Barresi, me confie Ceccaldi.

Un patronyme qui évoque le milieu. Les deux frères de Jean-Luc, Bernard et Franck, sont fichés au grand banditisme depuis vingt ans. Bernard poursuit alors une cavale que beaucoup estiment protégée. Le CV de Jean-Luc, lui, ne comporte que de petites condamnations de jeunesse et une année de préventive pour extorsion de fonds qui s'est achevée en 2002.

Une vieille déclaration d'Étienne Ceccaldi à *La Provence*, qui remonte au 6 décembre 2001, m'intéresse particulièrement. « Je touche du doigt le cœur d'un système mafieux qui a permis à un certain nombre de personnes de gruger Robert Louis-Dreyfus des sommes qu'il a investies dans le foot. » Sa sortie m'avait alors étonné. Pas vraiment en raison de sa portée, après tout le club a bien été entraîné par Rolland Courbis, si proche de Dominique Rutily qu'il s'est pris une balle le jour de l'assassinat de son ami. Mais plutôt parce qu'à Marseille, si ces choses-là peuvent se dire, en revanche elles ne s'écrivent pas. Dénoncer l'OM relève du sacrilège.

Cette saillie lève un tabou. La légende prétend en effet que, sous Tapie, le milieu n'avait pas mis le pied au sein du club.

– Les Barresi ont toujours été proches de Tapie et de Marc Fratani, son attaché parlementaire, rectifie Ceccaldi. Ils faisaient ses campagnes électorales.

Au début des années 1990, Tapie a demandé à ses amis du gouvernement socialiste la libération du parrain Francis le Belge. À sa sortie de prison, en 1996, Nanard décroche un contrat de « conseil » à New York chez Joe Polito, soupçonné d'être lié au clan Gambino, l'une des plus grandes familles new-yorkaises du crime organisé.

– Oui, j'ai fait cette déclaration à *La Provence* et c'est resté sans suite, s'énerve le magistrat. Quelques mois après, j'ai appris que Robert Louis-Dreyfus était allé voir Roland Cassone. Je savais que j'allais être viré.

Cassone. Un nom surgi d'un autre temps, que j'ai souvent croisé dans mes pérégrinations. Le chemin qui conduit à sa maison serpente sur le flanc d'une colline. En contrebas, après la maison des Barresi, la bicoque de son neveu, Théo Skillas. C'est ici même qu'un jour d'avril 2002 celui qu'on présente comme un ponte du milieu marseillais a accordé une audience à Robert Louis-Dreyfus, le propriétaire de l'OM. Dans le rôle de l'entremetteur, Jean-Christophe Cano, ancien joueur du club devenu son directeur sportif en 2000-2001. L'entrevue portait sur l'influence supposée du paisible retraité sur les groupes de supporters de l'OM, habitués depuis quelques mois à agonir d'injures le proprio, sa femme, sa mère...

– C'est vrai, Robert l'a vu, se souvient Vincent Labrune, ancien communicant de RLD qui a repris la présidence de l'OM en 2011. C'était une connerie mais il était paumé, il craignait que ça dérape et que le stade se transforme en champ de bataille.

Ce jour-là, l'entretien se déroule bien. Dans la foulée, les chants hostiles se calment et la fille de Cassone est embauchée chez Louis-Dreyfus Télécom. Mais la rencontre, qui sera officiellement confirmée au *Nouvel Observateur*, ne facilite pas la tâche des avocats de RLD lors de ses procès, malgré l'embauche dans son groupe du gendre du procureur.

– Évidemment que ça n'a pas aidé, confirme Xavier Boucobza, le discret conseiller juridique de RLD puis de sa femme Margarita. On a chargé Robert avec cette histoire alors que ce n'est pas le seul président de l'OM à avoir rencontré des gars du milieu. Qu'ont fait Anigo et Diouf ? En parle-t-on autant ?

Pape Diouf en effet a confié au magazine *So Foot* avoir dialogué, au début de son mandat, avec des représentants du milieu sans que l'information fasse scandale. Pour tout dire, je ne l'avais même pas vue passer. Quant à José Anigo, ce gamin de Consolat, une cité des quartiers Nord de la ville, a grandi avec Richard Deruda, un voyou dont le fils, formé au club, fera un passage éphémère en équipe première durant la saison 2005-2006. Une fois rendue publique, leur amitié fait grand bruit. Car le jeune Thomas Deruda n'avait ouvertement pas le niveau pour évoluer dans l'équipe A. L'une de ses rares apparitions s'est même soldée par un carton rouge au bout de quelques minutes de jeu. Le garçon au nom encombrant ira s'aguerrir plus au sud, à Ajaccio, avant de rejoindre Montpellier, alors entraîné par Rolland Courbis. Mais l'histoire colle à la peau d'Anigo, qualifié de parrain et lui-même lesté d'un fils soupçonné d'avoir devalisé des bijouteries.

En 2006, les cambriolages et les braquages que subissent les joueurs de l'OM provoquent l'intervention du préfet de police de la ville, Bernard Squarcini, pas encore à la tête de la DCRI mais déjà proche de Nicolas Sarkozy. « Le Squale » convoque José Anigo pour le sermonner.

– Je lui avais dit de surveiller ses relations et de ne pas mélanger les amitiés d'enfance avec le quotidien du club, me confirmera-t-il.

Pourtant, pendant le mandat du « Squale », la préfecture a agréé une société qui s'est fait une spécialité de fournir des stadiers à l'OM, Alba Sécurité, gérée par la compagne de Bernard Barresi – alors en cavale. Certes, un préfet de police ne peut pas surveiller tout ce qui sort de ses services, mais ce quitus décerné à Alba fait tache.

– C'était les moins-disants, justifie, gêné, le service de communication du club.

Après la mort de Robert Louis-Dreyfus en 2009, les nouvelles fonctions de Bernard Squarcini, entre-temps propulsé patron de la DCRI, ne l'empêchent pas de se rendre au chevet du club, à la mi-juillet. À Paris, le responsable du renseignement intérieur invite à dîner le président Jean-Claude Dassier, tout juste nommé. Michel Gaudin, préfet de police de Paris, et son homologue marseillais, Philippe Clayman, se joignent aux agapes pour « briefer » l'ancien journaliste sur le contexte marseillais. Au menu, l'Olympique de Marseille, sa place dans la ville, les influences qui peuvent s'exercer sur les dirigeants – d'aucuns diraient « les pressions ».

– Aucun dossier judiciaire n'a été évoqué, me précise Bernard Squarcini. C'était une simple prise de contact.

Dassier ne sera pas le seul dirigeant de l'OM à partager un repas avec le grand flic. Le 20 juillet 2009, un peu tremblant, Vincent Labrune, président du conseil de surveillance de l'OM et homme lige de feu Robert Louis-Dreyfus, est invité à Levallois-Perret, au siège de la DCRI.

– Je ne savais pas que Squarcini connaissait si bien Robert, me confiera Labrune. Il nous a dit que nous avions raison de nous inquiéter mais qu'il ne fallait pas. Au moindre souci avec des éléments du milieu, on devait le prévenir. Je n'ai jamais eu à le faire.

Lors du procès en appel de Robert Louis-Dreyfus, en 2007, Labrune s'était pourtant fait « bouger ». Des gens étaient venus le voir aux toilettes pour lui expliquer comment les choses devaient se passer à Marseille. Un simple bizutage avant un vrai coup de pression à l'été 2010, aux premiers temps de la présidence Dassier. Je l'ai vu, les traits tirés, hésiter à répondre à mes questions. Un contact m'avait prévenu.

– Des mecs du milieu lui ont mis la pression, m'a assuré ma source. Ils lui ont demandé de gérer comme eux l'entendaient. Mais quelqu'un est intervenu et ça s'est calmé.

Aucun nom n'est cité. Pas de démenti du côté de Vincent Labrune, dont le regard fixe les passants quand je l'interroge à ce sujet autour d'un café.

– C'est du passé maintenant, conclut-il.

Les joueurs ne sont pas épargnés. Le 14 mars 2008 à 10 h 45, le joueur Mathieu Valbuena voit débarquer la police judiciaire à son domicile de Venelles. De la graine de délinquant, « le Petit » ? Le milieu offensif de l'équipe de France a loué sa bicoque à Isabelle K. La demoiselle, qui conjugue les talents de « commis de cuisine et responsable de placements financiers », est à la ville la compagne de Christophe Vincenti, lui-même beau-frère de Francis Mariani – l'une des figures de la Brise de mer. Les policiers suspectent Vincenti d'avoir menacé des jurés d'assises qui devaient siéger au procès de Mariani, jugé pour meurtre. C'est en cherchant la trace de son domicile qu'ils sont tombés sur Valbuena. « Une sorte de bienvenue », s'amuse à l'époque son agent, Christophe Hutteau.

L'empilement peut sembler surréaliste. Mais dans la ville, ces connexions passeraient presque pour banales. Marseille a son étendard : l'OM. Et tous aspirent à le toucher un jour. Saleté, réputation, violence, chômage… seules les victoires du club font oublier ces maux. Seuls ses trophées sont positivement médiatisés. Seule sa sauvegarde appelle l'union sacrée.

Début 2011, une vague de « home-jacking » terrorise les joueurs. L'Argentin Lucho n'est plus lui-même sur le terrain après avoir été braqué dans son refuge aixois avec sa famille. Le Brésilien Hilton a, lui, été frappé, et sa famille retenue en otage. Je connais sa maison, louée depuis des années par le club afin de loger ses footballeurs dans le tranquille quartier de la Vieille-Chapelle, dans le cossu VIIIe arrondissement. Un ami d'enfance a grandi dans la baraque voisine. Hilton préfère quitter le club à l'été. Six mois plus tard, début 2012, Lucho s'en ira pour le Portugal.

Septembre 2011, dans un café au Centre Bourse, la galerie commerciale coincée entre le populaire cours Belsunce et la Canebière, en centre-ville, ma source à la PJ locale me prévient.

– On a un dirigeant de l'OM sur des écoutes liées à du racket dans les boîtes de nuit aixoises.

– Anigo ?

– Oui, c'est ce nom-là.

Ma source ne s'intéresse pas vraiment au football ni à l'OM mais elle a compris l'importance du problème.

– En fait, on a l'impression que son interlocuteur – un certain Deruda – le menace car il veut que son fils revienne à l'OM. Et il pourrit la gueule à Anigo, il lui ordonne de l'aider à le placer. Il lui donne même rendez-vous au Merlan. Un rendez-vous qu'Anigo n'honore qu'à reculons selon les écoutes.

Un rapide coup d'œil sur les sites Web spécialisés sur le foot me permet d'apprendre qu'à l'été 2011 le jeune Thomas Deruda a signé à Arles-Avignon un contrat d'un an. Une rareté dans le milieu du football, où il est plutôt d'usage de signer pour un minimum de deux années.

– T'es sûr ? me demande le flic lors du rendez-vous suivant.

– Oui.

– Ah, ben alors on va continuer à creuser sur Anigo et Deruda.

Six mois plus tard, un vaste coup de filet frappe le milieu corso-marseillais dans le cadre de l'opération Calisson, sur le racket des boîtes de nuit aixoise. De son côté, l'enquête sur l'OM se poursuit dans la discrétion.

En visite dans la cité le 9 décembre, le président Sarkozy consacre une heure à se rendre au centre d'entraînement du club. Le supporter assumé du PSG, facilitateur de la reprise du club parisien par les Qataris, prévient l'ensemble des salariés : « Je n'aime pas les relations de certains. » Labrune se marre :

– C'était énorme. Mais la presse a un peu déformé ses propos. En fait, il leur a dit de faire attention à leurs relations, que leur statut était envié, donc qu'ils pouvaient être ciblés.

Un autre souci taraude Vincent Labrune, tout récent président : André-Pierre Gignac, attaquant tricolore en déshérence à l'OM. Après une violente engueulade avec son entraîneur, le joueur est réprimandé. En présence de l'agent du joueur, Jean-Christophe Cano, l'homme qui a emmené Robert Louis-Dreyfus rencontrer Roland Cassone, Vincent Labrune lui signifie une amende.

– J'appréhendais un peu de le rencontrer mais ça s'est bien passé, me relate-t-il. J'ai conseillé à Cano de prêter Gignac, afin qu'il puisse jouer. Je croyais que je l'avais convaincu mais Gignac est toujours là.

Arrivé à l'été 2010 pour 20 millions d'euros, avec un contrat de cinq ans à 300 000 euros bruts par mois, le joueur pèse sur les finances du club. De tête, « cela représente un investissement de 50 millions d'euros », calcule le président de l'OM, un montant sur lequel l'agent prend évidemment sa part. C'est légal. Pas plus de 10 % de commission. Cano, qui dispose d'une licence délivrée par la Fédération comorienne de football, est domicilié dans une entreprise basée à Monaco. Pour travailler en France, un agent licencié à l'étranger doit demander un agrément à la Fédération française. Mais le site de la FFF, qui répertorie les agents agréés et leurs mandats, décernés par les joueurs, ne mentionne ni Cano ni Gignac.

J'interroge Vincent Labrune :

– Dis-moi, vous savez à qui vous avez versé la commission du transfert de Gignac ?

– Je vais regarder. De toute façon, c'est Dassier qui avait géré ça.

En attendant une réponse, je décide de sonder Marc Fratani, l'ancien attaché parlementaire de Tapie. Toujours proche de l'OM, le bonhomme m'ouvre une piste

– Peut-être que Jean-Luc *[Barresi]*, qui a sa licence d'agent, a rendu service à Cano sur ce coup-là. Tu sais, Barresi, c'est un ami. Un mec sympa et passionné.

La piste s'avère être une impasse. En réalité, Jean-Luc Barresi et Jean-Christophe Cano ne s'apprécient guère. Selon mes informations, Barresi ne s'est pas mêlé du transfert, sur lequel Cano a bien touché une commission sans que la Fédération française le mentionne.

En revanche, il y a bien une enquête en cours sur les conditions du transfert de Gignac. Sur certaines écoutes judiciaires, m'indique une source policière qui me donne toujours rendez-vous depuis une cabine téléphonique, Gignac a beaucoup discuté avec des lieutenants de Federici qui rackettaient les boîtes de nuit d'Aix-en-Provence. À l'occasion, les deux hommes l'ont même accompagné au centre d'entraînement de la Commanderie. Les flics soupçonnent un système d'extorsion auprès des agents, voire des joueurs, orchestré par le milieu. Jean-Pierre Bernès, ancien dirigeant de l'OM sous Tapie, radié à vie du foot français après l'affaire OM-VA, est entre-temps devenu l'agent français le plus influent. Il est auditionné comme témoin par la police.

– Il serait plutôt victime du système, m'assure une huile de la Direction centrale de la police judiciaire. Le personnage me rappelle trop de mauvais souvenirs d'enfance pour compatir.

Au début de l'été 2012, une nouvelle affaire visant l'OM est en gestation. Le club a terminé dixième du championnat, l'entraîneur Didier Deschamps s'en est allé. Pour le club, dont les caisses sont vides, une période d'austérité s'annonce. Pour les supporters, ça sent la disette. Quand l'opiOM de la victoire se dissipe, les dossiers ressortent.

20.
Jean-Luc Barresi, patrimoine marseillais

L'odeur de fleur d'oranger embaume les confins de la rue Sainte. Au pied de la colline d'Endoume, le Four des Navettes tourne depuis 1781. Ses gâteaux rappellent la légende du débarquement en Provence des saintes Marie, venues de Judée à bord d'une seule barque, une « navette ». Un recours à la religion pour justifier la gourmandise. C'est là que trône l'abbaye Saint-Victor, la plus vieille de Marseille. Austère, l'édifice a des airs de fort. En contrebas, le square Albrecht offre un panorama que les cartes postales se plaisent à immortaliser. Vue sur le Vieux-Port, l'hôtel de ville en ligne de mire. Sur la gauche, l'entrée de la rade, marquée par les forts Saint-Jean et Saint-Nicolas. À droite, le début de la Canebière.

Le parfum douceâtre ne parvient pas à m'apaiser. Posé sur un ban, bercé par la tranquille agitation des pannes du port, je prends le soleil. Le Vieux-Port est baigné par la lumière de cette fin d'après-midi. Des touristes chinois défilent. Un clochard sirote sa bière juste à côté de moi. Dans quelques heures, les terrasses et les quais alentour vont s'animer. Mais sans moi. Marseille me fuit et s'éparpille sur ma route. Ce matin, j'étais à l'est, à la recherche d'informations sur une enquête politico-financière en cours. Ce midi, au nord afin de toucher la réalité des cités, leurs trafics, leur richesse. Ce soir, cap au sud, chez mes parents. Quartiers Sud, quartiers Est, quartiers Nord… Ma voiture, une nouvelle fois, a parcouru trois des mondes de ma cité. Trois réalités distinctes qui cohabitent et s'entrechoquent parfois sans pour autant se côtoyer. J'ai l'impression que le fil m'échappe. Chaque fois que je pense avoir dressé le portrait de ma ville, celle-ci semble se défiler, dévoilant de nouvelles pistes encore inexplorées.

J'ai encore deux rendez-vous prévus dans la journée. Je sens ma poche vibrer mais je n'ai pas vraiment envie de répondre. Le soleil, la mer, une légère brise tempèrent mon bouillonnement. L'homme dont le nom s'affiche, je le cherche depuis des mois. J'ai encore essayé de le contacter le matin même.

– Monsieur Monnier ? Si vous voulez on se voit. Vous êtes où ?

– À Saint-Victor.

– Ok, rejoignez-moi au Pullman dans une demi-heure.

– Parfait, Monsieur Barresi.

Encore un moment à observer la mer tout en longeant la côte. De Saint-Victor au Pullman Palm Beach, le trajet emprunte la corniche Kennedy. Une route comme un songe : Marseille à flanc de falaises, la Méditerranée sur le siège passager. Dans quelques semaines, je me garerai un peu plus loin, près du pont de la Fausse-Monnaie, et j'abandonnerai la voiture pour aller lézarder sur les rochers. Ce n'est qu'au niveau de la plage du Prophète que je reprends mes esprits. L'homme qui m'attend est présenté comme l'un des parrains de Marseille. J'ai une boule dans le ventre.

Un peu comme Saint-Victor, le Vieux-Port ou Notre-Dame-de-la-Garde, les Barresi font partie du patrimoine de la ville. Ils sont trois frères. À la fin des années 1980, Franck a été condamné pour braquage à une peine de dix ans de prison, purgée en 1996. Bernard a vécu vingt ans en cavale, de 1990 à 2010, à la suite de l'attaque d'un fourgon blindé en Alsace pour laquelle il a été condamné par contumace à vingt ans de prison en 1994. Il sera arrêté sur un bateau à Juan-les-Pins en juin 2010. Agent de joueurs licencié à la Fédération française de football, Jean-Luc, lui, présente un casier judiciaire vierge de toute condamnation. L'affaire qui lui a valu un passage en prison en 2002 n'a pas encore été jugée définitivement*. Son nom est apparu en lisière de mes articles portant sur l'influence du milieu à l'OM, où il a bénéficié de beaucoup d'entrées et s'est occupé de nombreux joueurs. Sa proximité avec le directeur sportif, José Anigo, n'est un secret pour personne. Jamais les procès qui ont visé le club ne l'ont éclaboussé.

J'ai un peu contribué à nourrir la légende des Barresi. La famille, qui règne sur le milieu marseillais – ses bars, ses machines à sous... –, est par ailleurs très introduite auprès de la classe politique. L'entreprise de sécurité de la compagne de Bernard Barresi a remporté de nombreux marchés, publics ou privés, des stadiers de l'OM au conseil général en passant par l'office HLM de la ville. Des millions d'euros au total. Sans compter les divers chantiers de

* Après avoir effectué un an de préventive, il a été condamné le 4 décembre 2012 à quatre ans de prison dont trois avec sursis pour extorsion de fonds. Il a fait appel du jugement.

BTP réalisés en sous-traitance pour le compte de 13 Développement, la société d'économie mixte du conseil général des Bouches-du-Rhône, présidé par Jean-Noël Guérini. La première épouse de Bernard et sa fille se sont même vu attribuer un logement social superbement situé, aux abords de la corniche Kennedy, sur la recommandation insistante d'Alexandre Guérini. Ces révélations n'ont pas vraiment assis ma popularité auprès des deux familles.

Mon insouciance m'abandonne sur le parking. Mes pas ne sauraient être plus lents. Je me laisse encore quelques minutes pour réfléchir à la façon de l'aborder. Aucune crainte physique, seulement l'angoisse de manquer l'occasion. De ne pas oser toutes les questions. Le car des joueurs du Bayern Munich, venus étriller l'OM, trône à l'entrée de l'hôtel. Commencer par parler football ? Il m'attend à la terrasse du bar, assis sur un transat : polo, lunettes de soleil, jeans, cigare allumé. Je prends la peine de l'appeler au téléphone. Dernier gain de temps avant l'impact.

– Ça vous dérange pas que je garde mes lunettes de soleil ?

Je bégaie un :

– Pas… pas du tout.

– Vous voulez boire un truc ?

– De l'eau, ça suffira.

L'alcool en plein soleil n'arrangerait pas mon état.

– Bon… vous avez écrit des conneries quand même. Mon père n'a jamais été un voyou, c'était un simple épicier qui a travaillé toute sa vie.

Le ton sonne familier, presque prévenant. Le tutoiement ne va pas tarder.

– C'est pour cela que je voulais vous voir : éclaircir certaines choses et vous donner la parole. Parler de votre famille, de l'OM, du milieu…

La phrase a réussi à sortir. Sans doute bien plus confuse en réalité, en rajoutant que j'étais d'ici, que je connaissais les rumeurs de la ville, que je voulais écrire au plus près de la réalité... Ma tirade lui arrache un sourire.

– Eh bien pose-les, tes questions ! On verra bien si je réponds.

Les prémisses d'un petit monologue. Il enchaîne.

– Franchement, on a la police la plus forte du monde, alors les flics montent en épingle des gens et en font des grands truands pour les arrêter, pour montrer qu'ils font du bon boulot. Mais regarde : les Barresi, on a l'impression de faire partie du patrimoine marseillais. Encore ce matin, *La Provence* a fait une page sur mon frère Bernard parce que, après vingt ans de cavale, il passe en procès dans le Haut-Rhin. C'est pas fou ? Tu veux que je te dise un truc ? Bernard, c'était le moins voyou de nous trois.

Là, c'est moi qui souris, me détends, lui emprunte son briquet.

– On n'est pas blanc-bleu, on a été des voyous, mais on ne peut pas être et avoir été. Franck a été condamné. Il vit en Espagne maintenant. Bernard, on verra bien comment son procès va se terminer. Moi, on m'a toujours cherché, on me cherche encore, mais on ne m'a jamais pris. On est loin de tout ça. Depuis que j'ai pris ma licence d'agent de foot il y a dix ans, j'ai raccroché. Bernard, tu crois peut-être qu'en cavale il contrôlait quoi que ce soit ? Que c'était des vacances ? Il vivait comme un chien. Je ne te dis pas qu'il n'a pas voyagé, mais être basé à Gardanne, ce n'est pas le rêve.

La seule renommée de cette ville de la banlieue marseillaise tient à son usine d'aluminium et à l'élection de Bernard Tapie comme député en 1993.

– Maintenant, ça tire dans tous les sens. C'est la preuve qu'il n'y a plus de patron du milieu. Les mecs des quartiers Nord font n'importe quoi. Ça fait quinze ans que je dis que les Arabes vont tout prendre. Ils tirent à la kalachnikov pour un rien, bientôt ils vont même finir par tuer des gens sur le Vieux-Port. C'est des sauvages, ils crament des mecs dans les voitures.

Un « barbecue » a récemment été découvert à Simiane-Collongue, là où réside Roland Cassone, figure du milieu qui a fait construire sa maison en haut de la colline, sur le chemin où son frère a été assassiné. Survivant de toutes les luttes qui ont ensanglanté le grand banditisme marseillais depuis les années 1970, Cassone fait encore figure de juge de paix, puissant et respecté.

– Mais tu crois qu'ils le savent, que Cassone habite là-haut ? Ils ne savent rien et ne respectent rien. Tant que les voyous étaient des gens comme Roland, tu pouvais être tranquille. Aucun risque que ça déborde.

Dans mes articles, j'ai écrit que les Barresi sont supposés être les lieutenants de Cassone et que Jean-Luc possède encore une maison à Simiane-Collongue.

– Ah, tu as bossé quand même ! C'est vrai mais je ne l'habite plus. Roland, c'est moi qui ai demandé à le rencontrer parce que je le respectais. C'est un papy désormais, qui s'en fout un peu de tout à part de sa famille. Un brave mec qui n'a jamais été un homme d'argent. Le Belge et les autres éprouvaient le besoin de frimer, pas lui. S'il a fait tout ce qu'on lui prête, c'est à cause de son frère. C'est un bon gars, un mec bien, droit et attachant. Il n'a pas le chapeau du chef.

Une de ses amies vient l'interrompre. Une brune, fine, la quarantaine.

– Tiens, ça, tu peux l'écrire : elle, c'est la « marraine » de Marseille !

Le trait d'humour la touche à peine.

– Ho, tu ne parles pas trop fort au moins !

– Eh si ! Je crie, comme d'habitude.

– Bon, t'en as pour longtemps encore ?

– Un moment, oui.

Elle se retire, amusée.

– Pose le stylo, j'arrive pas à me concentrer quand tu écris.

Confirmer le passé m'a tranquillisé. Reste à toucher au présent.

– On est à Marseille ! Tu sais bien que tout le monde connaît tout le monde : flics, voyous, politiques, avocats... Il y a vingt ans, je tenais le restaurant Le Vendôme, rue Sainte, derrière le palais de justice. Alors évidemment que j'ai croisé du monde !

Et noué des amitiés. À sa table s'est souvent retrouvé Renaud Muselier, le député UMP parti en croisade contre le système Guérini, devenu « Lou Ravi » de la politique marseillaise sous ma plume.

– Oh putain, t'as raison, c'est bien trouvé !

Lors des municipales de 2008, la campagne a bien failli dégénérer. Jean-Noël Guérini est venu défier Renaud Muselier dans son secteur. Si la mairie basculait, Marseille aussi. Les gros bras étaient de sortie. Des truands facilement identifiés, proches de Bernard Barresi. Le député Muselier lui a demandé de l'aide.

– Qui t'a raconté ça ?

Je ne vais pas lui décrire ma longue enquête, dont il est le dernier maillon.

Petit retour en arrière.

« On va te mettre à la cave ! » Ce n'est pas vraiment un slogan de campagne qui retentit dans ce café du boulevard Chave à l'heure du petit noir, ce matin de 2008. Plutôt une galéjade, d'ordinaire lancée entre deux pastis pour inviter bruyamment un collègue à se taire. Mais à 8 h 30, le quartier se réveille à peine, l'heure n'est pas encore au chambrage. En pleine campagne municipale, la politique s'invite au comptoir. « Je crois que c'est pour toi », lance le patron du bar à l'un de ses clients, un dévoué militant UMP du quartier. Les nouveaux venus l'interpellent : « Toi, on sait que tu aides Muselier et Gilles, on va te mettre à la cave ! » Le militant pro-Muselier devient la cible de ces sept colleurs d'affiches un peu spéciaux. Des voyous – ou fils de voyous – qui font la claque dans le 3e secteur, qui réunit les IVe et Ve arrondissements et qu'on surnomme « le verrou de Marseille ». Un quartier qui peut faire basculer la ville si les ténors de l'UMP, Renaud Muselier et Bruno Gilles, y perdent pied.

« On va te mettre à la cave ! » Et éteindre la lumière ? Les sept hommes joignent le geste à la parole. Trois d'entre eux barrent l'accès au bar, invitant le patron à rester assis. Les quatre autres emmènent le militant discuter au fond du troquet. Au Bar de la marine, sur le port, à l'Escapade ou à l'Estaque, leurs têtes sont connues. Le vieux militant UMP, très proche du duo Gilles-Muselier, reconnaît notamment des proches de « Tic et Tac », les chauffeurs de Bernard Barresi, qui promènent leur calibre à l'air libre.

– Tu vas t'arrêter d'aider les autres, enculé ! Tu vas te calmer, oui ? Et regarde-moi quand je te parle, enculé ! Pourquoi tu refuses qu'on fasse un apéro de soutien ici ? Pourquoi tu les soutiens ?

– Je les soutiens parce que ce sont mes amis. Et puis ce n'est pas moi qui gère le bar.

– Il est pour nous, le quartier, maintenant !

Sept contre un. Chiffre parfait pour un martyre. Une Passion marseillaise. Mais le gérant intervient. Le militant est exfiltré. La bande des sept ne tarde pas à quitter les lieux, ravie.

– On l'a mis à l'amende, le toutou de Gilles !

Aucun dépôt de plainte. Mais l'élection 2008 a basculé. L'incident du boulevard Chave l'a fait déraper.

– Ce jour-là, Renaud a eu peur ; la droite a eu peur, me confiera Bruno Gilles.

De perdre la face… et la ville aussi. Alors Renaud Muselier a réagi. Sitôt prévenu de l'altercation, il prend son téléphone.

– Puisque les voyous étaient sortis des deux côtés, ça s'est réglé entre voyous. Jean-Luc Barresi et son frère Bernard ont discuté, reconnaît Renaud Muselier. Jean-Luc est mon ami. Il a dit : « On arrête là, on range les gros bras. »

Et voilà comment la fratrie Barresi, soupçonnée de gouverner le milieu marseillais, s'est retrouvée à endosser la robe de juge de paix entre Renaud Muselier et Jean-Noël Guérini. Plus aucun incident n'a été déploré par la suite. Un épisode qui m'a été confirmé tout à la fois par Bruno Gilles, Renaud Muselier, le barman de l'établissement où s'est déroulée la scène et le militant agressé. Je connais la proximité de deux hommes de Bernard Barresi avec Alexandre Guérini. Ne me manque plus que la version de Jean-Luc.

– Je ne sais pas si c'était des gens de mon frère ou qui bossaient pour les Guérini mais je les connaissais. Quand Renaud m'a appelé, c'est vrai, j'ai passé des coups de fil pour que tout se calme. Ce n'était pas le parrain qui calmait les troupes, seulement je connaissais les gars qui ont fait du grabuge, ils me respectaient. Je leur ai dit de se calmer parce que Renaud est un ami. Je n'ai agi que par amitié.

Ses mots s'emboîtent avec les confessions recueillies précédemment. Le bruit devient information. Je poursuis.

– Vous connaissez les Guérini ? Votre frère semble avoir au moins eu des contacts avec Alexandre ?

– Avec Bernard, on est fâché pour des histoires de famille. Mais attention, il reste mon frère, hein ! Je ne connais pas ses liens avec Alexandre. C'est un gros bosseur, on m'a dit. Je ne sais pas si ses affaires sont clean. En tout cas, ce n'est pas un voyou. Une grande gueule, sûrement ; un truand, non. Son frère ne semble pas être un homme d'argent. Après, on verra bien ce que trouvent les juges.

J'en viens à lui décrire mes rendez-vous avec les deux frères, tout en remarquant qu'il les appelle tous deux par leur prénom.

– Les politiques gardent les affaires pour eux, ils gardent tout pour eux, entre eux. C'est compliqué de leur grappiller quelque chose.

La phrase ne sonne ni comme un aveu, ni comme un alibi. C'est un simple constat.

– Beaucoup de gens se revendiquent du milieu pour impressionner, faire des affaires... Même à l'OM. Ils ont brandi mon nom pour m'éloigner du club. On a fait de José un parrain, sans blague ! On l'a blâmé pour ses liens avec Deruda ou avec moi. Mais Richard n'est pas un grand de chez grand, ni José un truand. Ce sont deux amis d'enfance, voilà tout. Deruda veut placer son fils mais il n'a pas le niveau de Ligue 1, ce que José essaie de lui faire comprendre. De toute façon, José n'a aucun pouvoir sur les transferts à l'OM. Sa détestation avec Deschamps et Bernès bloque tout. Quant à moi, avec mon nom, je dois me battre pour travailler.

Deux heures de discussion. Les verres sont finis.

– Je vais partir. Les gens de ma génération vont faire comme moi. Nous sommes dans les affaires maintenant. Je ne veux pas devenir une cible : qu'un gamin veuille se faire un nom en fumant Jean-Luc Barresi. Avant, ce ne serait jamais arrivé. Cela se réglait proprement, avec des juges de paix. Pas de risques pour les passants ni pour les habitants.

– Et avant, c'était qui les juges de paix ?

– Ah, ça, tu le sais très bien !

Son hésitation ne dure qu'un instant. Il a relevé ses lunettes. Ses yeux dans les miens, avant de partir d'un grand éclat de rire.

– Avant, c'était nous. Mais c'est fini tout ça. Comme je te l'ai dit, « on ne peut pas être et avoir été »...

Il règle les consommations. La conversation s'achève par une franche poignée de main.

– Ça ne va pas vous manquer Marseille ?

– Attends, je vais quand même venir plusieurs mois par an ! Je ne peux pas non plus abandonner la ville.

– Et les bergers braqueurs corses, on dit qu'ils montent en ce moment. Il paraît qu'ils sont méchants.

Un dernier sourire.

– Allez, fais attention à toi.

Le jour décline sur les plages du Prado. L'ombre du monument Arthur-Rimbaud s'étend. Un hommage au bateau ivre, à l'état dans lequel m'a plongé la rencontre. Une heure plus tard, un pénaliste me confirmera que les anciens veulent quitter la ville. Ils n'ont plus l'âge ni la volonté de combattre la jeunesse des cités. À part peut-être si Bernard Barresi est acquitté lors de son procès. Quatre jours plus tard, ce dernier sortira blanchi de la cour d'assises.

Le 15 mai 2012, à la même terrasse, la tenue de Jean-Luc Barresi est encore plus décontractée. Il a enfilé un jogging, n'use plus que du tutoiement et répond à son portable tout en me parlant. La saison de football vient de s'achever, le marché des transferts va commencer. Colportées par les avocats, les magistrats, quelques élus et truands, les rumeurs vont bon train. On dit que Bernard, qui a retrouvé la liberté, va monter une équipe pour reprendre la main sur les trafics des quartiers Nord. Avec son grand frère et les bergers de Venzolasca – ou ce qu'il en reste. Rétablir la suprématie des Corso-Marseillais sur la cité.

– Tu rigoles ou quoi ? On ne va pas nettoyer le merdier existant pour le compte des flics ou des politiques. On les avait prévenus que ça allait se passer comme ça. Et ben tant pis pour eux, laissez-nous vivre ! Moi, je vais me barrer en Suisse. Je m'occupe de mes affaires dans le foot et l'immobilier et c'est tout.

Son cadet, Bernard, attend tranquillement son procès en appel dans la maison qu'il a fait construire à Calenzana, en Haute-Corse, le berceau des Guérini. Ce village est situé dans la zone d'influence de la bande des Federici, associée à un ponte de la Brise de mer, Maurice Costa *.

– Le juge Duchaine a dit clairement à Bernard : si vous êtes condamné, la maison sera confisquée; si vous êtes acquitté, elle restera à vous. Pour l'instant, il en profite.

Jean-Luc Barresi est fidèle à sa ligne de conduite. Retiré des affaires mais au courant de presque toutes, à commencer par celles qui risquent de l'encercler.

– Depuis que les flics ont tapé les bars d'Aix, je sais qu'ils vont venir me chercher et que j'irai faire un tour au trou.

* Maurice Costa sera assassiné le 7 août 2012.

L'opération Calisson, ainsi baptisée par les fins gourmets de la brigade financière marseillaise, porte sur un dossier de racket des boîtes de nuit orchestré par des proches d'Ange-Toussaint Federici, le patriarche du clan des bergers braqueurs. J'y retrouve les discothèques de mon adolescence. L'enquête découle de la guerre du milieu corse pour le contrôle du Cercle Wagram à Paris. Les héritiers d'une Brise de mer décimée par la guerre qui ensanglante le milieu corse depuis 2006 se disputent l'établissement de jeu, ce qui a alerté les services de police. Parmi les « légataires » de feu Richard Casanova, assassiné en 2008, son beau-frère Jean-Luc Germani, qui a établi sa famille à Aix. À partir des écoutes, les enquêteurs parisiens et marseillais déduisent que de l'argent sort des boîtes de nuit de la cité du roi René sans être déclaré, alimentant le milieu. Le Divino, Le Studio et Le Sugar se révèlent des discothèques très prisées de la jeunesse étudiante, aixoise ou marseillaise, des cadres fêtards, des joueurs de l'OM et de leurs agents…

Une nouvelle enquête est ouverte. Dans les conversations, les mêmes noms reviennent avec insistance. En particulier celui d'André-Pierre Gignac, dont les conditions du transfert, les liens de son agent, Jean-Christophe Cano, avec le grand banditisme ou encore le montant des salaires lors de son arrivée au club, à l'été 2010, m'intriguent. L'opération a coûté 50 millions d'euros à l'OM.

– C'est vrai, j'ai essayé de faire Gignac en 2010, me confirme Barresi. Je savais que l'OM allait le débaucher alors j'ai tenté le coup avec Karim Aklil, un jeune qui est un super-agent de joueurs. On est allé le voir à Toulouse, en vain. Il a conservé Jean-Christophe Cano comme agent et je n'ai rien eu à voir avec cette affaire.

Foi de Jean-Luc Barresi.

– Mais je sais qu'on parle de moi sur des écoutes. On va venir me chercher, tu ne crois pas ?

– Sans doute.

Mais pas encore. D'après ce que m'ont confié mes sources à l'Évêché, le dossier n'est pas mûr. Étonnamment, ce n'est pas le nom de Barresi qui m'a été donné mais celui de Paul Bastiani, un proche des Federici qui s'entretient souvent avec Gignac au téléphone et se pose comme son protecteur – des informations que je me garde bien d'évoquer. Jean-Luc, lui, continue de parler football.

– Gignac est sous influence depuis 2007, lorsqu'il était à Pau. C'était déjà des Corses. Mais mon nom va sortir, évidemment. Ils font chier ! Évidemment, pour les magistrats, les journalistes et les flics, ça sonne mieux de serrer Barresi que Kader ou Ali.

La discussion bascule alors vers la violence et les règlements de comptes qui jalonnent le quotidien de la ville.

– Oui, ça a beaucoup tiré dans les années 1980. Encore plus de gens sont morts en 1985 ou en 1990. À l'époque, j'y étais. Mais j'ai survécu. Quelque part, je pense que je n'étais pas trop mauvais. J'ai compris qu'avec des espèces tu ne fais pas grand-chose, alors j'ai bossé pour passer ma licence d'agent et je l'ai eue. En plus, aujourd'hui, aucun voyou n'émerge, il n'y a plus aucune règle, on peut se prendre une balle à tout moment, venant de n'importe qui.

Pas le moindre reflet de peur dans son regard.

– Alors, tu as une image différente de moi maintenant ?

Un peu. Son aura n'a pas disparu. Nos rencontres ont démystifié le personnage. J'écrirai désormais avec plus d'assurance les articles qui le mentionnent, d'autant qu'il m'assure qu'il me répondra dès que je le souhaite.

Lorsque *La Provence* publie un article sur le transfert de Gignac, le 3 juillet 2012, je suis prêt. Le calendrier est étrange. L'Euro vient de prendre fin, le marché des transferts commence à s'emballer. L'article, incomplet, vise nommément Jean-Luc Barresi mais oublie les Federici, mentionne à peine Jean-Christophe Cano, l'agent « officiel » de Gignac, et épargne Jean-Pierre Bernès. Oubliés le Cercle Wagram et les bars aixois. De leur côté, les policiers l'ont mauvaise de voir ces fuites apparaître dans la presse.

– Le dossier n'est pas prêt. Maintenant, ils vont tous faire attention, alors qu'on n'a encore rien de précis.

Quant à Jean-Luc Barresi, la publication lui reste en travers de la gorge.

– C'est une horreur pour mon travail. Mon banquier ne me répond plus depuis ce matin, aucun président ne me prend au téléphone… Ça s'appelle un règlement de comptes. On ne te tue pas physiquement mais d'une autre manière.

Son analyse sur l'origine de la fuite ne diverge pas de celle des enquêteurs. Deux agents de joueurs actifs à Marseille avaient été mis au parfum de l'enquête. Jean-Pierre Bernès a été interrogé comme témoin dans un hôtel parisien par l'Office central de répression de la grande délinquance financière. L'agent de Mathieu Valbuena, Christophe Hutteau, a discuté de l'enquête avec le directeur de cabinet du préfet, une vieille connaissance.

– C'était une connerie d'avoir interrogé Bernès si tôt, râle le limier de la PJ marseillaise, dans le café du Centre Bourse où nous avons nos habitudes. On l'a dit aux flics parisiens mais ils n'ont rien voulu entendre. À présent ça va être difficile de coincer du monde. Et puis Barresi, c'est un serpent de mer. On ne sait pas si c'est lui ou d'autres qui rackettent les joueurs. Quant au directeur de cabinet du préfet, on l'a eu sur des écoutes. On en a averti notre hiérarchie.

La fuite pourrait-elle avoir été orchestrée par Bernès et Hutteau afin d'empêcher leur rival Jean-Luc Barresi de bosser, quitte à compromettre une enquête avec la complicité (ou en bénéficiant de la naïveté) de confrères journalistes ?

Depuis l'arrestation des lieutenants de Federici par la police, André-Pierre Gignac a retrouvé un niveau d'international, alors que ses deux premières saisons à l'OM tenaient de la parodie de football. L'enquête sur les agents de joueurs proches de l'OM devait aboutir à des arrestations en septembre 2012, m'avait prévenu un haut gradé de la police nationale. Échéance repoussée à Noël, puis au printemps 2013. L'OM a réalisé un excellent début de championnat.

21.
2014, décharge municipale

La déferlante n'a pas été sans effets. À force de bourrasques médiatiques et judiciaires, les lignes du paysage politique marseillais ont quelque peu bougé, au gré des mises en examen, des mises en retrait ou des résurrections. Mais globalement, le fonctionnement s'est à peine modifié. Le 31 mars 2011, la réélection de Jean-Noël Guérini à la présidence du conseil général a marqué un tournant dans ma compréhension des événements. La justice ne suffit pas. Elle n'a pas pour mission d'apaiser les tourments de la vie politique marseillaise.

Fidèle à Jean-Noël Guérini durant la campagne des cantonales 2011, mutique au plus fort des affaires, présent dans le groupe de soutien à Alexandre Guérini sur Facebook, le conseiller général Christophe Masse a pris du galon. En juin 2011, il a été nommé président de 13 Habitat, l'office HLM du département – berceau politique des Guérini. Une incontestable marque de reconnaissance. L'ancien Opac 13 est l'une des mamelles du clientélisme dans une ville qui manque cruellement de logements sociaux. « Une arme de guerre », comme l'écrivait Christophe Masse lui-même, à peine entré en fonction, dans sa lettre aux locataires. L'homme compte sur la puissance du logement social pour se forger un destin à la Jean-Noël. Dans son texte, il rappelait opportunément que Guérini avait dirigé l'office onze ans durant avant de s'envoler vers la présidence du département et le Sénat. Une voie royale.

– Non mais franchement, c'est un malade ! Ce texte est hallucinant, se marre la députée socialiste Sylvie Andrieux, en me prenant à témoin. Quand je pense que moi, on m'emmerde pour des subventions détournées et que certains annoncent tout bonnement qu'ils font du clientélisme !

Marseille, scène à ciel ouvert d'un vaudeville politique perpétuel. Lors d'une de mes rencontres avec Jean-Noël Guérini, j'ai évoqué l'éditorial de Christophe Masse. Alors directeur de cabinet de « Nono », Rémy Bargès a glissé à son patron, à la suite de ma remarque, qu'il voulait lui « en parler ». Soupir du président.

– Que voulez-vous que je vous dise ?

Rien. Les écrits suffisent. Le nouveau patron de 13 Habitat a désigné l'office HLM comme une arme électorale.

Dans *La Provence*, le « petit » Christophe affiche son soutien indéfectible à Jean-Noël Guérini. « Sa place est au conseil général. Il faut qu'il fixe des caps en matière économique, sociale et d'aménagement. » En matière d'aménagement, Masse réalise son premier chantier dès l'été de sa nomination : la rénovation de son bureau au siège de 13 Habitat, situé en face du conseil général. Montant prévu du ripolinage : 15 000 euros. La note a finalement frôlé les 17 000 euros. Il s'agissait pour l'essentiel d'enlever la moquette, d'acquérir un nouvel ordinateur (un Mac) et d'installer un réseau wi-fi plus performant. Après la parution de mon article sur cet aménagement un peu spécial, Christophe Masse accepte de me recevoir.

En arrivant au rendez-vous, je m'égare et me retrouve dans le bureau des locataires de 13 Habitat. Plafond bas, peu d'éclairage, de simples box pour recevoir leurs doléances. À l'accueil, on me signale mon erreur. La direction se trouve à cinquante mètres de là, dans le quartier Saint-Just, seulement séparée du conseil général – la maison-mère – par la fin du Jarret, l'une des principales artères de la ville. Le cadre y est plus avenant : baie vitrée, marbre au sol, murs en belles pierres, imitation d'une bergerie provençale. Le président de 13 Habitat s'excuse pour son léger retard.

– Voici l'objet de votre article, glousse Christophe Masse en me faisant pénétrer dans son bureau.

Le Mac est bien là, les canapés en cuir aussi.

– Vous comprenez, je n'arrive plus à travailler sur autre chose que sur Mac.

Christophe a croqué la pomme.

– Les gens ne me connaissent pas. J'ai le goût de la chose publique, de la vie publique. Évidemment, j'ai un nom. Mais j'essaie de travailler avec les méthodes du XXIe siècle, pas avec celle de mes aïeux.

Arrière-petit-fils, petit-fils et fils d'homme politique, l'homme est en effet issu d'une dynastie politique marseillaise. Son arrière-grand-père, Marius, a été adjoint au maire de Marseille entre 1935 et 1939. Son grand-père, Jean Masse, fut l'un des lieutenants de Gaston Defferre. Il a été élu député dans une circonscription qu'il a ensuite léguée à Marius, le père de Christophe, puis qui est échue à Christophe lui-même. Le petit Masse l'a perdue en 2007 et comptait la reconquérir en 2012.

Son léger zozotement me le rend sympathique. L'homme essaie de s'attirer mes bonnes grâces. Il ne se désarçonne pas, même au moment d'évoquer Jean-Noël Guérini.

– Pour éviter que cela tourne au bain de sang, il y a d'autres voies que celles de la trahison ou de la complicité. Là, on a l'impression que si on ne le lâche pas, on en devient complice. Or si on cherche à humilier Guérini, il ne partira jamais.

Christophe Masse se voit en recours. Patrick Mennucci comme Alexandre Guérini semblent vouloir le pousser en avant.

– C'est toujours plus agréable d'être soutenu.

À son poste, stratégique, l'homme se sent investi d'une mission. Mais son ambition n'est pas sans risque. 13 Habitat se trouve au cœur des investigations portant sur les marchés publics biaisés du dossier Guérini-Guernica. Son ancien président, Jean-François Noyes, un vieux franc-maçon, a été mis en examen en janvier 2012. Accusé d'association de malfaiteurs pour avoir permis l'attribution de logements et avoir laissé Alexandre Guérini manœuvrer en coulisse, il m'a appelé, en larmes :

– Mais je ne savais même pas que c'était illégal !

Le ton transpire la sincérité. Le pauvre homme me fait de la peine, dévoilant le mal profond qui ronge la politique marseillaise : l'ignorance de la loi.

– Ne vous inquiétez pas, je ne suis pas un obligé de Jean-Noël, me rassure Masse. Il me l'a dit très clairement : « Franchement, tu crois que je suis en état de t'imposer quoi que ce soit ? » Regardez, tout le monde m'interpelle pour un appartement ! Mais je ne peux pas faire de la politique comme la pratiquait mon père ou mon grand-père.

Dont acte. Demeure la ronde des gendarmes autour de 13 Habitat et leur épluchage scrupuleux des marchés. L'un d'eux semble pourtant leur avoir échappé. C'est un cadeau de mes sources internes, arrivé dans ma boîte e-mail avec son emballage : un avenant financier à un marché public de sécurité daté du 6 avril 2011, soit une semaine après la réélection de Jean-Noël Guérini et deux mois avant la prise de fonction officielle de Christophe Masse. L'heureux bénéficiaire se révèle être la société qui assure, entre autres, le gardiennage dans certaines cités de la ville. Conclu en 2008 pour une durée de trois ans, le marché initial avait déjà fait l'objet de deux avenants. Le troisième, que j'ai entre les mains, accorde au prestataire une rallonge de 550 000 euros à un mois seulement de l'achèvement du contrat. Le nom de l'heureux élu ? Alba Sécurité *, l'entreprise gérée par Carole Serrano, la compagne de Bernard Barresi. Un an après leur arrestation, les affaires du couple restaient florissantes. Et les offices HLM demeurent d'intarissables sujets d'enquête, au département comme à la mairie.

Le parc locatif d'Habitat Marseille Provence (HMP), l'organisme HLM de la ville, a des atours plus modestes que son homologue du conseil général : quinze mille logements contre trente-deux mille. Il recèle néanmoins quelques trésors. À l'instar du logement d'Alexandre Guérini, hérité de son père, que le cadet des frères a occupé jusqu'en 2011 malgré des revenus dépassant les 400 000 euros annuels.

HMP entre dans la lumière médiatique après un rapport de la Miilos (Mission interministérielle à l'inspection du logement social), une sorte de Cour des comptes des HLM. Dans son rapport, divulgué au printemps 2011, l'organisme taille sévèrement la gestion de HMP. Les inspecteurs de la Miilos relèvent en effet des « anomalies ou irrégularités particulières ». L'ancienne directrice générale, Nicole l'Hernault,

* L'entreprise Alba a depuis été mise en liquidation judiciaire, le 16 octobre 2012.

frappée par l'âge de la retraite, a quitté son poste les poches lestées d'un chèque de 218 348 euros, soit l'équivalent de dix-huit mois de salaire (9 500 euros mensuels). Un beau cadeau de départ, qui fait pourtant tiquer la Miilos. Celle-ci juge l'indemnité indue et ne se montre pas vraiment convaincue par les justifications de HMP. Selon les explications fournies à la mission par Bernard Oliver, le patron de l'Office HLM au moment des faits, il semblait exister un « conflit entre Nicole l'Hernault et les services de la Ville. Les élections municipales de mars 2008 approchaient ; par ma conduite, j'ai recherché le consensus pour ne pas mettre l'équipe municipale dont je faisais partie en difficulté. [...] il a été décidé, en accord avec la Ville, que ce licenciement s'effectuerait dans la plus grande confidentialité afin d'éviter qu'il puisse y avoir une récupération politique et une médiatisation du conflit générant une situation de crise nuisible à l'organisme ».

Des marchés publics réalisés sans appels d'offres ni mise en concurrence sont également épinglés dans le rapport. C'est ainsi qu'entre mai 2006 et la fin 2009, 271 277,55 euros HT ont été versés à la société IAG pour « des prestations d'assistance et de conseil pour la gestion et le recouvrement des loyers relatifs à ses baux commerciaux ». De plus, 731 000 euros ont été alloués à différents cabinets d'avocat pour des prestations d'assistance juridique, pour un montant annuel total compris « entre 92 659 euros HT en 2006 et 194 197,19 euros HT en 2008 ». Il est également question d'un marché de communication attribué à Leaders et Opinions, une société de conseil à laquelle a souvent recours l'équipe de Jean-Claude Gaudin. Ou encore d'une prestation de contrôle des comptes remporté par la société d'un élu socialiste, Alexandre Bizaillon.

Ces « anomalies » paraissent suffisamment graves pour que les fonctionnaires de la Miilos saisissent le parquet de Marseille. Un juge d'instruction est rapidement saisi, le 7 décembre 2011. Franck Landou ne se fait pas prier pour interroger tout ce beau monde, dont Me Stéphanie Clément. Derrière ce nom inconnu du grand public se cache l'épouse de Renaud Muselier. Mme Muso fait en effet partie du panel d'avocats sollicité par HMP. Elle se retrouve dans le viseur du juge, qui enquête sur des soupçons de prise illégale d'intérêts, de rupture de l'égalité d'accès au marché et de favoritisme.

L'information m'est confirmée par l'entourage de Renaud Muselier et par le député lui-même. Je la publie après deux derniers coups de fil. L'un, reçu d'un proche des Guérini, Éric Pascal. L'autre, passé au directeur de la Miilos, qui s'amuse de mon appel.

– Mais qu'est-ce que vous avez tous à vous exciter ? J'ai déjà reçu un coup de fil d'un de vos confrères.

L'info va sortir, autant que ce soit sous ma plume. Le 9 février 2012, Bakchich révèle que « La justice enquête sur les HLM de la droite », information reprise par une dépêche AFP.

Je n'ai pas franchement le sentiment que l'enquête va prospérer. Le dossier est technique et un flou juridique entoure la législation sur les appels d'offres juridiques lancés par les offices HLM. Le 17 avril, l'épouse de Renaud Muselier est tout de même mise en examen pour recel de prise illégale d'intérêts – pour avoir remporté le marché lancé après 2009. « Parce qu'elle était la moins chère », assure Jean-Luc Ivaldi, le directeur de l'Office. « Parce que Ivaldi est un proche de Muselier » croient savoir les enquêteurs, qui relèvent que l'homme est son ancien directeur de cabinet. Le débat n'est pas tranché.

Dans la balance, une écoute judiciaire pagnolesque : une conférence téléphonique à trois entre Me Xavier Cachard, avocat de l'Office et de Renaud Muselier, Jean-Luc Ivaldi, patron de l'Office, et Yannick Lloret, un jeune communicant. Leurs échanges truculents à propos de l'enquête en cours et de ses retombées médiatiques pour Renaud Muselier régalent les médias.

– Y a une instruction, c'est plus du tout rigolo, le juge peut se la faire. La femme de Muselier mise en examen ! Ah, on n'est pas dans la merde ! résume Cachard.

– Je t'explique pas ce qu'on va se prendre dans la tronche ! Les autres vont nous vomir dessus en nous expliquant : « Super, le chevalier blanc ! », ajoute en écho Yannick Lloret.

Les trois poètes multiplient les surnoms dont ils affublent les magistrats. Landou hérite d'« âne bâté » ou de « grand mou tout con ». Le procureur Dallest se voit traité de « bordillasse ». Son vice-procureur, de « requin ». Les trois compères parlent stratégie.

– À présent, il faut organiser la défense pour éviter les conneries à la MAM ou à la Guérini. Si tu as une bonne défense au départ, tu peux tenir mille ans.

Lors de l'échange transparaît une certaine proximité entre Xavier Cachard et l'un des gendarmes chargé du dossier Guernica-Guérini.

– Je vous signale juste ça, quoi… La demande très importante de Chatel concernant le neveu du capitaine Rey.

Enseignant, le neveu en question, en poste aux Comores, demande un rapatriement d'urgence. Renaud Muselier appuie sa requête. Ce qui jette un trouble sur l'indépendance des investigations menées autour du président du conseil général. L'interception du 16 janvier 2012 pèse lourd. *Le Canard enchaîné* en fait son miel. Le clan Guérini s'en délecte. Elle ne me parviendra qu'en juin 2012, anonymement, par la poste. J'éprouve un léger malaise à la lecture des dix-sept pages de la retranscription intégrale. À aucun moment ne sont évoquées d'éventuelles fautes de la part de l'épouse de Renaud Muselier, mais seulement les retombées médiatiques de sa mise en cause à quelques mois des législatives. Et la crainte qu'apparaissent des extraits « tronqués ». Craintes justifiées.

Demeure l'évidente proximité entre Cachard et les enquêteurs de la section de recherche de Marseille. Et la mise en examen de Me Stéphanie Clément pour recel de prise illégale d'intérêts. En attendant de désigner un éventuel receleur.

– Évidemment que ces paroles sont maladroites ! Mais ce dossier m'énerve, c'est une honte ! me confie Cachard, dans son style si particulier.

Pour une fois, le clan Muselier et le clan Guérini se rejoignent dans la défense de leurs épouses. Me Martine Aelion-Guérini, elle, figure au nombre des prestataires de 13 Habitat. Mais l'office HLM du conseil général n'est pas ciblé par cette enquête.

– Après avoir beaucoup tapé à gauche, les magistrats ont voulu rééquilibrer les choses avant la présidentielle, s'emporte l'avocat. En menant la bataille contre Guérini, je savais que nous n'en sortirions pas gagnants politiquement et que Renaud allait ramasser.

Sont également reprochés à Muselier ses investissements à l'île Maurice. En 2006, l'ancien secrétaire d'État aux Affaires étrangères se lance dans un programme immobilier en plein océan Indien. Les bénéficiaires peuvent défiscaliser l'achat de leur villa dans le petit paradis de Belle-Rivière. Rien d'illégal, bien sûr. Mais l'homme public se lance dans cette aventure avec son associé dans la clinique Saint-Martin, François Giocanti, dont le frère Xavier est aussi, à la ville, le compagnon de Christine Lagarde, la ministre de l'Économie amenée à prendre la direction du FMI à la suite de Dominique Strauss-Kahn.

Des personnalités de droite mêlées à une défiscalisation et surprises à bronzer en plein hiver sur une petite île paradisiaque.

– Rien à redire sur le plan du droit. En revanche, sur le plan moral…, concède un ancien directeur de cabinet de Renaud Muselier.

– J'étais dans mon rêve, je venais de sortir du gouvernement, je n'ai pas réfléchi, m'avoue l'intéressé un soir de février 2011, tout en déclarant 675 000 euros de dividendes glanés sur l'opération pour 35 millions d'investissement.

Tout comme Christophe Masse, Renaud Muselier sera balayé lors des législatives de juin 2012.

L'éternel dauphin finit par s'échouer sur le sable. Battu aux législatives pour la première fois depuis 1995, Muselier se met en retrait. Pour l'instant, il est hors jeu pour la course aux municipales de 2014 qui, déjà, trotte dans les têtes. À la terrasse de la Brasserie du golfe où je le rencontre, une mine lasse se devine derrière son sourire. La vue embrasse l'hippodrome. Le mistral a chassé les nuages. Côté sud, Marseille dévoile un horizon bleu azur.

– J'ai mené un combat, je l'ai perdu.

L'ancien député ne parle pas seulement du scrutin. À demimot, Muso évoque sa croisade longue de trois ans contre le système Guérini, la mollesse de Gaudin, les menaces dont il a été la cible, la mise en examen de sa femme, etc.

– C'est lourd mais c'est derrière moi. Je me sens libre en prenant du champ.

Libre de parler. Libre de rompre avec le sénateur maire de la ville, Jean-Claude Gaudin.

– Il ne pourra plus jouer entre moi et Guy Teissier pour 2014. Et je ne servirai plus de punching-ball. Je vais me concentrer sur ma clinique, sur l'Institut du monde arabe *. En fait, je suis soulagé.

De la résignation plus que de la déprime. Quelques doutes aussi.

– Et si l'on s'était trompé ? Et si cette ville ne voulait pas être sauvée ? Et si elle voulait continuer de baigner dans le système ?

Comme dans son livre, *Le Système Guérini*, l'élu me traite en allié, malgré la révélation de l'enquête sur son épouse et mes papiers sur ses investissements à l'île Maurice.

– L'horizon de Marseille n'est pas lumineux, hein ? Je comprends que vous vous battiez encore à 30 ans, vous n'avez pas le droit de renoncer. Mais à 50 ans, on n'a plus la même énergie.

Sa baisse de régime ne découle pas tant de sa défaite que du sourire affiché par les vainqueurs socialistes, eux-mêmes façonnés par son ennemi intime : Jean-Noël Guérini.

Après les législatives de 2012, deux fidèles du président du conseil général des Bouches-du-Rhône ont en effet débarqué pour la première fois au Palais-Bourbon. Malgré la pesanteur de l'enquête préliminaire sur sa prime de départ du conseil général **, le fidèle premier secrétaire fédéral du PS des Bouches-du-Rhône, Jean-David Ciot, a été investi par le PS national aux législatives. Il a même battu la maire d'Aix-en-Provence, Maryse Joissains. Jean-Pierre Maggi, maire socialiste de Velaux, siège désormais lui aussi à l'Assemblée nationale. Vice-président du département chargé de l'aide

* Il en sera débarqué à l'automne 2012.

** L'enquête est devenue information judiciaire pour détournement de fonds publics en janvier 2013. Elle a été confiée au juge Duchaîne.

aux communes, il a longtemps été chargé d'assurer le soutien des maires, de droite et de gauche, à Jean-Noël Guérini, à coup de subventions. « Knorr » – son surnom – est monté à Paris après le décès d'Olivier Ferrand, le fondateur du *think tank* socialiste Terra Nova, dont il était le suppléant.

Depuis son vaste bureau au neuvième étage du Vaisseau bleu – l'hôtel du département –, Jean-Noël Guérini s'en amuse. À l'évocation des ambitions de ses anciens affidés marseillais, qui lorgnent désormais vers la mairie tout en le critiquant, il garde le sourire. Son ancienne porte-parole lors des municipales de 2008, Marie-Arlette Carlotti, est devenue la ministre déléguée aux Handicapés. Après avoir battu Renaud Muselier aux législatives, « MAC » a envoyé son suppléant, Avi Assouly, commentateur sportif approximatif des matchs de l'OM sur Radio France Provence, à l'Assemblée. Elle affirme avoir rompu avec le « système Guérini ». Est-ce pour faire oublier son principal grief à l'encontre de Jean-Noël ? L'avoir évincée de la liste socialiste aux européennes – un mandat fort rémunérateur. Jusqu'aux élections cantonales de 2011, la principale supportrice de François Hollande à Marseille ne s'était pas démarquée du président du conseil général.

– Encore aujourd'hui, si vous voyiez les demandes d'embauche qu'elle essaie de faire passer au conseil général, s'amuse le pestiféré du PS marseillais.

Sur la route de l'hôtel de ville se dresse aussi une longue crinière blanche. Celle d'Eugène « Brushing » Caselli, qui s'est déclaré officiellement candidat à la candidature. Le président de la Communauté urbaine œuvre lui aussi à faire oublier son cursus de pur produit du guérinisme. Longtemps président du Conseil départemental de concertation, une sorte de Conseil économique et social du département, Caselli a occupé le poste de premier secrétaire fédéral du PS de 2004 à 2011. « Il était aux ordres », assurent les anciens. Son souci d'inventaire est en effet postérieur à la mise en examen de Jean-Noël...

À la Communauté urbaine, l'une de ses premières décisions, en 2008, a consisté à s'attribuer une augmentation. Son indemnité de président a alors fait un bond de 3 549 euros bruts à 5 424 euros bruts. Pour ses trente-trois vice-présidents, la hausse fut plus modeste, de 1 717 euros bruts à 2 712 euros. Un pourboire pour l'avoir porté à la tête de l'institution, lui, l'élu socialiste du Panier, dans une assemblée largement dominée par la droite. De même que son surnom, « Brushing », Eugène Caselli doit son titre à Alexandre Guérini, l'homme qui l'a fait roi. L'homme aussi qui lui a valu trente-six heures de garde à vue chez les gendarmes chargés des enquêtes sur les marchés publics, en février 2011. Sorti libre, sans qu'aucune charge soit retenue contre lui, l'homme plastronne – « Je retravaille demain ! » – et assure qu'il a toujours protégé l'institution et les Marseillais des tourments des affaires. Une défausse qui rythme les vingt et une pages de son audition, pendant laquelle le boss de l'institution pérorait un peu moins : « Avec le recul de faits *(sic)*, il me semble que j'ai été placé dans une tour d'ivoire afin de me couper de certaines informations. »

Devant l'insistance des enquêteurs apparaissent les détails de la mise sous tutelle de Caselli. « Au début de mon mandat, j'étais faible politiquement et en termes d'organisation des services, reconnaît « Brushing ». Je précise que lors des trois premiers jours de mon mandat, Alexandre Guérini était toujours là et j'ai été obligé de lui demander de partir. À mon arrivée, je ne connaissais aucun de mes collaborateurs. »

Sa candidature à la présidence de la CUM lui aurait en fait été dictée par les deux frères. « À l'époque, je considérais que c'était préparer l'accession de Jean-Noël Guérini à la mairie de Marseille, c'était ma mission. [...] Vous savez, lorsque j'ai été élu président à la CUM, j'étais tout seul. J'ai alors demandé de l'aide et j'ai sollicité Jean-Noël Guérini pour me recommander un directeur de cabinet. [...] J'avais bien compris que j'étais sous surveillance politique de la part de Jean-Noël Guérini, ce que j'ai accepté, n'étant pas candidat à la mairie de Marseille jusqu'à ce que le système dérape. »

Depuis, l'homme interrogé par les gendarmes les 2 et 3 février 2011 se rêve en premier édile de ma ville.

S'asseoir sur le trône, « le Gros » en rêve lui aussi. Pendant longtemps, Patrick Mennucci, député maire socialiste du 1er secteur, m'a fui. Un épisode a tout changé. Un coup de filou, je dois bien le reconnaître. Lors d'une interruption de séance à la Communauté urbaine, en février 2011, un micro planqué sous mon t-shirt, je lui demande ingénument ce qu'il attend pour réclamer le départ de Guérini.

– Vous savez très bien ce que j'attends, Monsieur Monnier.

– Sa mise en examen ?

– Voilà !

– Et pour une interview alors ?

– Appelez mon bureau.

Traduction : le jour où les poules auront des dents. Alors je me livre à un petit chantage auprès d'un de ses fidèles.

– Écoute, soit ton patron me donne une interview pour mon documentaire... soit la seule fois où il y apparaîtra, ce sera pour dire ça... *(Et je lui décris l'enregistrement.)*

Un rendez-vous est fixé au lendemain matin. Dans son bureau, Patrick Mennucci a encadré un portrait de Gaston

Defferre ainsi que la une de *La Provence* du 2 février 2011, barrée du titre : « La garde à vue de Caselli. »

– C'est amusant que vous ayez encadré ce numéro…

– C'est parce que mon fils est devenu champion de France de water-polo avec le Cercle des nageurs ce jour-là.

Dès lors, je joue sur ses craintes, des fils à la patte que je m'amuse à tirer. À commencer par la carte de visite de sa directrice de cabinet, retrouvée sur le bateau de Bernard Barresi lors de son interpellation en 2010. Mais aussi, évidemment, son emploi à 13 Développement*. Les gendarmes continuent d'enquêter sur le rôle de la société d'économie mixte, notamment dans la vente de terrains autour de la gare TGV d'Aix, sur le plateau de l'Arbois. Alexandre Guérini et Bernard Barresi avaient leurs habitudes dans l'arrière-pays aixois. Ils avaient aussi des vues sur ces terrains.

En mai 2012, Jean-Louis Jaubert, le directeur du Technopôle de l'Arbois, qui gère l'aménagement des alentours de la gare TGV d'Aix, a été mis en examen pour corruption et atteinte à la liberté d'accès sur les marchés publics.

– Oui, j'ai eu à travailler avec Jaubert dans la préparation d'un appel d'offres sur la commercialisation de la ZAC, me confirme Mennucci. Mais je discutais de cela avec de grands groupes, pas avec des sociétés du genre Barresi.

Désormais, l'élu répond à chaque message que je lui laisse. Si j'annonce que je vais rédiger un article, il me rappelle à une ou deux reprises pour bien préciser ses citations.

– Je sais que vous êtes taquin, alors je prends mes précautions. Faites gaffe quand même quand vous écrivez !

* Cf. p. 196-197.

À l'occasion, j'en profite pour lui demander de nouvelles précisions.

– Et votre boulot pour la Compagnie nationale du Rhône, au fait ?

– Oui, j'ai bossé pour eux. C'était une étude de faisabilité à propos d'un barrage EDF en Aveyron. J'ai touché 10 000 euros pour trente-deux jours de travail. Mais dites-moi, on a encore le droit de travailler quand même !

Évidemment oui. On a même le droit d'être un bourreau de travail, tout à la fois élu municipal, régional, communautaire, député… Et discret.

À la Compagnie nationale du Rhône, le travail de Mennucci a laissé peu de souvenirs.

– Aucune info à notre niveau, m'assure une source interne. C'est-à-dire aucune info ni imputation au niveau projets. Les chargés de projet en sont eux-mêmes étonnés – ça fait parler ici…

La suppléante du député, Nasséra Benmarnia, a présidé l'Union des familles musulmanes des Bouches-du-Rhône. Son association a reçu du conseil régional une subvention de 90 000 euros. La délibération date du 29 juin 2012, douze jours après les législatives. Au total, un million d'euros lui a été versé par la Région depuis 2004, malgré les avertissements des services sur la difficulté à recueillir des documents comptables.

– Que Mennucci ose m'accuser de clientélisme, c'est quand même le bouquet ! s'étrangle Jean-Noël Guérini.

Son ancienne protégée, Samia Ghali, est devenue la nouvelle coqueluche des médias parisiens après son appel, en septembre 2012, à faire intervenir l'armée dans les quartiers Nord pour éradiquer le commerce de la drogue. Depuis sa maison du Roucas-Blanc, la sénatrice et maire des XVe et XVIe arrondissements aurait un joli point de vue sur les opérations. Quelques jours après sa déclaration, elle refuse de condamner les habitants qui ont expulsé par eux-mêmes des Roms de leur quartier. Après avoir demandé aux paras de venir régler les soucis de la Casbah de Marseille, voilà Samia Ghali, sénatrice socialiste, en train de justifier une quasi-ratonnade. Durant son passage à la vice-présidence de la Région, déléguée à la jeunesse et aux sports (2004-2010), l'ardente pourfendeuse du clientélisme n'a pas trouvé inconvenant de déverser 872 000 euros de subventions en six ans dans les caisses d'une association tenue pas son cousin, Abdelafid Bahou. Bien connu des services de police pour escroqueries et stupéfiants, Bahou a réussi à échapper à une garde-à-vue, destinée à éclaircir ses liens avec les racketteurs de bars aixois de l'opération Calisson. Les policiers iront même fouiller dans son coffre au Crédit du Nord. Mais celui-ci a été vidé quelques jours plus tôt.

À gauche, une guerre se prépare. C'est d'ailleurs le seul motif de réjouissance pour Jean-Claude Gaudin. Au conseil municipal, l'enfant de Mazargues se plaît à aiguiser l'inimitié entre les différents prétendants. Confronté au morne horizon de son propre camp, cela doit probablement lui change les idées.

– Là, il ne bosse pas. Il joue et se régale, confie un élu proche du maire, qui s'inquiète un peu tout de même quant à l'avenir. Avec la défection de Muselier, il sera sans doute obligé de se représenter.

Un rictus se dessine sur son visage. L'obsession de Gaudin pour 2014 n'est pas tant l'élection municipale que le scrutin sénatorial.

– Pour qu'il soit réélu au Sénat, il faut que la ville de Marseille demeure à droite afin de pouvoir compter sur les grands électeurs, me résume cet adjoint au maire.

Conserver son fauteuil de sénateur. Un projet bien ambitieux pour le maire de la deuxième ville de France !

À l'instar de Jean-Noël Guérini, Élie-Claude Argy, le vice-roi de Marseille, tout-puissant patron de FO, a été mis hors jeu et remplacé par son adjoint, Patrick Rué – l'homme à qui Alexandre Guérini a voulu attribuer des appartements de l'Office HLM du département.

– Ce n'est pas un problème de personnes, c'est un problème de culture, juge Roger Aymard, le patron de la FSU, opposant historique à FO.

Dans le salon présidentiel du Stade vélodrome, les hommes politiques font encore allégeance à Argy. Force ouvrière a conservé son influence dans le système qui régit – et étouffe – Marseille.

De ce champ de ruines politique, aucun architecte n'émerge. À peine purgé, le système s'est d'ores et déjà renouvelé en expulsant les fauteurs de troubles, les têtes trop voyantes, les élus qui menacent sa survie. Lâcheté de la classe politique, qui regarde la justice passer et attend des solutions venues d'ailleurs – de Paris, de l'Europe… Lâcheté de la population, qui laisse faire et réagit à l'identique.

– Quand une société attend de la justice pénale qu'elle règle les questions de la cité, on est déjà dans une situation mafieuse, me résume Michel Debacq, l'ancien juge d'instruction qui fut un temps magistrat de liaison en Italie, période *Mani Pulite*. L'homme qui m'a fait passer de l'autre côté du miroir, sur les traces de ma ville.

Bernard Morel se veut plus rassurant, ce matin-là, à la brasserie de la Samaritaine. Ancien directeur de cabinet du président de la Région, Michel Vauzelle, l'élu siège à la commission d'appels d'offres de la Communauté urbaine.

– Il ne faut pas s'inquiéter pour l'avenir. Tous les systèmes finissent par s'écrouler. Regardez ce qui s'est passé en Italie avec le PC, la démocratie chrétienne, la corruption, la mafia... Tous les systèmes meurent d'eux-mêmes. À Marseille, le système politique et ses accointances avec les syndicats finiront par tomber comme un fruit mûr, prophétise l'ancien professeur d'économie de Patrick Mennucci, fier de son effet.

– Et ensuite ? Nous aussi, on aura Berlusconi ?

Ma repartie efface brutalement son sourire.

22.
Mon mariage chez les truands

Quatre mois après ma rencontre avec Prisca en Afrique du Sud en juin 2010, je la demandais en mariage au Caire. La cérémonie traditionnelle s'est déroulée en août 2011 à Kinshasa, en République démocratique du Congo, son pays natal. Je n'avais pas imaginé me marier si vite. En revanche, j'ai toujours su que je ne pourrais célébrer mes noces ailleurs qu'à Marseille. Les mariages civil et religieux se tiendront donc dans ma ville. Un défi au pays des droits de l'homme, où se marier avec une Congolaise relève de l'épreuve. Mais un bel aperçu du système marseillais…

– Vous voulez que je m'en occupe ? Ça sera plus simple.

Des maires d'arrondissement me l'ont proposé. Des adjoints également, de droite comme de gauche. Plutôt serviables, tous ces gens. Avertis aussi : ils connaissent la lourdeur administrative des mariages mixtes et la méfiance des Français envers les Africains, qu'ont encore renforcées les lois Besson-Sarkozy. Même mes parents m'incitent à accepter leur proposition :

– Muselier parle de toi dans son livre. Il ne peut pas faciliter les démarches administratives ?

Je décline poliment. Toujours s'efforcer de ne pas vexer une source... ni de lui devoir quoi que ce soit.

J'ai voulu me marier là où j'ai grandi, à la mairie des IXe et Xe arrondissements. Une ancienne bastide de commerçant bordée par un étang. Quand j'étais enfant, mes parents me promenaient là. J'y ai passé des heures à regarder les canards et les cygnes. La mairie de Maison-Blanche, au numéro 150 du boulevard Paul-Claudel, est aux mains du député maire Guy Teissier depuis que je suis en âge de comprendre la politique. Passé successivement de l'extrême droite à l'UDF puis de l'UDF à l'UMP, c'est un spécialiste des questions de défense. Son inimitié avec Jean-Claude Gaudin l'a empêché d'embrasser une carrière nationale. L'homme vise désormais la mairie centrale, avec, à la manœuvre, son homme de confiance : Lionel Royer-Perrault, ancien attaché parlementaire de Yann Piat – la députée du Var assassinée en 1994.

Au matin du 25 mai 2011, ces pensées m'assaillent à mesure que la fonctionnaire de l'état civil triture le passeport de Prisca. Derrière son bureau, le téléphone sonne dans le vide. L'agent de mairie abuse de son petit pouvoir.

– C'est un vrai, au moins ?

Je serre les dents.

– Elle est en règle ?

Ne pas répondre ni s'énerver devant tant de stupidité. Si je devais lui présenter un faux passeport, je ne pense pas que mon choix se porterait sur la République démocratique du Congo, un pays qui inspire une méfiance immédiate à tous les douaniers du monde. Son visa a été dûment délivré par le consulat de France à Johannesburg.

– Non mais votre dossier, franchement, c'est n'importe quoi ! Vous êtes venus en touristes, là !

Voilà pourtant deux mois que nous collectons tous les papiers, tout en multipliant les voyages entre Kinshasa, Johannesburg ou Bruxelles pour récupérer la documentation demandée. À savoir des extraits d'actes de naissance datant de moins de trois mois, les pièces justificatives de nos logements respectifs, leur traduction en français, ainsi qu'un « certificat de coutume » décrivant le statut du mariage dans son pays d'origine. Une démarche qui coûte 100 dollars à Kinshasa, sans compter l'envoi en DHL.

– De toute façon, ça ne colle pas. Vous n'avez même pas de photocopies de vos cartes d'identité. Et je ne les fais pas…

Je dégaine alors la lettre du maire qui autorise notre mariage. L'agent s'en empare pour la photocopier ! Ma mâchoire se crispe davantage. Le ton était infiniment plus courtois au téléphone, lors de mes multiples coups de fil pour exposer ma situation. C'était avant qu'ils ne voient Prisca. Sa beauté. Sa couleur.

– Nous allons faire un interrogatoire séparé.

Un violent sentiment de honte m'étreint. Honte de l'image que me renvoient Marseille, ville métissée, et la France, terre d'accueil. Nous sommes traités comme des suspects. Je bous intérieurement. Les fonctionnaires du même service de l'état civil avaient manifesté infiniment moins de zèle au moment d'établir des passeports au nom de Lafarge, Lafont et Pavon à Gérald Campanella, Bernard Barresi et l'un de leurs lieutenants, lors de leur cavale. De vrais-faux passeports établis dans cette même mairie.

« Les demandes de passeport concernant les scellés numéro PREF/UN (identité Lafarge), PREF/DEUX (identité Lafont), PREF/QUATRE (identité Pavon) ont été établies au sein de la même mairie. Il s'agit de la mairie Blanche, sise 150 boulevard Paul-Claudel, 13009 Marseille. Pour trois de ces demandes, il s'agit du même agent de mairie, Mme Y..., qui a enregistré les demandes de passeport. » Ce PV date du 23 avril 2010. L'agent de la préfecture interrogé ne cache pas sa stupéfaction. « J'ajouterai que les certificats d'actes de naissance présents dans les scellés numéro PREF/UN [...], PREF/DEUX [...] et PREF/QUATRE [...] sont faux. Selon moi, dans les scellés PREF/UN [...] et PREF/QUATRE [...], les actes de naissance ne présentent pas la signature et le nom de l'officier d'état civil. Aussi, dans les trois scellés [...], les tirets à la fin des lignes des actes de naissance ne sont pas collés à la ponctuation. »

Des faux grossiers, pourtant avalés sans rechigner. Cela m'est insupportable. Durant de longues années, les deux truands et leur acolyte ont pu se balader incognito avec la complicité de la même mairie qui jette aujourd'hui un voile de suspicion sur la sincérité de notre amour. Sans parler de la proximité du maire avec certains amis des Campanella et de Bernard Barresi.

Le 5 juin 2010, leur camarade Georges Ben Mohamed, estampillé proche du grand banditisme, est placé en garde à vue pendant quarante-huit heures. Son domicile est perquisitionné et sa concubine interrogée. Les policiers cherchent à établir son degré de proximité avec Bernard Barresi et les Campanella, qu'ils viennent d'interpeller. Georges ne nie pas qu'il les connaît, en particulier Michel Campanella, croisé en prison au détour des années 2000 après sa propre condamnation pour corruption de fonctionnaire. Mais aucune relation d'affaires ne les lie, assure-t-il. D'autant que Ben Mohamed avance n'avoir ni activité ni revenu.

« Le Maire », comme le surnomment les Campanella, se contente de vivre sur l'argent de la mère de ses enfants, après avoir travaillé comme mécanicien dans les années 1980 puis avoir tenu un bar à La Cayolle, l'une des cités marseillaises les plus chaudes, dans les quartiers Sud de la ville – au milieu des quartiers riches où « Gros Jo », un autre de ses surnoms, s'est tissé tout un réseau. Son nom apparaît derrière l'organisation de soirées huppées. Au Bazar, l'une des boîtes de nuit les plus courues par la jeunesse marseillaise, ou du côté du Sports Beach, à l'Escale Borély, en face de l'hippodrome. D'un naturel discret devant les policiers, Georges Ben Mohamed est une célébrité locale. Au point que même les élus le pratiquent.

– Vous connaissez Georges Ben Mohamed ? ai-je un jour demandé à un conseiller général proche du maire des IXe-Xe, Guy Teissier.

– Qui ça ? Gros Jo ? Non, on le connaît à peine.

Suffisamment tout de même pour l'appeler par son surnom.

– Il assure toujours la sécurité et le collage d'affiches durant vos campagnes ?

– Euh, oui... mais vous savez comment c'est, hein, les campagnes... Il faut des gens pour rentrer dans certaines cités. Gaudin utilise Gros Jo plus que nous.

Une précision délicieuse.

À l'instar de leurs collègues socialistes des quartiers Nord, les élus du Sud n'hésitent pas à recourir au service d'intermédiaires pour s'assurer le vote des cités – et leur bonne tenue.

– Vous savez, Monsieur Monnier, j'ai eu beaucoup de dossiers de grandes familles des cités, au Nord comme au Sud, me glissera un jour un ancien bâtonnier du barreau de Marseille. Je suis sans doute un très bon avocat, mais les résultats que j'ai obtenus chaque fois à l'audience me paraissent un peu trop favorables...

Mes souvenirs tourbillonnent, la température monte, je manque d'exploser en leur envoyant toutes ces informations au visage.

– On va procéder à l'interrogatoire séparé, répète la fonctionnaire.

Prisca me regarde, effrayée. « Interrogatoire. » Les mots ont un sens. Alors je passe le premier dans le bureau de la supérieure, où je me résigne à faire ce à quoi je me refusais jusque-là.

– Je crois que l'adjoint au maire vous a parlé de moi...

L'homme qui doit nous marier est un ami d'enfance de mon père.

– Ah, c'est vous ! D'accord.

Le dialogue devient d'une franche courtoisie. L'audition de ma future épouse se déroulera dans un climat semblable. Le mariage sera célébré le 7 octobre 2011, dans la même mairie où mon père avait déclaré ma naissance trente ans plus tôt.

Sans passe-droit, nul salut dans Marseille ? Des mois durant, je m'interdirai d'écrire sur la mairie des IXe et Xe arrondissements. Par crainte d'une mesure de rétorsion, d'une annulation du mariage... Ce vœu de silence se prolongera après l'obtention du titre de séjour de Prisca, en mars 2012. Jusqu'à l'écriture de ces lignes.

– Quoi ! Tu écris un livre où tu racontes tout ! Oh ! Mais t'es sûr qu'après tu pourras revenir ?

La phrase n'a pas seulement été prononcée par des amis rigolards. Mes parents, des policiers, des bandits, des élus m'ont eux aussi interrogé sur le même mode. Ma réponse fuse, toujours la même.

– Oh ! Je suis chez moi quand même !

Prononcée avec l'accent marseillais. Comme un défi.

Épilogue
Espoir

Affreux, sales et méchants. Ou pas loin. Je devine le sous-entendu dans leur regard quand, aux « estrangers » qui me demandent d'où je viens, je réponds, depuis trente et un ans : « De Marseille » – sur un ton où s'entremêlent ego méditerranéen, mentalité de citadelle assiégée et fierté. « Ah, mais tu n'as pas beaucoup l'accent ! » Je ne corresponds pas vraiment aux clichés véhiculés depuis des années, des décennies, des siècles. Pagnol, Raimu, Fernandel pour les plus littéraires, qui ne connaissent rien de la poésie de Frédéric Mistral. Le décompte morbide des jeunes tués sur fond de trafic de stupéfiants. Les ordures de la ville ou les déchets que drainent la politique et ses hommes. Là où tout n'est que stupre, violence et corruption. Voilà ma ville, qu'ils ont parfois traversée, à leurs yeux. « C'est sale quand même, non ? La mafia est vraiment partout ? C'est dangereux ? » Autant d'interrogations caricaturales, mille fois entendues. Un seul mot pour clore la discussion. « Non. » Vite, finir mon verre et m'échapper de ce dialogue qui ne mènera nulle part avec des gens croisés lors d'une soirée et que je ne reverrai sans doute jamais. « Ma ville est la plus belle du monde. » Je ne suis ni un prosélyte, ni son avocat, seulement un amoureux qui connaît les défauts de sa muse mais déteste les entendre souligner par d'autres. Eux ne voient que ses tares, qui participent aussi à ses charmes. Ma ville appartient à ceux qui l'aiment, l'enserrent, l'embrassent, la pénètrent. Alors seulement, la critique est permise. Douce. Forcément douce. Parce que Marseille aura livré quelques-uns de ses trésors, qui ne se dévoilent pas au premier venu.

– On est passés à Marseille avec Prisca mais on n'a pas vu grand-chose. On était un peu déçus.

C'était en fin de soirée. Ben, un banlieusard, et Prisca, sa fiancée originaire du Congo-Brazzaville, étaient venus fêter l'anniversaire de ma Prisca, Congolaise de l'autre côté du fleuve. Quelques tequilas éclusées dans notre appartement de Château-Rouge, au cœur du XVIIIe arrondissement de Paris. Les Marseillais exilés avaient rempli le deux pièces.

– T'as vu quoi ?

– Bah, on a mangé une bouillabaisse sur le port et on s'est un peu baladés.

– Bon, je t'arrête : la bouillabaisse du port est un attrape-touristes. Je ne mange que celle de mon père. Prenez quatre jours cet été et venez à la maison, on va vous montrer Marseille.

Quelques semaines plus tard, l'invitation était honorée. Ben et Prisca m'ont vu reprendre l'accent à la vue de mes parents, ressusciter au contact de la mer – la vraie, la Méditerranée –, conduire à la façon décrite par Albert Londres en 1926 : « La circulation à Marseille est régie par une loi unique : "Toute voiture doit, par tous les moyens, dépasser la voiture qui la précède." » Je gare ma voiture à l'arrache.

– Ça ne risque rien comme ça ?

– Pas la nuit, non. Et puis la rue est en pente : les flics ne risquent pas de la remonter pour me mettre un PV.

La place d'Estienne-d'Orves est animée. Terrasses, musique, alcool, jolies filles... Une étape avant de s'aventurer dans les rues voisines : les boîtes de nuit du quartier de l'Opéra, les bars où s'initient les aventures tarifées.

L'air est chaud. Ma cousine décrit à Ben et à Prisca les archétypes de la jeunesse de la ville : cagoles, radasses, kékés, payots... Une leçon de sociologie chantée avec l'accent. Je la taquine.

– Bah, toi, t'es une cagole qui a réussi.

– Attends, j'étais obligée, sinon elles me rackettaient au lycée.

Nos amis parisiens ont du mal à saisir les nuances. Une « cagole », c'est une fille qui parle fort, souvent vulgaire, de préférence plantée sur pilotis et affublée d'une tenue flashy et moulante. Ensuite, tout est question de degré. La « radasse » est une cagole d'un âge avancé, parfois mal embourgeoisée. Le « payot » veut se donner un style, lequel vire au ridicule. Le « kéké », version juvénile du « cacou », a au moins une chaîne en or, des vêtements de marque et la coiffure plantée dans le gel. Avec l'âge viendront la chemise cintrée, ouverte sur le torse, et les Ray-Ban au coin du nez.

– C'est compliqué, se marrent les deux Prisca, auxquelles je décerne le titre de « cagolaises », métissage oblige.

À quelques tables de nous, devant Le Polikarpov, un bar à vodka, deux verres volent. Prudemment, une mère de famille décale sa poussette de quelques mètres. Un bref attroupement se forme, tandis que le serveur s'interpose entre les deux belliqueux.

– Viens là, petite pute, que je te mette !

Sa chemise est déchirée.

– Voilà : ça, c'est un cacou, précise Diane, ma cousine.

Personne ne panique ni ne bouge. À la terrasse, c'est tout juste si quelques « Allez ! » ont retenti au moment où ça a chauffé.

Ben et Prisca auront du mal à quitter la table de mes parents une fois la bouillabaisse de mon père servie. Et ils rechigneront à ressortir de l'eau, face aux plages de la Maronaise, du Bain des dames, à l'extrême sud de la ville, ou du Prophète, sous la corniche.

– On est bien dans ta ville !

Un sourire satisfait accueille la phrase de Ben.

– Oui, je sais.

Même si je connais aussi ses facettes moins reluisantes. Saleté, violence, affaires politico-financières, grand banditisme, pauvreté. Je les vis. Je les sens. Et souvent je les écris. Malgré le fatalisme ambiant.

« Attendre et espérer. » Résignés, élus, associatifs, Marseillais de tous horizons semblent avoir fait leur la maxime d'Edmond Dantès, le revanchard comte de Monte-Cristo rendu célèbre par Alexandre Dumas. Las ! Les décideurs ne préparent nulle revanche, ils se contentent d'attendre un miracle venu d'ailleurs. De la justice, de la police, de l'État, de l'Europe… voire de l'ONU ! Sans agir. Sans envisager de faire exploser le système qui brime Marseille depuis un demi-siècle et qui se renouvelle depuis vingt ans. Dantès a plongé dans les récifs du château d'If pour s'en échapper. Aucun homme politique n'a cherché à faire le grand plongeon. Peu d'entre nous les y ont poussés.

Marseille a traversé deux mille six cents ans d'histoire. Elle a survécu aux crises, aux guerres, à la peste, à l'Occupation sans vraiment changer. Quelques écrivains tombés amoureux de la plus belle ville du monde ont su capter et restituer son identité profonde, d'Émile Zola à Jean-Claude Izzo en passant par Albert Londres. Trois époques. Trois plumes. Une seule ville. Rebelle mais pas révolutionnaire. Attachante mais délaissée. Métissée et scindée. Une énigme demeurée immuable à travers les siècles. « C'était ça l'histoire de Marseille. Son éternité. Une utopie. L'unique utopie au monde. Un lieu où n'importe qui, de n'importe quelle couleur, pouvait descendre d'un bateau ou d'un train, sa valise à la main, sans un sou en poche et se fondre dans le flot des autres hommes. Une ville où à peine posé le pied sur le sol, cet homme pouvait dire : "C'est ici. Je suis chez moi." Marseille appartient à ceux qui y vivent. »

Désormais, ils survivent au fond d'un abîme.

Rares sont les rêveurs qui ont encore envie de miser sur sa beauté, son énergie, son histoire et la diversité de ses populations. Marseille est une chance pour une France à la recherche de son identité et de sa place sur l'échiquier mondial. À condition de faire le deuil du defferrisme. De choisir une voie. Et d'écouter. « Allez à Marseille, Marseille vous répondra, scandait Albert Londres en 1926. Cette ville est une leçon. L'indifférence coupable des contemporains ne la désarme pas. Attentive, elle écoute la voix du vaste monde, elle engage, en notre nom, une conversation avec la terre entière. »

Si le dialogue n'est pas rompu, il a été rendu partiellement inaudible. Ces lignes, ce livre, ne le rétabliront pas. C'est une pierre visant à éclabousser les masses replètes. Une bouteille à la mer, lancée au large, là où j'aime à nager. Après un effort, 100, 200, 500 mètres de nage, porté par la Méditerranée, avant de faire la planche, les cheveux bercés par les vagues, le corps réchauffé par le soleil. Marseille dévoile alors la splendeur qu'a touchée Albert Londres. « Une oriflamme claquant au vent sur l'infini de l'horizon, voilà Marseille. »

Remerciements

Les pages, anecdotes, dossiers, cris qui jalonnent ce livre, je les ai longtemps contenus. Les lignes qui suivent ne suffiront pas à témoigner de ma gratitude à tous ceux qui, même inconsciemment, m'ont permis de les accoucher.

Merci à mes éditeurs Laurent, Florent et Mehdi, par leur ordre d'apparition dans la période de gestation de ces écrits. À la fois durs, patients et prévenants.

Merci à tous ceux qui ont participé à l'aventure de Bakchich, passé, présent et à venir. Nicolas, Simon, Laurent, Anaelle, Jacques Marie, Marion, Louis, Anthony, Enrico, Guillaume, Léa. Sans votre énergie pour faire vivre ce site Internet, le rendre si libre, jamais le goût de l'enquête ne m'aurait autant pris.

Merci à mes parents. Pour tout. À mes amis, « les cons », cette seconde famille qui comme la première me protégera toujours.

Merci à tous ceux qui ont accepté de me rencontrer et de me parler en confiance, m'ont ouvert les portes de ma ville qu'ils aiment autant que moi. Tous sans exception... même si l'amour ne suffit pas à rendre son conjoint heureux.

Bibliographie

Les Mystères de Marseille, d'Émile Zola, 1867

Marseille, Porte du Sud, d'Albert Londres, 1927

Total Khéops, de Jean-Claude Izzo, 1995

Les Parrains corses, de Vincent Nouzille et Jacques Follorou, 2004

Gouverner Marseille, de Michel Samson et Michel Peraldi, 2006

Le Pen en Provence, de Frédéric-Joël Guilledoux, 2004

Glossaire

13 DÉVELOPPEMENT
Société d'économie mixte d'aménagement et de construction créée par le conseil général pour mener à bien certains chantiers et marchés publics de BTP.

13 HABITAT
Principal bailleur social de la région, avec près de trente mille logements sociaux, 13 Habitat, auparavant dénommé Office public d'aménagement et de construction, est une structure contrôlée et financée par le conseil général.

CENTRE-VILLE
Désigne les Ier, IIe, IIIe, IVe, Ve et VIIe arrondissements de Marseille.

COMMUNAUTÉ URBAINE MARSEILLE PROVENCE MÉTROPOLE (CUMPM)
Créée en 2000, cette communauté d'agglomération regroupe dix-huit villes dont Marseille. L'institution dispose des compétences autrefois dévolues à la ville, notamment

la voirie (déchets et eau), l'aménagement du territoire et la gestion des ports de plaisance. Parmi les compétences autrefois gérées par la mairie, 70 % lui ont été dévolues. Également désignée par le sigle CUM ou MPM, elle dispose d'un budget annuel de 1,5 milliard d'euros. Son assemblée se tient au palais du Pharo.

CONSEIL GÉNÉRAL DES BOUCHES-DU-RHÔNE

Souvent désigné sous le sigle CG 13, parfois appelé le Vaisseau bleu en référence à l'architecture de l'hôtel du département, qui lui sert de siège, le conseil général est doté de 2,5 milliards d'euros de budget annuel. Géré par la gauche depuis sa création, il a notamment compétence sur les pompiers du département (SDIS 13), les routes, la construction de collèges, le logement social (13 Habitat) ou l'aménagement du territoire (Terra 13, 13 Développement).

EUROMÉDITERRANÉE (EUROMED)

Vaste opération d'aménagement et de réfection menée autour des docks marseillais. Lancé par l'ancien maire Robert Vigouroux, le projet vise à créer un quartier d'affaires à Marseille dans une zone en grande partie laissée à l'abandon. Un Établissement public industriel et commercial (Epic) pilote les opérations. Entamés en 1995, les chantiers (1,2 million d'hectares de planchers neufs) ne sont pas encore achevés.

ÉVÊCHÉ

Surnom donné au commissariat central de Marseille en raison de son implantation géographique en face de la cathédrale de la Major, qui abrite l'évêché de la ville.

« Fini-parti »

Spécificité de la gestion du personnel de nettoyage à Marseille. Les éboueurs – ou « boueux » – ont le droit, sitôt leur tournée de ramassage achevée, de quitter leur travail, quelle que soit l'heure. Cette largesse leur avait été accordée en raison de la difficulté du travail et de la maigreur de leur salaire.

Habitat Marseille Provence

Office de logement social de la ville de Marseille, qui compte environ quinze mille appartements.

Guérini (Antoine et Barthélemy)

Natifs de Calenzana, en Haute-Corse, Barthélemy (dit « Mémé ») et Antoine Guérini ont régné sur le milieu marseillais au sortir de la Seconde Guerre mondiale jusqu'à la fin des années 1960. Proches de Gaston Defferre, après avoir milité dans la Résistance, les deux frères ont participé à nombre de campagnes de ce maire emblématique.

Guérini (Alexandre et Jean-Noël)

Eux aussi originaires de Calenzana, Jean-Noël et Alexandre ont toujours démenti tout lien familial avec leurs homonymes. Sénateur et président du conseil général des Bouches-du-Rhône depuis 1998, Jean-Noël est le poids lourd du PS dans la ville. Son frère Alexandre est entrepreneur dans le secteur des déchets.

Mairie de Marseille

Marseille est divisée en huit mairies de secteur dont chacune réunit deux arrondissements. La mairie centrale est sise sur le Vieux-Port.

Quartiers Nord

L'appellation désigne les XIIIe, XIVe, XVe et XVIe arrondissements, les plus défavorisés de la ville, et par extension (et facilité médiatique), les « cités chaudes » de Marseille. Pourtant, les quartiers Sud comptent eux aussi des enclaves défavorisées.

Quartiers Sud

Désigne les VIe, VIIIe, IXe et X^e^ arrondissements de la ville, qui sont aussi les plus aisés.

Territoriaux

C'est ainsi qu'on désigne les fonctionnaires de la mairie et de la Communauté urbaine, dont la majeure partie sont syndiqués à Force ouvrière, au sein de FO-Territoriaux.

Index des personnes citées

Table